Hubert Kügler
Gudrun Kügler

MIT DEM WOHNMOBIL DURCHS LOIRE-TAL UND NACH PARIS

Champagne – Loire – Cher – Indre
und Paris mit Versailles und Disneyland

Die Anleitung für einen Erlebnisurlaub

DER WOHNMOBIL-VERLAG
D-98634 Mittelsdorf/Rhön

Bibliografische Information der Deutschen Bibliothek

Die Deutsche Bibliothek verzeichnet diese Publikation in der Deutschen Nationalbibliografie.
Detaillierte bibliografische Daten sind im Internet über <http://dnb.ddb.de> abrufbar.

Titelbild: Château de Chambord

Recherche: Hubert und Gudrun Kügler
Karten: Thomas I. Kügler
Fotos, Texte, Layout: Hubert Kügler
Fremdfotos werden direkt am Bild dokumentiert.

3. neu bearbeitete und erweiterte Auflage 2017
Druck: www.schreckhase.de

Vertrieb:
GeoCenter, 70565 Stuttgart

Herausgeber:
WOMO-Verlag, 98634 Mittelsdorf
Position: N 50° 36' 38.2" E 10° 07' 55.6"
Fon: 0049 (0) 36946-20691
Fax: 0049 (0) 36946-20692
eMail: verlag@womo.de
Internet: www.womo.de

Autoren-eMail: wip-ontour@gmx.de

ISBN 979-3-86903-643-4

EINLADUNG

Jeder Frankreichreisende kreuzt irgendwann die *Loire*, den längsten Strom des großen Landes. Diese gewaltige Wasserader mit ihren zahlreichen Nebenflüssen hat schon seit der frühesten Geschichte Könige und Herrscher jeglicher Couleur begeistert, und so zogen sie einige Jahrhunderte mit Kind und Kegel, Sack und Pack, Kisten und Truhen, die *Loire* hinauf und hinunter, um pompöse Schlösser zu bauen und daselbst Hof zu halten, zu jagen oder sich sonst zu vergnügen. Der Klerus wollte diesem Treiben natürlich nicht nachstehen und baute eifrig mit: Kirchen, Kathedralen und prächtige Klöster. *Paris* wurde erst im 17. Jahrhundert Zentrum der Macht.
Nun darf man nicht annehmen, die Meisterwerke der Baukunst stellen in dieser Region das einzig Sehenswerte dar: Die *Loire* fließt mit ihren vielen Nebenflüssen durch eine überaus reizvolle Landschaft, vorbei an alten Dörfern und Städten, in denen die Zeit stehen geblieben scheint. Die Menschen hier sind gelassen und gastfreundlich.
Obendrein wartet diese Gegend für uns WOMO-Fahrer mit einem erfreulich dichten Netz von Stellplätzen auf, von denen wir wieder viele aufgesucht und beschrieben haben. Natürlich fanden wir zusätzlich auch zahlreiche, individuelle Fleckchen in schöner Umgebung oder ganz in der Nähe von architektonischen Highlights. Im Westen mündet die *Loire* breit und behäbig in den Atlantik, der dort mit vielen herrlichen Sandstränden zum Sonnen und Baden einlädt. Auf dem Hinweg führen wir Sie durch die *Champagne* und auf dem Rückweg, wenn Sie wollen, nach *Paris* – der Stadt der Liebe.
Von Ostern bis in den späten Herbst hinein bietet das Loiretal für jeden etwas: Kultur und Geschichte, fürstlich Speisen, Wandern und eine 800 km lange Fahrradpiste oder einfach die größtenteils ursprünglich erhaltene Landschaft genießen. Auch wenn Sie Ihren Haupturlaub an der See oder in Spanien verbringen wollen, so lohnt es sich immer wieder, mit uns ein paar Tage an der Loire zu touren.

Ihr

Sehr geehrte Leserinnen und Leser,
liebe WOMO-Freunde!

Reiseführer sind für einen gelungenen Urlaub unverzichtbar – das beweisen Sie mit dem Kauf dieses Buches. Aber aktuelle Informationen altern schnell, und ein veralteter Reiseführer macht wenig Freude.

Sie können helfen, Aktualität und Qualität dieses Buches zu verbessern, indem Sie uns nach Ihrer Reise mitteilen, welchen unserer Empfehlungen Sie gefolgt sind (freie Stellplätze, Campingplätze, Wanderungen, Gaststätten usw.) und uns darüber berichten (auch wenn sich gegenüber unseren Beschreibungen nichts geändert hat).

Bitte füllen Sie schon während Ihrer Reise das Info-Blatt am Buchende komplett aus und senden Sie es uns sofort nach Ihrer Heimkehr zu (per Brief, Fax oder formlos als eMail).

Dafür gewähren wir Ihnen auch bei späteren Buchbestellungen direkt beim Verlag ein Info-Honorar von 10%.
Aktuelle Korrekturen finden Sie unter: forum.womoverlag.de

Um die freien Übernachtungs- und Campingplätze auf einen Blick erfassen zu können, haben wir diese im Text in einem Kasten nochmals farbig hervorgehoben und, wie auf den Karten, fortlaufend durchnummeriert. Wir nennen dabei wichtige Ausstattungsmerkmale und geben Ihnen eine kurze Zufahrtsbeschreibung. »Max. WOMOs« soll dabei andeuten, wie viele WOMOs dieser Platz maximal verträgt und nicht, wie viele auf ihn passen würden (schließlich gibt es auch Einwohner und andere Urlauber)!
Übernachtungsplätze mit **B**ademöglichkeit sind mit hellblauer Farbe unterlegt. **W**anderparkplätze sind grün gekennzeichnet. **P**icknickplätze erkennen sie an der violetten Farbe. Auf Schlafplätzchen, denen die gerade genannten Merkmale fehlen – also auf einfache **S**tellplätze – weist die Farbe Gelb hin.
Empfehlenswerte **C**ampingplätze haben olivgrüne Kästchen.
Wanderungen, die wir Ihnen besonders ans Herz legen möchten, haben wir ebenfalls grün unterlegt.

Und hier kommt das Kleingedruckte:

Jede Tour und jeder Stellplatz sind von uns meist mehrfach überprüft worden, wir können jedoch inhaltliche Fehler nie ganz ausschließen. Bitte achten Sie selbst auf Hochwasser, Brandgefahr, Steinschlag und Erdrutsch!
Verlag und Autoren übernehmen keine Verantwortung für die Legalität der veröffentlichten Stellplätze und aller anderen Angaben. Unsere Haftung ist, soweit ein Schaden nicht an Leben, Körper oder Gesundheit eingetreten ist, ausgeschlossen, es sei denn, unsere Verantwortung beruht auf Vorsatz oder grober Fahrlässigkeit.

INHALTSVERZEICHNIS

Einleitung

Elf Touren durch die Champagne, das Tal der Loire und Paris

Nähe Tours: Lac des Bretonnières

Der Fluss und seine Geschichte

Die *Loire* ist mit über 1000 km der längste Fluss Frankreichs und entspringt im Südosten des Zentralmassivs, in den ***Monts du Vivarais***. In etwa 1400 m Höhe liegt das Quellgebiet am Fuß des Vulkankegels ***Gerbier de Jonc*** (1551 m), ca. 50 km westlich von VALENCE. Das zunächst schmale Flüsschen plätschert und rauscht gen Norden durch wildromantische Landschaften, vorbei an LE PUY, ST-ETIENNE und ROANNE, bis es sich in NEVERS mit dem ***Allier*** zu einem ruhig fließenden Strom verbindet. Knapp 100 km weiter nördlich setzt die *Loire* zu einem großen Bogen nach Westen an, und hier beginnt der interessanteste Teil dieser einzigartigen Flusslandschaft, die von der UNESCO im Jahr 2000 wegen der wundervollen Schlösser zum **Weltkulturerbe** erklärt wurde.
Bis Ende des 19. Jahrhunderts war die *Loire* die wichtigste **Wasserstraße** der Region. Mit der Konkurrenz der Eisenbahn hörte der Schiffsverkehr schlagartig auf. Heute tuckern bestenfalls Ausflugsboote auf dem breiten Strom dahin.
Ein bedeutender Teil der **französischen Geschichte** spielte sich hier ab, und so ist es unumgänglich, den geneigten Leser mit den Grundzügen derselben vertraut zu machen, um für die unzähligen Zeugen der Vergangenheit das rechte Verständnis aufzubringen.
Aus der Jungsteinzeit – etwa **4000 bis 2000 v. Chr.** – begegnen uns Menhire und Dolmen (Kultgrabstätten), besonders in der Gegend um GENNES. **Kelten** und andere germanische Stämme bevölkerten das Loiretal, bis die **Römer 52 v. Chr.** Gallien eroberten und für mehrere Jahrhunderte unterwarfen. Der Zustrom von **Westgoten, Burgundern** und **Franken** ließ sich nicht bremsen, so dass sie sich großflächig verteilen konnten. Als **451 n. Chr.** die **Hunnen** vor ORLÉANS auftauchten, bekämpften die germanischen Einwanderer gemeinsam mit den Römern diese „Geißel Gottes“. Großen Anteil hatte hieran der Bischof ***Anianus*** (Aignan), der die Verteidigungsmauern von ORLÉANS verstärkte und mit Hunnenkönig **Attila** beharrlich verhandelte, bis die Belagerer sich gen Osten trollten.
498 schließlich übernahm der Frankenkönig **Chlodwig** zunächst ORLÉANS und dann ganz Gallien, aus dem sich die Römer zurückgezogen hatten. Das christliche **Frankenreich** war geboren! Klöster und Abteien wurden gegründet und gaben vielerorts in der geistlichen Kunst und den Wissenschaften den Ton an. **800 n. Chr.**, im Jahr seiner Krönung reiste Kaiser **Karl der Große** aus Aachen an, um mit dem berühmten Abt von *Fleury*, **Theodulf**, in ST. BENOÎT zu sprechen.

Aber die geistige und kulturelle Blütezeit dauerte nur ein halbes Jahrhundert, denn die raublüsternen **Normannen** überzogen das Loiretal mit Überfällen, Plünderungen und Brandstiftungen in den reichen Städten und Klöstern. So manch prächtiger Bau wurde völlig zerstört. Erst im Jahr **911** setzte **Robert der Starke**, Graf von *Blois* und *Orléans*, dem Spuk ein Ende, als im Abkommen von *St- Clair-sur-Epte* das **Herzogtum Normandie** gegründet wurde und die Invasoren aus dem Norden eine neue Heimat fanden.
In der so genannten **Loire-Monarchie** kam das erste Königsgeschlecht, die **Kapetinger**, mit ***Hugo Capet*** (987 - 996) an die Macht. Gleichzeitig machte ***Fulco Nerra***, Graf von *Anjou*, (987 - 1040) als grausamer Schlächter zwischen ANGERS und LANGEAIS von sich reden. Die Feudalherren lagen ständig untereinander im Krieg um die Vorherrschaft in der *Touraine* und im *Anjou*. In dieser Zeit entstand auch eine Reihe von Burgen mit starken Befestigungen und *Donjons* (Wehrtürmen).
Ein interessantes Intermezzo: König **Ludwig VII.** wurde **1152** mit dem Segen der Kirche von seiner Frau **Eleonore von Aquitanien** geschieden. Diese Gelegenheit ließ sich der Herzog von *Anjou, Maine,* der *Touraine* und der *Normandie*, **Heinrich II. Plantagenêt,** Nachfahre von *Fulco Nerra*, nicht entgehen und ehelichte Eleonore, womit zu seinem riesigen Besitztum auch noch Aquitanien kam. Nur zwei Jahre später wurde er **König von England** und damit einer der mächtigsten Herrscher in Westeuropa. Nach 35 Regierungsjahren starb er auf der Burg von CHINON.
Mit **Karl IV.** endete **1328** mangels männlicher Erben die französische Königsherrschaft der Kapetinger und ging mit König **Philipp VI.** an das Geschlecht der **Valois** über.
Da meldeten die Engländer aber ihren Anspruch auf den französischen Thron an, weil **Isabella**, die Tochter von **Philipp IV.** (1285 - 1314), mit dem englischen König **Eduard II.** verheiratet und der derzeitige englische Herrscher, **Eduard III.**, deren Sohn war. Es bricht der **Hundertjährige Krieg** aus, der erst **1453** enden soll. Es wäre müßig, hier den Kriegsverlauf detailliert zu erzählen, jedoch dürfen wir nicht das mutige Eingreifen des 17-jährigen Bauernmädchens ***Jeanne d'Arc* (Johanna von Orléans)** im Jahre **1429** übergehen. Sie drang aufgrund einer „göttlichen Eingebung“ zu dem zaudernden Thronfolger **Karl VII.** in CHINON vor und überredete ihn, sich in REIMS zum König von Frankreich krönen zu lassen, was im selben Jahr noch geschah. Sie führte ein Heer an und trieb

die französischen Truppen zum Sieg über die englischen Belagerer von ORLÉANS. Johanna jedoch wurde nachher von der katholischen Kirche als Ketzerin zum Tode verurteilt und **1431** in ROUEN auf dem Scheiterhaufen verbrannt. Sie wurde zur Nationalheldin Frankreichs. **1453** waren die Engländer verjagt, und es trat Frieden ein. Das Haus ***Valois*** blieb mit acht weiteren Königen an der Macht. Sie reisten viel zwischen ihren Loireschlössern hin und her und erbauten hier weitere Edelherbergen im Renaissance-, später im Italianismusstil.
1559 kündigten sich langsam die **Religionskriege** zwischen Katholiken und Calvinisten (Hugenotten) an. In AMBOISE misslang **1560** den Hugenotten eine **Verschwörung** gegen König **Franz II.**, der noch im selben Jahr starb. Der 10-jährige Dauphin **Karl IX.** wurde von seiner Mutter, **Katharina von Medici**, auf den Thron gehievt. Die herrschsüchtige Frau hielt fortan alle Fäden in der Hand. Zwei Jahre später wüteten zwischen Protestanten, Katholiken und dem wankelmütigen Königshaus erbitterte Kämpfe, die ihren Höhepunkt in der Nacht zum 24. August **1572** fanden. In der so genannten **Bartholomäusnacht** (Pariser Bluthochzeit) ließ Katharina von Medici in Paris über 2000 führende Protestanten grausam ermorden, weil der Calvinist ***Gaspard de Coligny*** den jungen König **Karl IX.** auf seine Seite bringen wollte. Die Folge war ein endloses Massaker in der Provinz, in dem viele Tausend Hugenotten vom katholischen Mob umgebracht wurden. Im **Edikt von Nantes** gewährt endlich Bourbonenkönig **Heinrich IV.** den Hugenotten bedingte **Religionsfreiheit**, womit der Bürgerkrieg **1598** ein Ende fand. Viele der überlebenden Hugenotten flohen ins Ausland oder versteckten sich in den Höhlen an der *Loire*.
Mit der Ermordung von **Heinrich III.** durch einen Dominikanermönch endete **1589** die Macht der *Valois*, und die **Bourbonen** nahmen mit **Heinrich IV.** Krone und Zepter für 200 Jahre in die Hand. Anfang des nächsten Jahrhunderts, zur Regierungszeit **Ludwig XIII.**, der als 9-Jähriger auf den Thron kam und seine Mutter **Maria von Medici** die Macht hielt, entstand der **Absolutismus** in der französischen Monarchie, wobei Kardinal **Richelieu** ab **1624** eine große Rolle spielte. Man verließ die Loire-Schlösser und regierte nur noch von ***Paris*** und ***Versailles*** aus. Die Macht der Fürsten war weitgehend gebrochen, in etlichen Fällen auch mit Gewalt. Die Loire-Schlösser dienten meist nur noch als Urlaubs- und Jagdresidenzen. Es kamen noch einige Neubauten im klassizistischen Stil wie die *Châteaux Cheverny* und *Montgeoffroy* dazu.

Hinweise zum Gebrauch

Von vierzehn WOMO-Bänden über französische Zielgebiete schließt dieses Buch eine Lücke, nämlich das Herz der *„Grande Nation“*: ***Champagne, Val de Loire*** (Loiretal) und Teile der ***Ile de France*** (Paris und Umgebung). Diese Region gilt nicht als ausgesprochenes Urlaubsland, weist aber trotzdem eine sehr große Anzahl von Touristen auf. Warum?
Es gibt hier einfach wahnsinnig viel Schönes zu sehen und zu erleben. Allein im ***Val de Loire*** entzücken den Besucher Hunderte von Baudenkmälern, die zu einem großen Teil sehr gut erhalten und gepflegt wurden: über 80 Schlösser sowie viele Kathedralen, Klöster und unzählige Kirchen aus unterschiedlichen Stilepochen. Die Geschichte dieser Region war mehrere Jahrhunderte für ganz Frankreich tonangebend.
In der ***Champagne*** kann man in einer weiten, grünen Landschaft aufatmen und sich auf Wanderungen durch die Weinberge erholen. In REIMS und ÉPERNAY erwarten uns neben Champagnerkellereien einige Architektur-Leckerbissen.
Über ***Paris*** weiß sicher ein jeder Bescheid, aber wer war schon einmal mit dem Wohnmobil dort? Die Anzahl der Sehenswürdigkeiten reicht theoretisch für einen ganzen Monat! Für die Rundgänge in *Paris* sollen zwei **Stadtplanskizzen** helfen.
Für die elf Touren finden Sie von uns gezeichnete **Routenkarten** vor, auf denen der Reiseverlauf zu entnehmen ist. Ohne zusätzliche Autokarten können Sie allerdings danach kaum fahren (siehe unter Tipps „Kartenmaterial“).
Mit einem **Navigationsgerät** reist es sich natürlich bequemer, wenn Ihre Kartensoftware einigermaßen aktuell ist, denn in den letzten Jahren wurden viele Verkehrswege neu gebaut oder umbenannt. Die Verwendung unserer GPS-CD (im Verlag preiswert erhältlich) erspart Ihnen das Programmieren.
Hinweis: Unsere GPS-Koordinaten sind zwar korrekt, aber Ihr Gerät schickt Sie manchmal auf abkürzende, unangenehme Pisten. Deshalb empfehlen wir, dass der Beifahrer die geplante Strecke auf einer Autokarte grob verfolgt.
Auf die detaillierte Beschreibung von **Anreiserouten** verzichten wir, weil der Start unserer Erlebnisreise in REIMS liegt und von Deutschland aus jeder Richtung leicht zu erreichen ist.
Nur so viel:
Von **Nord- und Westdeutschland** kommen wir nach REIMS mautfrei über AACHEN und THEUX (Belgien) auf E40/E421/E25/E411 und N89/E46 (120 kmh) bis zur französischen Grenze bei BOUILLON. Weiter geht es vierspurig über N58/E46/E 44/A203/A34 und N51) zum Ziel. (AACHEN - REIMS 300 km).

Hinweise zum Gebrauch

Die **Mittel- und Süddeutschen** reisen über SAARBRÜCKEN oder STRASBOURG ein, sollten die mautpflichtige E25/E50/A4 benutzen: 253 km = 3:17 h bzw. 347 km = 4:25 h. Von STRASBOURG geht es **alternativ** mautfrei (etwas gemütlicher) auf E25/A4/D421/N4/N333, A33 und A 31 über NANCY, TOUL, ST-DIZIER und VITRY-LE-FRANÇOIS, ab dort nordwestlich auf der N44 über CHALONS-EN-CHAMPAGNE nach **REIMS** (349 km =5:37 h). Von SAARBRÜCKEN aus gibt es mautfrei nur die zeitraubende Strecke auf B41/A6/A320/D603 (alte N3)/D931/D944 (254 km = 5:20 Std.)

Alle Bücher dieser WOMO-Reihe haben den gleichen Aufbau.

Die **GPS-Daten** aller Lokalitäten schreiben wir in

Grad (°), Minuten ('), Sekunden (") mit einer Dezimale.

Umrechnungsformeln s. unter Tipps „GPS".

Die **Nummerierung** der Plätze hilft beim Auffinden auf unseren Tourenkarten.

Der **Kopf jeder Tour** stellt einen Überblick aller wichtigen Daten dar wie Streckenlänge, Zeitfenster, Verlauf, Plätze für freie Übernachtungen, Campingplätze, Ver- und Entsorgung, Bademöglichkeiten, Besichtigungen, Wanderoptionen und Restauranttipps .

Alle Übernachtungsplätze sind in **farbigen Kästen** kurz und prägnant beschrieben. Den zu erwartenden Platztyp entnehmen Sie Seite 4.

In ganz Frankreich existiert ein dichtes Netz von **Ver- und Entsorgungsstationen für Wohnmobile (*Aire de Service*)**, die aber nicht immer als Übernachtungsplätze nutzbar sind. Hier unterscheiden wir Einrichtungen der Gemeinden *(Aire de services municipale)*, von Privatleuten *(Aire privée)*, von Campingplätzen – ohne dort buchen zu müssen *(Aire en terrain de camping avec accèss passage)* und an Autobahnen *(Aire sur Autoroute)*. Die meisten Plätze können gratis benutzt werden. V/E-Säulen (*Bornes*) fordern dagegen meist eine Zahlung durch Kreditkarte (carte de crédit), Bankkarte (CB = carte bancaire), seltener in bar oder per Jeton (Kaufstellen lt. Anschlag).

Da die **Qualität der Plätze** sehr unterschiedlich ist, haben wir versucht, sie möglichst genau zu beschreiben. Bei unseren Recherchen haben wir immer wieder festgestellt, dass eher die kleinen Gemeinden sich bei der Ausstattung größere Mühe geben, wie z. B. der liebevoll eingerichtete Stellplatz in LA GUÉDÉNIAU. Größere Städte wie REIMS hingegen bieten ein WOMO-Domizil mit V/E-Station in einer hässlichen und lauten Ecke – direkt neben der Stadtautobahn A344 – an.

Hinweise zum Gebrauch

„Freies Übernachten“ lautet zwar die Philosophie dieser Buchreihe, zu der wir auch stehen, aber manchmal kommt man einfach nicht umhin, einen **Campingplatz** aufzusuchen. Je nach Sicherheitsbedürfnis der WOMO-Fahrer/innen und vermeintlicher Gefährdungslage soll jeder für sich entscheiden, auf welchem Terrain er/sie das Haupt über Nacht betten will. Deshalb haben wir auch etliche Plätze aufgeführt, die an den Routen liegen. Genaue Übernachtungspreise nennen wir nicht, weil die sich schnell ändern können, aber einen Anhalt finden Sie bei den von uns gebildeten **Preisklassen**:
PK1 = billig; PK2 = mittel; PK 3 = teuer, PK4 = sehr teuer. Bei der Preisbeurteilung haben wir die – zum Teil hohen – Kosten für Stromanschluss nicht einbezogen. Der Großteil der Campingplätze an der *Loire* ist eher preiswert. Wer es genau wissen will, erfährt die Tarife im Internet, deren Adressen wir meist angeben. Reservierungsgebühren sind oft heftig!

So schön und erlebnisreich der Genuss der **historischen Attraktionen** ist, um so stärker werden Sie es am Ende der Reise an Ihrem schlankeren Geldbeutel merken. Eines muss aber auch dem größten Sparhardliner klar sein: Die Erhaltung der Baudenkmäler und Kunstschätze verschlingt Unsummen, und die Eintrittspreise decken nur einen geringen Teil davon. Man muss ja auch nicht alle 80 Loire-Schlösser von innen besichtigen! An vielen Bauwerken kann man sich auch von außen erfreuen, was meist gratis ist. Wir geben Ihnen bei unseren Reiseeindrücken Hinweise, ob sich eine billettpflichtige Besichtigung nach unserer Meinung lohnt. Hinzu kommt, dass viele Schlösser in der gleichen Kunstepoche gebaut und eingerichtet wurden, so dass man beispielhaft für mehrere nur eines der Prachtbauten anschauen muss. Häufig sind die Inneneinrichtungen recht dürftig, weil sich die wichtigen – und wertvollen – Stücke in Museen an anderen Orten befinden.
Die **Eintrittspreise** erhöhen sich meist jährlich, weshalb unsere Angaben auch nur eine Orientierung sein können. Wir nennen immer **drei** Rubriken: Erwachsene / reduzierter Tarif (z. B. Jugendliche und Studenten) / Kinder. Senioren genießen kaum noch Preisvorteile, da sie die eigentliche Zielgruppe sind.

Für Ihre Kritik, Lob und Erfahrungsberichte unsere Anschrift:

Hubert und Gudrun Kügler
Stüttgener Str. 14, D-41468 Neuss
E-Mail: wip-ontour@gmx.de

N
Soisson
Reims
001
002
002.1
002.2
Chamery
Chigny les Roses
Champillon
003
004.1
Epernay
004
Chavot
005
Avize
005.1
Montmort-Lucy
Beaunay
005.2
Baye
006
006.1
Marne
Meaux
Sézanne
Aube
La Motte-Tilly
007
Nogent-sur-Seine
Gumery
008
Seine
Sens
008.1
Montargis
Yonne
Auxerre
Nogent-sur-Vernisson
009.1
La Bussière
010
Ouzouer-sur-Tresée
011.1
Briare
011.2
011
Loire
40 km
A26
A4
A5
A6
A19
A77
N2
N4
N31
N36
N51
N77
N105
N151
E15
E46
E50
E54
E60
E511
D1
D3
D5
D9
D11
D22
D26
D45
D47
D225
D373
D403
D407
D411
D412
D439
D606
D619
D660
D905
D933
D934
D951
D965
D980
D2007
D2051
D2060

KARTE TOUR 1

TOUR 1 (ca. 300 km / 3 – 4 Tage)

Reims – Champillon – Épernay – Montmort-Lucy – Sézanne – Sens – Montargis – Briare

Freie Übernachtung:	Reims , Chamery, Chigny-les-Roses, Champillon, Épernay, Chavot, Avize, Beaunay, Baye, Sézanne, Gumery, Nogent-sur-Vernisson, La Bussière, Ouzouer-sur-Tresée, Briare
Campingplätze:	Épernay, Sens
Ver-/Entsorgung:	Reims, Chamery, Chigny-les-R., Épernay, Avize, Nogent-sur-V., Briare, Ouzouer-sur-Tresée
Besichtigen:	Reims, Épernay, Châteaux Montmort-Lucy, La-Motte-Tilly, La Bussière, d'Etoges, Pont Canal
Essen:	Épernay, Sézanne, Gumery, Briare

Weinberge der Champagne

Eigentlich befinden wir uns nur auf der **Anreise zum Tal der *Loire***! Viele Male schon sind wir durch die sanften Weinberge der *Champagne* getourt und kamen zu dem Entschluss, diese herrliche Landschaft in unser neues Buch einzubeziehen. Ohne Anspruch auf die vollständige Beschreibung dieser Region haben wir nur „mitgenommen", was auf dem Weg zum *Loire-Tal* liegt. Als Erstes machen wir Station in REIMS und finden den offiziellen Stellplatz am C.I.S. (Centre International de Séjour).

Reims: Cathédrale Notre-Dame Foto O.T. Reims

(001) WOMO-Stellplatz: Reims (C. I. S.)

GPS: N49° 14' 56.5" E4° 01' 17.1" Chaussée Bocquaine **max. WOMOs:** 9

Ausstattung/Lage: E&V, gratis, max. 48 h / Innenstadt
Zufahrt: von A34/N244 bei AS 28 auf A344, 3 km bis AS 24 (Cathédrale), links ab, Av. P. Marchandeau, 1. Kreisel rechts, Rue de Courlancy und rechts in Av. du Gén. de Gaulle bis Chaussée Bocquaine
Einlass: nur mit Zahlencode, an der C.I.S.-Anmeldung erhältlich, nach Büroschluss telefonisch unter 0326-405260 zu erfragen.
Mit der Codenummer für die Schranke erhalten wir von der freundlichen Empfangsdame einen Umschlag, der u. a. einen Stadtplan im Maßstab 1 : 18.000 enthält. Von dem Jugendhotel C.I.S., in dem man auch preiswert essen kann, sind es nur 15 Minuten Fußweg zur ***Cathédrale Notre Dame*** (Altstadt).

Cathédrale Notre-Dame (UNESCO-Welterbe)

Kathedrale: täglich geöffnet von 7.30 - 19.30 h, Eintritt frei
Palais du Tau: Mai - Sept. di - so 9.30 - 18.30 h und Okt. - April di - so 9.30 - 12.30 h / 14 - 17.30 h Eintritt 7,50/6,00/0 €

Reims: Cathédrale Detail Foto O.T. Reims

Dieses Gotteshaus mit riesigen Ausmaßen – ca. 149 m lang und 83 m hoch – hat für die Franzosen eine besondere Bedeutung. Im Gedenken an die Taufe des Frankenkönigs **Chlodwig (496)** wurden hier bis 1825 fast alle **französischen Könige gekrönt**. Das Meisterwerk der **Hochgotik** wurde im 13. Jh. in einer Bauzeit von mehr als 80 Jahren geschaffen. Sensationell ist die gewaltige Anzahl von 2300 Skulpturen. Als weltweit einzigartig gelten hier die **Engel mit ausgebreiteten Flügeln**. Einer davon, links am Hauptportal, lächelt sogar und wurde sehr bekannt als ***Sourir de Reims*** (Lächeln von Reims) oder ***L'ange au sourire***. Im Krieg wurde die Kirche 1914 stark zerstört, jedoch außer dem Vierungsturm wieder komplett aufgebaut. Das Innere der Kathedrale wartet mit einer Menge von Superlativen auf: kostbare Kirchenfenster (das schönste eine Rosette mit über 12 m Durchmesser), 122 Statuen und zahlreiche Wandteppiche. **Highlight:** Einige Fenster der Chorkapelle hat ***Marc Chagall*** 1974 gestaltet. Eine Tür an der Südseite führt direkt ins Nachbargebäude, den Bischofspalast ***Palais du Tau*** (1138), heute ein reich ausgestattetes Kirchenmuseum, lohnenswert für jeden, der sich für sakrale Kunst und die Geschichte der Kathedrale interessiert.

Lächeln von Reims

Das ***Office de Tourisme*** befindet sich links neben der Kathedrale. Hier gibt es einen sehr freundlichen, deutsch sprechenden Mitarbeiter namens Roman Tilly.
Auch das gut ausgestattete ***Musée des Beaux-Arts*** (Museum der Schönen Künste) ist ganz in der Nähe (*rue Chanzy*). Zu sehen sind berühmte Werke aus dem 15. bis 20. Jh., unter anderen von Lucas Cranach (Vater und Sohn), Gauguin, Matisse, Monet, Pissarro und Renoir. Auch Art Deco und sakrale Kunst sind stark vertreten.
Offen: Mi - Mo 10 - 12 / 14 - 18 Uhr; Eintritt 4 €, am 1. So. im Monat frei.
Ein weiteres Juwel der sakralen Baukunst, die ***Basilique Saint-Remi,*** liegt 1500 m weiter südlich. Hinter der Kathedrale *Notre-Dame* wandern wir nach rechts auf dem *Cours A. France*, vorbei an der ***Bibliotheque Carnegie***, auf der *rue de l'Université* und der *rue Barbâtre*, bis uns ein weißer Wegweiser „***Musée St-Remi***" nach rechts durch ein paar Gassen zur Basilika lenkt.

Reims: Basilique Saint-Remi

Basilique Saint-Remi (UNESCO-Welterbe)

Basilika offen tgl. 8 - 19 Uhr
Eintritt frei
Museum offen mo-fr von 14-18.30 h
sa-so bis 19 Uhr Eintritt: 4 €

Eines der wichtigsten Bauwerke der Frühromanik entstand Anfang des 11. Jh. und erhielt im 12. Jh. gotische Elemente. Der düstere Innenraum erweckt einen mystischen Eindruck. Sehenswert sind der Chor der Mönche, 700 Jahre alte Fliesen und herrliche Fenster aus dem 13. Jh.. Wir haben Glück bei der Besichtigung: Ein begabter Kirchenmusiker lässt uns die volle Klangfülle der Orgel genießen. Nebenan beherbergt die Benediktinerabtei aus dem 17./18. Jh. das städtische Museum ***„Musée Abbaye Saint-Remi“***, wo in prächtigen Sälen historische Exponate, u. a. die heilige „Ampoule“, die für die Krönungen benötigt wurde, gezeigt werden. Für Interessierte: Die **Militärgeschichte** nimmt hier einen breiten Raum ein.

Wir inspizieren noch den Parkplatz der Kirche (place Lenoncourt) und stellen fest, dass man hier auch mit dem Womo ganz gut stehen kann.

(002) WOMO-Stellplatz: Reims (Saint-Remi)

GPS: N49° 14' 33.0" E4° 2' 30.7" rue St-Julien **max. WOMOs:** 3
Ausstattung/Lage: Münz-WC, Restaurants, relativ ruhig, Basis für Besuche der Champagner-Kellereien / südl. Innenstadt.
Zufahrt: A344 AS 25 St.-Remi, N51, Av. de Champagne nach Nordosten, am Kreisel (Place des Droits de l'Homme) die 3. Ausfahrt, 400 m.

Bei der Wanderung zur ***Basilique Saint-Remi*** hatten wir einen Hintergedanken. Ganz in der Nähe befinden sich einige bedeutende **Champagner-Kellereien:**
G. H. Martel & Cie., 17, Rue des Créneaux, 0326 827067,
Taittinger, 9, Place Saint-Nicaise, 0326 858433,
Pieper-Heidsieck, 51, Bld. Henry Vasnier, 0326 844344,
Pommery, 5, Place du Général Gouraud, 0326 616255,
Ruinart, 4, Rue de Crayères, 0326 775151, und
Veuve Cliquot, 1, Pl.des Droits de l'Homme, 0326 895390.
Besichtigungen mit Verkostung *(Degustation)* müssen vorher telefonisch vereinbart werden. Das *Office de Tourisme (OT)* neben der Kathedrale ist dabei behilflich.
Die anderen Kellereien (*Lanson, Louis Roederer* und *G. H. Mumm*) sind im Norden von REIMS angesiedelt.
Da wir nun REIMS besichtigungsrelevant „abgarbeitet“ haben, machen wir uns auf den Weg nach Süden, und zwar auf der *av. de Champagne* (D951), die die A344 in Richtung ÉPER-

NAY überquert. Sollten Sie noch Diesel und Proviant fassen wollen, so finden Sie an der Straße etwas außerhalb diverse Supermärkte wie z. B. *E. Leclerc* vor. Nur wenige Kilometer weiter südlich gibt es zwischen den Weinbergen einen gut ausgestatteten Stellplatz:

(002.1) WOMO-Stellplatz: Chamery

GPS: N49° 10' 26.5" E3° 3' 57 14.6" rue Cht. Rouge **max. WOMOs:**3
Ausstattung/Lage: V/E mit Bodeneinlass, gebührenpfl. / im Ort
Zufahrt: von der D951 am Kreisel bei Leclerc (1. Ausfahrt) D22, nach 4,8 km rechts auf D26, noch 1,5 km, beschildert

Knapp 5 km östlich der N51 finden wir eine V/E-Anlage und in der Nähe einen Stellplatz:

(002.2) WOMO-Stellplatz: Chigny-les-Roses

GPS: N49° 09' 30,6" E4° 03' 43.0" 13 rue des Driffours **max. WOMOs:** 3
Ausstattung/Lage: E&V; aber Übernachtung an der Kirche, Espace Jean Guy ; N49° 09' 27.9" E4° 03' 48.4"; ebener PP; enge, steile Zufahrt.
Zufahrt: D951, in Mont Chenot weiter auf D26 genau 4,6 km bis Chigny, 2. Straße links ab

Weiter gleiten wir auf der D951 durch eine wunderschöne Landschaft, Weinberge wechseln sich mit dichtem Mischwald ab. Auf einer Anhöhe – kurz vor ÉPERNAY – verlassen wir bei km 38,4 die Hauptstraße nach links (WW „CHAMPILLON“) und rollen gemütlich auf der **„Route Touristique“** N 2051, der alten N51, entlang. Wir schauen von oben auf ein berauschendes Panorama: Weinberge soweit das Auge reicht, tief unten liegt die Champagnerstadt ÉPERNAY, durchzogen von der *Marne*. Ein kleiner Picknickplatz am Ortseingang von CHAMPILLON lädt zur Rast und zum Schauen ein. Einige Hundert Meter weiter erfreut uns in der Ortsmitte ein geräumiger, schattiger Parkplatz vor einem großen Saalbau, der *„Salle Henri Lagauche“*. Am Ende einer langen Tour könnten wir hier unser Haupt zur Nacht betten.

(003) WOMO-Picknickplatz: Champillon (Bürgerhalle)

GPS: N 49° 04' 56.0" E3° 58' 38.3"
rue Jean Laurès **max.WOMOs:** 3 - max 3,5 t
Ausstattung/Lage: Mülleimer, Bänke, Boulebahn, Picknicktische, Spielplatz / im Ort
Zufahrt: D951 bei km 38,4 nach links auf N2051, Ortsmitte

Ganz überrascht sind wir von schroffen Kalkfelsen, die mitten im Rebhang schneeweiß in der Sonne strahlen. Natürlich muss ich – unter Protest der Kopilotin – die steile Kalkwand hinauf-

klettern. Während ich den herrlichen Blick hinunter genieße, hält auf der Straße ein Bus und eine Touristengruppe schwärmt aus, um Kreidestücke am Hang aufzusammeln und in Tüten einzupacken. Nach wenigen Minuten ist der Spuk vorbei und das Vehikel schnauft weiter den Berg hinauf.

Unser Womo brummt fast ohne Gas hinunter, vorbei an dem Industrievorort MAGENTA, in die traditionsreiche Champagnerstadt ÉPERNAY. Hinter der *Marne*-Brücke biegen wir sofort links ab und haben ein idyllisches Bild vor uns: Am Ufer des träge dahinfließenden Wasserlaufes hocken, stoisch vor sich hin starrend, eine Reihe von Anglern; Enten watscheln ins Wasser. Hinten ein verschnörkelter Turm mit der Aufschrift „***Champagne de Castellane***“. Darunter duckt sich die gleichnamige Kellerei,

die täglich in der *rue de Verdun* von Mai bis Oktober besichtigt werden kann. Das gleiche gilt für die übrigen berühmten Hersteller des Nobelgesöffs: *Mercier, Moët & Chandon* und *De Venoge*, alle in der ***avenue de Champagne*** – wie sollte sie auch anders heißen? Besichtigungen der Kellereien vermittelt das OT, das wir in der gleichen Straße zwischen dem ***Château Perrier*** (1851), eine der wenigen echten Sehenswürdigkeiten mit einem Champagner- und Heimatmuseum, und dem hübschen **Rathaus** (1858) finden. Interessant ist, dass der Champagner hier in der Gegend, nämlich in der 6 km entfernten Abtei HAUTVILLERS, von ***Dom Pérignon***, dem „Bruder Kellermeister“, Ende des 17. Jh. entwickelt wurde. Heute gibt es komplizierte Verordnungen und internationale Vereinbarungen, die die Herstellung und Kontingentierung des edlen Getränks regeln. Sie werden von den Winzern peinlich genau eingehalten und von den Verbänden CIVC und INAO überwacht. Zur Herstellung von Champagner werden lediglich drei Rebsorten verwendet: *Pinot Noir, Pinot Meunier* und *Chardonnay*. Am preiswertesten kann man in ÉPERNAY das begehrte Prickelgetränk bei Aldi im Vorort PIERRY einkaufen.

Nach einem Stadtbummel machen wir uns auf den Weg in Richtung Süden und finden kurz vor PIERRY diesen Platz:

(004) WOMO-Stellplatz: Épernay (Raoul Chandon)

GPS: N49° 2' 9.8" E3° 57' 5.5" rue Dom Perignon
max. WOMOs: 13 (3 große und 10 kleine)
Ausstattung/Lage: E&V, Münz-WC, MC / im Ort
Zufahrt: von Reims D951, Stadt in Richtung Sézanne durchfahren, li. ab in Rue Dom Pergignon (WW „Hall des Sports“ und Parkplatz "Raoul Chandon"), für Womos reservierter Streifen neben dem großen PP (offene Höhenschranke, die bei Veranstaltungen wie Bouleturnieren, geschlossen wird).

Der **Campingplatz** befindet sich am nördlichen Ortseingang in der *Allée de Cumières* [**004.1:** N49° 3' 27.2" E3° 57' 0.3"]. Da uns wieder einmal nach einem schönen Restaurant gelüstet, finden wir ca. 700 m stadteinwärts in der *Rue de Sézanne* das kleine Grillrestaurant *„L'Œil de Bœf“*, was so viel wie „Bullauge“ heißt. In dem rappelvollen Lokal erhaschen wir die beiden letzten freien Plätze und genießen ein sehr schmackhaftes Viergangmenü mit Rotwein für relativ wenig Geld.
Auf der Weiterreise am nächsten Morgen machen wir am Ortsausgang von ÉPERNAY in PIERRY einen Stopp bei *Leclerc* (Diesel) und bei Aldi (Proviant). Die alte N 51 heißt jetzt D 951 und führt uns wieder durch herrliche Weinberge. Hoch oben entdecken wir ein frei stehendes Kirchlein. Das macht uns neugierig, und schon kommt nach 2,3 km der passende linke Abzweig. Unser Womo erreicht schnaufend den Vorplatz der kleinen Kirche, und zu unserer Freude erspähen wir schräg gegenüber – einen Steinwurf entfernt – Bänke und Tische unter Schatten spendenden Obstbäumen.

(005) WOMO-Picknickplatz: Chavot (bei Épernay)

GPS: N49° 00' 21.2" E3° 55' 24.2" rue de l'Èglise
max. WOMOs: 1 - 2
Ausstattung/Lage: Tische, Bänke, Mülleimer / außerorts; für längere Pause, aber auch notfalls zum Übernachten geeignet; etwas schräg.
Zufahrt: D951 von Épernay, hinter Pierry nach dem 2. Kreisel, ca. 2,3 km links ab auf D210, Wegweiser "Chavot", an der Kirche.

Hier oben – hoch über den endlosen Weinbergen – haben wir eine **berauschende Aussicht**. Es ist Frühling, und die Kirschbäume blühen duftend. Der kleine Abstecher hat sich gelohnt! Einen sehr schönen und ruhigen Übernachtungsplatz mit E&V finden wir knapp 9 km südwestlich im Landstädtchen AVIZE:

(005.1) WOMO-Stellplatz: Avize

GPS: N48° 58' 18.0" E4° 00' 35.0" rue du Bourg Joli **max. WOMOs:** 8
Ausstattung/Lage: E&V, Mülleimer, Flaschencontainer / im Ort
Zufahrt: von Chavot Courcourt auf D210, D40, D240 und D19, 8,9 km;
nahbei: Champagnerkellereien Pascal Laurent und Bouquin Dupont

Schon 13 km weiter auf der D951 nach Süden erwartet uns in MONTMORT-LUCY das erste französische Château unserer Reise. Das Renaissanceschloss aus dem 15./17.Jh. liefert mit seinen Ziegelverblendungen einen schönen Anblick. Besuche mit Führung gibt es nur für Gruppen ab 20 Personen vom 1.5. bis 31.10.; vorherige Anmeldung unter Fon 03 26 59 10 04 ist notwendig. Wir müssen uns mit dem Anblick von außen begnügen.

Château de Montmort

Schauen Sie jetzt nach, ob Ihre Champagner-Vorräte noch ausreichend sind. Wenn nicht, lohnt sich jetzt ein Abstecher von 7,6 km auf der D18 nach Südosten!

(005.2) WOMO-Stellplatz: Beaunay (Bel Air)

GPS: N48° 52' 54" E3° 52' 29" Weingut Jaquesson **max. WOMOs:** 10
Ausstattung/Lage: Wasser, Strom; MC; Superaussicht; Picknicktische; 8 €/N; Champus zu günstigen Preisen / außerorts (France Passion)
Zufahrt: von Montmort-Lucy auf D18/D618, im Ort WW „Bel Air“ folgen.

Um zurück auf unsere Hauptroute D951 zu kommen, nehmen wir die D933 und passieren nach 2,3 km das idyllische Wasserschloss ***Château d'Etoges***, dessen Ursprünge schon im 14. Jahrhundert liegen, aber erst um 1750 fertig wurde. Derzeit sind hier ein mondänes Hotel mit Restaurant sowie ein großer Wellnessbereich („Spa“) untergebracht. Sollten Sie sich, liebe Leserinnen und Leser, beim vielen Womo-Fahren Verspannungen eingehandelt haben, so werden Sie hier fachgerecht massiert. Gourmets können hier Menüs von 35 - 75 € genießen. Kontakt: 0326 593008. Parkplätze gibt's vor dem Tor.

Château d'Etoges

Wieder auf der D951 folgt nach 3 km das Klosterdorf BAYE. Gegenüber der **Benediktiner-Abtei (1756)** erwartet uns ein etwas höher gelegener, schattiger Parkplatz. Fein für ein Mittagsschläfchen! Notfalls ist hier auch eine Übernachtung möglich, wenn die Dorfjugend oder Baumaschinen nicht stören. Auf der rechten Seite, an der Häuserzeilte, plätschert munter eine kleine Quelle, deren Wasser man besser nicht trinkt.

(006) WOMO-Stellplatz: Baye

GPS: N48° 51' 5.5" E3° 45' 45.6" Grande Rue **max. WOMOs:** 2
Ausstattung/Lage: Mülleimer, Quelle, Tisch und Bänke / im Ort
Zufahrt: an D951, vor dem südlichen Ortsausgang, gegenüber Kloster

Wir folgen jedoch weiter den Verlauf der D951durch eine waldreiche, sumpfige Landschaft, lassen SÉZANNE und NOGENT-SUR-SEINE „links liegen". In SÉZANNE kann man außer samstags in der Ortsmitte auf dem WOMO-Stellplatz übernachten: [**006.1**: N48° 43' 17.8" E3° 43' 16.7"], einige Restaurants bieten ihre Dienste an.
Nur 7 km hinter NOGENT-SUR-SEINE passieren wir das hübsche Schloss ***La Motte-Tilly* (1755)**, das rechts an der D951 liegt. Interessant ist der riesige, asphaltierte Parkplatz gegenüber, der aber nur zu den Besichtigungszeiten geöffnet ist. Wer übernachten will, sollte die Schlossverwaltung fragen.
Geöffnet Di - So 10-12 / 14 - 18 Uhr, Eintritt 5,50/4,50/0 €, Park 3,00 €.

(007) WOMO-Tagesstellplatz: La Motte-Tilly

GPS: N 48° 27' 51.7" E3° 26' 00.8" an D951
max. WOMOs: 20
Ausstattung/Lage: Abfalleimer, schattig / außerorts
Zufahrt: an D951, 5 km hinter Nogent s. S.
Keine Übernachtung!

Nach ca. 400 m verlassen wir die D951 und biegen links in die D439 in Richtung SENS ab. Die Reise führt uns durch eine übersichtliche Hügellandschaft mit weitläufigen Feldern, die im Frühsommer in vielen Farben, vornehmlich gelb, bilderbuchmäßig leuchten. Nach 4 km passieren wir ein einzeln gelegenes Truckerlokal, eines der vielen *„Routiers"*, in denen man überall in Frankreich deftig und preiswert – Menü incl. Wein 9 bis 14 € – essen kann.

(008) WOMO-Stellplatz: Gumery (Routier)

GPS: N48° 27' 5.1" E3° 26' 0.7" an D439 **max. WOMOs:** 3
Ausstattung/Lage: Mülleimer / außerorts
Zufahrt: s. Text; Parken entweder auf dem LKW-Platz oder hinter dem Lokal. Restaurant ist nur montags - freitags geöffnet.

Hinter der Bezirksgrenze mutiert die D439 in D939. In der mittelalterlichen Stadt angekommen, fahren wir bis zum Zentrum und schauen uns die gotische ***Cathédrale St-Etienne* (1140 - 1180)** an. Das im benachbarten Bischofspalast untergebrachte **Museum** ersparen wir uns, obwohl hier neben dem wertvollen **Kirchenschatz** viele interessante Exponate auf den kulturbeflissenen Besucher warten. Ausführlicher beschreiben wir diese Stadt in unserem WOMO-Band 14 „Mit dem Wohnmobil durch Burgund". Der preiswerte Campingplatz in SENS:

(008.1) WOMO-Campingplatz-Tipp: Entre deux Vanne

GPS: N48° 10' 59.1" E3° 17' 20.3"; av. de Sénigallia; **offen:** 15.5.-15.9
Ausstattung/Lage: einfach; PK1; Sonderpreis für WOMOs; sehr schattig; E&V (auch extern, gratis); Pizzeria gegenüber; Fon 0386656471; zum Zentrum 1950 m / Ortsrand
Zufahrt: an der Umgehungsstraße D606A ausgeschildert

Sens: Cathédrale St-Etienne

Wir fädeln uns nun rechts über D1060 und D72 auf der D660 (alte N60) ein in Richtung MONTARGIS/ORLÉANS und geben jetzt ordentlich Gas, denn wir wollen heute noch die ***Loire***, den schönsten und längsten Fluss Frankreichs, erreichen. Zwischendurch werden wir zwangsweise auf die neue A19 geleitet, die mautfrei auf 5 km die D660 ersetzt. (Wer es eilig hat, kann auch auf der neuen Autobahn bleiben und nach 20 km auf die D2007 wechseln.)

Auf der vierspurigen Umgehungsstraße von MONTARGIS muss man in dem Gewirr von Auf- und Abfahrten höllisch aufpassen, wenn man die kreuzende D2007 (alte N7) in Richtung Süden nicht verfehlen will.

Auf dieser Strecke entdecken wir nach 18 km in NOGENT-SUR-VERNISSON einen idyllisch liegenden Picknickplatz, direkt an einem kleinen See.

(009) WOMO-Picknickplatz: Nogent-sur-Vernisson

GPS: N47° 50' 26.3" E2° 44' 25.5" rue du Gué Mulet **max. WOMOs:** 4
Ausstattung/Lage: Tische, Bänke, Mülleimer, Angeln, Wanderkarte (Rundwege 7,5 - 14 km) / südlicher Ortsrand.
Zufahrt: D2007 1. Abzweig Nogent-s-V. (D 41), WOMO-Zeichen folgen.

Etwas weniger schön gelegen, aber mit Entsorgung:

(009.1) WOMO-Stellplatz: Nogent-sur-

GPS: N47° 51' 12.3" E2° 44' 24.2" av. G. Bannery r
Ausstattung/Lage: E&V, Strom (je 2 €), für Fahrz. ma
Zufahrt: D2007 1. Abzweig Nogent-s-V., nach 350 m

W
chen

Château de la Bussière

Auf dem Weg zur *Loire* gibt's aber noch ein kleines „Hindernis", denn das pittoreske **Wasserschloss *de la Bussière*** wollen wir nicht auslassen. Der ausgeschilderte Abzweig von der D2007 führt uns zu dem langen Schlossparkplatz.

Château de la Bussière

Offen: Ostern - 1.11. mi-mo 10-12/14-18 Uhr Eintritt: 9,00/6,50/5,00 €
Gärten: 6,00 €; bis 30.4. nur nachmittags, Juli/August durchgehend
Im Untertitel heißt das hübsche Anwesen *„Château des Pêcheurs"* (Schloss der Fischer), weil sich im Inneren ein Museum über die Binnenfischerei befindet. *La Bussière* war ursprünglich eine kleine Festung aus dem 12. Jh., wurde aber im 17. Jh. zur heutigen Erscheinungsform umgebaut. Hinzu kommt der altertümliche Gemüsegarten *„Potager à l'Ancienne"*, in dem seit dem 18. Jh. seltene Pflanzen, Sträucher und Bäume kultiviert und erhalten werden. Der Besuch der Außenanlagen lohnt sich schon deshalb, weil man einen herrlichen Blick über den See auf das Schloss hat.

Nach der Schlossbesichtigung ist hier eine Übernachtung möglich, an einem altertümlichen Wasserhahn mit Schwungrad kann man – etwas umständlich mit einem Behälter – die Reserven notfalls auffüllen.

(010) WOMO-Stellplatz: La Bussière

GPS: N47° 44' 53.8" E2° 44' 56.1"
rue du Château **max. WOMOs:** 4
Ausstattung/Lage: Mülleimer, Frischwasser / Ortsrand
Zufahrt: D2007 Abzw. La Bussière, hinter OE rechts Château-Schild folgen
Besonderheit: nur für Fahrzeuge bis 3,5 t zul. Gesamtgewicht

...r streben nun aber beharrlich der *Loire* zu, die in dem Städt- ...BRIARE eine kleine Weltsensation aufzuweisen hat: den

Briare: Pont-Canal „Der Kanal über den Fluss“

Pont-Canal, ein schiffbarer Kanal als Brücke über die Loire. Der von 1604 bis 1642 gegrabene ***Canal de Briare*** musste auf der anderen *Loire*-Seite weitergeführt werden, und so baute die *Société Eiffel* 1890 – 1894 diese einmalige Brücke von 662 m Länge über den Strom, der damals noch fleißig von Lastkähnen befahren wurde. Auf den Treidelpfaden links und rechts wandern wir über diese kuriose Brücke. Neben uns tuckert gerade ein Motorboot, während tief unter uns der breite Fluss träge strömt. Von hier aus entdecken wir mit einem Blick nach links einen großen, schattigen Parkplatz, der wie für uns geschaffen ist. Es ist möglich, über eine Treppe nach unten zu steigen, um die Stahlkonstruktion im Stil des Eiffelturms zu bestaunen.

(011) WOMO-Stellplatz: Briare I (Pont-Canal)

GPS: N47° 37' 54.0" E2° 44' 23.2"
rue des Vignes **max. WOMOs:** 10
Ausstattung/Lage: E/V (CB), Mülleimer, Restaurants / Ortsrand
Zufahrt: D2007, Ausf. Briare, Wegweiser "Pont-Canal", Kanal queren (max. 5 t), rechts ca. 100 m, ausgeschildert (am Loire-Seitenarm)

Inzwischen hat sich direkt am *Quai Mazoyer* ein weiterer, idyllischer Platz etabliert, auf dem etwa 8 - 10 Womos stehen, deren Besatzung meist angelt oder an gedeckten Tischen sitzt. Allerdings ist die Situation hier nicht immer eindeutig, weil temporäre Verbote erlassen werden. Offenbar toleriert man in der Nebensaison die Womos mehr als im Sommer.

(011.2) WOMO-Stellplatz: Briare II (Pont-Canal)

GPS: N47° 38' 2.8" E2° 44' 23.7"
Quai Mazoyer
max. WOMOs: 10
Ausstattung/Lage: Müllcontainer, WC, Restaurants / Ortsrand
Zufahrt: D2007, Ausfahrt Briare (Kreisverkehr), auf D957 nach Nordwesten, Wegweiser "Pont-Canal",hinter dem Kanal links, **manchmal Verbote.**

Während wir uns in BRIARE auf dem grasbewachsenen, ruhigen Platz einrichten, hören wir starke Motorengeräusche. Weitere zehn oder zwölf Wohnmobile mit französischen Kennzeichen entern ebenfalls das Gelände und stellen es zu. Wir ahnen Böses! Eine 40-köpfige Reisegruppe schält sich aus den Fahrzeugen und strömt lärmend zur Brückenbesichtigung. Aber nach einer knappen Stunde düsen alle wieder ab, und es kehrt wieder Ruhe ein.

In der Zwischenzeit machen wir uns zu Fuß auf den Weg, um den hübschen Ort anzuschauen. Manche Anwohner haben ihre Gärten originell geschmückt – mit Puppen und vielen Blumen. Im Ort, *bld. Loreau*, gibt es auf dem Gelände einer alten Fabrik das Museum für Mosaik und Emaille (***Musée de la Mosaïque et des Émaux***), wo die Geschichte der aufstrebenden, kleinen Industriestadt erzählt wird. Kennzeichnend ist hier die Erfindung von *Jean-Félix Bapterosses*, **Knöpfe** – erstmalig in der Welt – **maschinell** herzustellen. Die Mosaiken von BRIARE wurden schon Ende des 19. Jh. über die Grenzen hinaus berühmt.

Geöffnet: Juni - Sept. 10 - 18.30 Uhr, Okt. - Mai 10 - 12 / 14 - 18 Uhr; Januar geschlossen; Eintritt: 5,00/4,50/2,50 €

In der „*Auberge du Pont Canal*“ (Restaurant mittlerer Preisklasse) lassen wir uns zu einem köstlichen Abendessen nieder und können die langsam vorbeifahrenden Schiffe beobachten. Traumhaft schön!

Während wir vor unserem Womo noch ein Glas Rotwein genießen, krönt ein herrlicher Sonnenuntergang über der *Loire* den ereignisreichen Tag.
Ein sehr ruhiger Alternativplatz bietet sich am selben Kanal in dem beschaulichen Dorf OUZOUER-SUR-TRÉZÉE an.

(011.1) WOMO-Stellplatz: Ouzouer-sur-Trézée

GPS: N47° 40' 12.5" E2° 48' 33.2"
rue St-Roch
max. WOMOs: 10
Ausstattung/Lage: WC/Duschen (8-20 h), Frischwasser (mit Schlauch), Mülleimer / im Ort
Zufahrt: von Briare auf D47 ca. 5 km nach NO, am Salle Polyvalente, neben der Bücherei

Wenn in dem Touristenmagnet BRIARE zu viel los ist, empfehlen wir ohnehin, für die Nacht nach OUZOUER-SUR-TRÉZÉE auszuweichen. Hier kann man lange Abendspaziergänge am Kanal unternehmen oder einfach am Wasser sitzen und die Seele baumeln lassen.
Der Stellplatz wurde von vielen Lesern gelobt.
Es gibt hier drei unterschiedliche kleine Restaurants, und zwar „La Marine" (bürgerlich), „Brasserie Tropheus" und „La Croix Blanche". Das ist für die 1200-Seelen-Gemeinde auch genug. Getestet haben wir allerdings keines, weil Gudrun ausnahmsweise ein tolles Essen zaubern wollte.

Ouzouer-sur-Trézée: Kanalanlegestelle

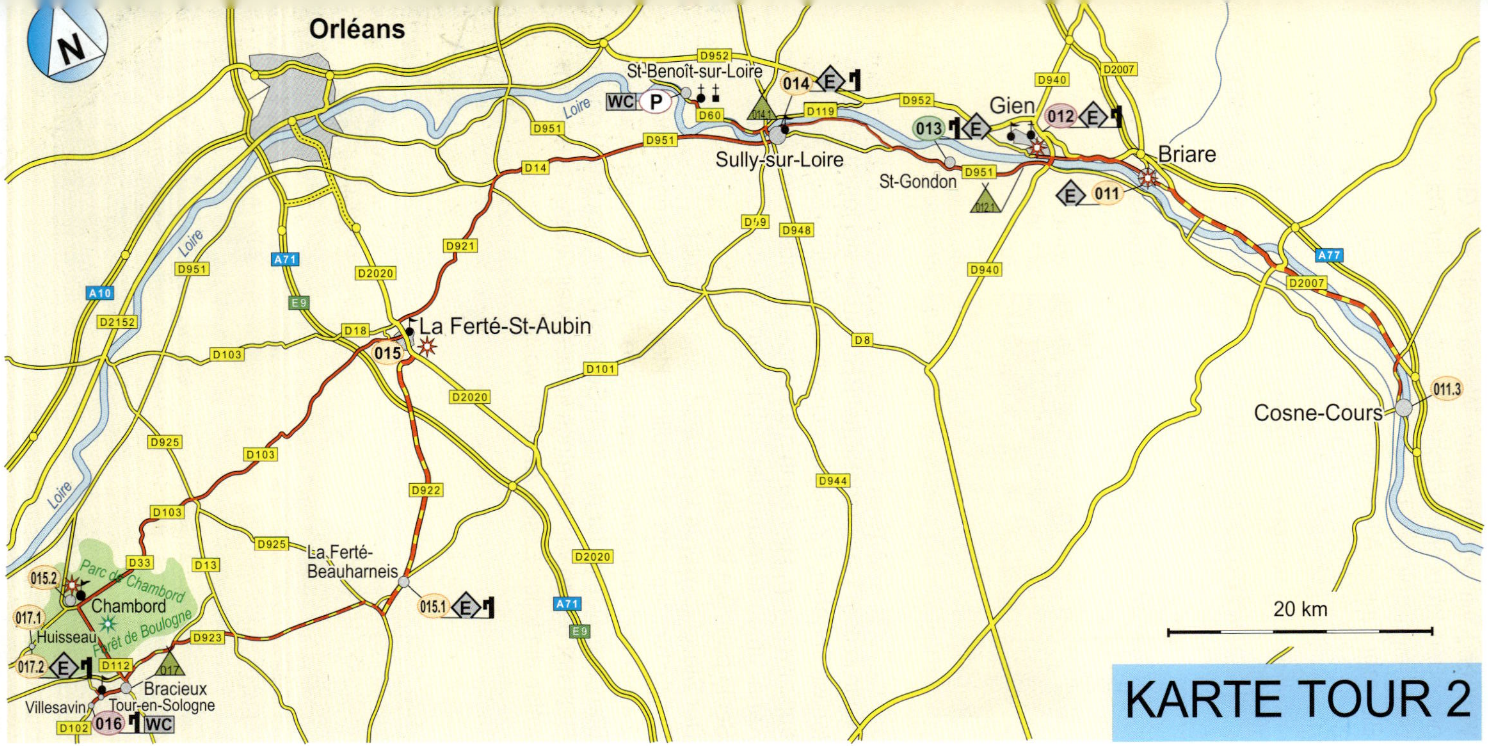
KARTE TOUR 2
20 km
N
Orléans
St-Benoît-sur-Loire
Sully-sur-Loire
St-Gondon
Gien
Briare
Cosne-Cours
La Ferté-St-Aubin
La Ferté-Beauharneis
Chambord
Parc de Chambord
Forêt de Boulogne
Huisseau
Bracieux
Tour-en-Sologne
Villesavin
Loire
WC
P
E
011
011.3
012
012.1
013
014
014.1
015
015.1
015.2
016
017
017.1
017.2
D952
D951
D60
D119
D14
D921
D9
D948
D940
D2007
D8
D101
D944
D2020
D18
D103
D922
D925
D13
D33
D923
D112
D102
D2152
A10
A71
A77
E9

TOUR 2 (ca. 210 km / 3 – 5 Tage)

Cosne-Cours – Gien – Sully – La Ferté-Saint-Aubin – Chambord – Villesavin – Tour-en-Sologne

Freie Übernachtung:	Cosne-Cours, Gien, Sully, St-Gondon, La Ferté-St-Aubin, La Ferté-Beauharneis, Husseau, Chambord, Tour-en-Sologne
Campingplätze:	Gien, Sully-sur-Loire, Bracieux
Ver-/Entsorgung:	Gien, St-Gondon, Sully, Tour-en-Sologne
Besichtigen:	Gien (Schloss, Jagdmuseum), Cht. de Sully, evtl. Basilika St-Benoît, Cht. de la Ferté-Saint-Aubin, Cht. de Chambord, Cht. de Villesavin
Wandern:	von St-Gondon nach Coullons
Essen:	La Ferté-Saint-Aubin

Ab Briare bietet sich ein südlicher Abstecher von ca. 32 km über D2007/D907 meist direkt am Fluss nach **COSNE-COURS** an. An der wunderschönen alten Hängebrücke auf der linken *Loire*-Seite gibt es Parkraum genug.

(011.3) WOMO-Stellplatz: Cosne-Cours-sur-Loire

GPS: N47° 24' 40.9" E02° 55' 04.8"
Lieu-Dit-Ile de Cosne **max. WOMOs:** 4
Ausstattung/Lage: Boulebahnen / Ortsrand **Zufahrt:** von Briare auf D907, Loire auf D955 queren, scharf rechts

Cosne-Cours sur Loire: alte Hängebrücke

Gien - vom anderen Loire-Ufer

Zurück nach BRIARE, von wo uns die alte D952 auf der rechten *Loire*-Seite 11 km weiter in die ***Faïence*-Stadt GIEN** führt. Seit Anfang des 19. Jh. wird hier wertvolle Keramik – teilweise noch in Handarbeit – hergestellt und weltweit exportiert. Besonders bekannt ist Geschirr aus dunkelblauem Material mit goldenen Verzierungen, genannt „**Bleu de Gien**". Am westlichen Ortsrand, 78, *place de la Victoire*, liegt das ***Musée de la Faïencerie.***
Offen: tgl. 10-18 h, im Sommer länger; Eintritt 5,00 / 2,00 / 0 €
Die Keramikmanufaktur können nur Gruppen besichtigen.

Château de Gien mit Jagdmuseum

Im Werksladen werden wochentags Auslaufserien und zweite Wahl der begehrten Teile zu ermäßigten Preisen angeboten. Das schon von weitem sichtbare, wuchtige **Château**, erbaut von *Anne de Beaujeu* im 15 Jh., liegt hoch über der Stadt und beherbergt das weltberühmte Jagdmuseum ***Musée international de la Chasse*** mit einer einzigartigen Waffensammlung. Ein Muss für passionierte Waidmänner! Neben dem Schloss kann man in der im vorigen Jahrhundert wieder aufgebauten ***Église Ste-Jeanne-d'Arc*** ein wenig Ruhe und Andacht finden. Hier oben gibt es neben einem herrlichen Panoramablick meist ausreichende Parkplätze, ebenso unten an der *Loire*. Im Sonnenuntergang sehen wir die riesigen Dampfwolken des 5,5 km entfernten Atomkraftwerkes.

(012) WOMO-Picknickplatz: Gien

GPS: N47° 40' 47.8" E2° 38' 34.9"
Quai de Nice **max. WOMOs:** 8
Ausstattung/Lage: V/E, Mülleimer, Schwimmbad nebenan, Tische und Bänke / Ortsrand
Zufahrt: A77 AS 19, D940, nach 10 km im Kreisel 1. Ausfahrt, 2,5 km zur Loire, Womo-Piktogramm

Frühstück mit Loire-Blick

Nun wechseln wir die *Loire*-Seite über die historische Steinbrücke und biegen dahinter rechts auf die D951 ab, auf der wir uns noch eine Weile bewegen werden. Nach etwa 550 m gabelt sich die Straße: Rechts gelangen wir – neugierig wie immer – auf einen Fahrweg direkt an der hier besonders schönen *Loire* mit einem fantastischen Blick auf GIEN. Gleich vornan liegt der städtische Campingplatz von GIEN in POILLY-LEZ-GIEN. Der Platz macht einen recht ordentlichen Eindruck, sehr naturbelassen, mit einem wundervollen Blick auf die Loire.

(012.1) WOMO-Campingplatz-Tipp: Camping Touristique

GPS: N47° 40' 56.0" E2° 37' 23.0" rue des Iris **offen:** 7.3. - 31.10.
Ausstattung/Lage: PK2, gut, schattig, beheizter und überdachter Pool, Restaurant, WLAN, V/E (7 € ambulant); Fon 0238671250, camping-gien.com / Ortsrand
Zufahrt: auf der alten Brücke Loire queren, rechts ab auf D951, ausgeschildert

Unsere Hoffnung auf einen freien Stellplatz in Ufernähe schwindet, je weiter wir fahren. Bald müssen wir umkehren, und weiter geht der Weg nach Westen auf der D951. Wir werden aber schon bald entschädigt mit einem wunderschönen Platz im nächsten Dorf, in ST-GONDON.

(013) WOMO-Wanderparkplatz: St-Gondon

GPS: N47° 41' 52.7" E2° 32' 20.0" rue de Gien **max. WOMOs:** 3

Ausstattung/Lage: Frischwasser, Bodeneinlass, Müll- und Wertstoffcontainer, Bänke, am kleinenTeich / im Ort

Zufahrt: A77 AS 19 D940, nach 14 km im Kreisel rechts zur D44, dann links zur D951, nach 8,1 km links, am Abzweig nach Coullons

Wer Lust auf Wandern hat, der findet hier einsame Waldwege, die ca. 7 km zu einem Badesee *Plan d'Eau* vor COULLONS führen, oder ca. 20 km auf dem GR 3c zum ***Etang du Puits***. Nach 16 km auf der D951 erreichen wir ***Château de Sully***, das erste große *Loire*-Schloss.

Château de Sully

Offen: Feb/Mrz/Okt-Dez di-so 10-12/14-17; Apr-Jun/Sep di-so 10-18 h; Jul/Aug tgl. 10-18 h; Eintritt: 7,00/3,50/0 €, geführt 8,00/4,00/0 €

Die wuchtige Wasserburg wurde von ***Guy de la Trémoille*** mitten im Hundertjährigen Krieg (14. Jh.) erbaut. Große Namen werden mit dem Bauwerk in Verbindung gebracht. Der depressive Thronanwärter der Valois, **Karl VII.**, residierte hier, während ***Jeanne d'Arc*** die Engländer bei *Patay* in die Flucht schlug. Hier soll Johanna 1429 den jungen Monarchen dazu überredet haben, sich endlich in Reims krönen zu lassen. Letzteres kann aber auch in Chinon gewesen sein. Der bedeutende und umtriebige Baron von *Rosny, Maximilien de Béthune*, genannt ***Sully***, Minister Königs **Heinrichs IV.**, kaufte 1602 das Schloss und wurde zum Herzog von *Sully* erhoben. Er begann sofort mit dem Aus- und Umbau des großen Gebäudekomplexes. Das ***Petit Château*** nutzte *Sully* für sich zum Arbeiten und Wohnen. Ein mehrstündiger Rundgang vom Erdgeschoss mit riesigen **Wandteppichen** über den gigantischen **Rittersaal** in der ersten Etage bis zum einmalig schönen **Dachstuhl** hinterlässt bleibende Erinnerungen. Im Dachstuhl treffen wir auf eine umfangreiche Ausstellung von nachgestellten Kriegsszenen, an der auch deutsche Hobbyhistoriker beteiligt sind. Im 18. Jh. fand der Philosoph **Voltaire** (bürgerlich *François-Marie Arouet*) hier Zuflucht, nachdem er aus Paris wegen seiner scharfen Zunge vertrieben worden war. Höhepunkt ist im Juni ein internationales Festival der klassischen Musik mit bekannten Künstlern und Orchestern.

Château de Sully

In der quirligen Kleinstadt mit schönen alten Bürgerhäusern und einigen Straßencafés finden wir direkt am Schlossgraben einen guten Parkplatz mit Blick auf Schloss und *Loire*. Aber wir haben uns zu früh gefreut: Für Womos ist hier das Parken nur tagsüber erlaubt.
Später entdecken wir den schönen Stellplatz. Als wir nach dem Rundgang leicht erschöpft aus der Burg kommen, liegt schon die Dämmerung über dem Städtchen. Wir finden die schöne Anlage schnell, die slalomartige Einfahrt ist allerdings für große Womos über 7,5 m ungünstig, wenn nicht gar unmöglich.

(014.1) WOMO-Stellplatz: Sully-sur-Loire

GPS: N47° 46' 16.1" E2° 23' 02.3" chemin de la Salle Verte
max. WOMOs: 20 **Ausstattung/Lage:** V/E, MC / Ortsrand
Zufahrt: Straße links neben dem Schloss, ca. 750 m, an der Loire

Wer einen Campingplatz bevorzugt, findet diesen auf der anderen Seite der *Loire,* gut beschildert.

(014) WOMO-Campingplatz-Tipp: Le Jardin de Sully

GPS: N 47° 46' 17.7" E 2° 21' 44.0" rue d'Orléans **Offen:** 1.4. - 11.11.*
Ausstattung/Lage: PK1, V/E, teilweise schattig, Laden, am Loire-Ufer, Pool nebenan; Fon 0238 671084, mobil 07811147 65; Web camping-lejardindesully.fr / Ortsrand (St-Père-sur-Loire) (1000 m)
Zufahrt: ab Ortsmitte Sully ausgeschildert - 1500 m vom Schloss entfernt (D60)
Besonderheit: Ent- und Versorgungsanlage steht auch externen Gästen zur Verfügung. Servicepreis je nach Saison 3,00 - 4,80 €.
*) In der übrigen Zeit kann auch geöffnet sein. Vorher anrufen!

Mit dem Platz sind wir sehr zufrieden, lediglich die von der *Loire* aufsteigenden Mücken können etwas lästig werden. Das Gelände liegt an der D60, die direkt zu dem bekannten Wallfahrtsort ST-BENOÎT-SUR-LOIRE führt. Um die weltberühmte ***Basilique St-Benoît*** zu sehen, müssten wir einen kleinen Umweg von 8 km in Kauf nehmen. Wir stellen den Besuch zurück und holen diesen auf der Rückreise (Tour 10) nach.
Heute haben wir uns vorgenommen, das große Waldgebiet der ***Sologne*** zu durchqueren, um zum allerschönsten Loireschloss – dem Château de Chambord – zu gelangen. Nach Verlassen des Campingplatzes wechseln wir die *Loire*-Seite und sausen auf D951, D14 und D 921 weiter nach Westen.
Auf halber Strecke liegt noch ein Kleinod der ***Sologne*:** LA FERTÉ-ST-AUBIN. Auf fast allen Reisen durch Frankreich kommen wir durch dieses hübsche Städtchen, denn hier kann man gut shoppen, essen und übernachten.

Château de la Ferté-Saint-Aubin

Château de la Ferté-Sai

Offen: 02 14-18 h, 03-05 10-18 h; 06-08 10-1
Winterpause 12.11. - 5.2.; Eintritt 9/7/6 €

So ganz nebenbei kann man noch die große Namens besuchen. Es ist – im Gegensatz zu d Schlössern – immer noch in privatem Besitz u geldern erhalten werden. Auf den Ruinen ein

dem 11. Jh. wurde *teau"* im 16. Jh. m gebaut, was auf der linken Seite steht; 1625 begann Henri I. de la Ferté Senectère mit der Erstellung des ***„Grand Château"*** mit einer Barockfassade. Es ergab sich eine Mischung aus Barock und Klassizismus. Die Besichtigung ist insofern interessant, weil die reich ausgestatteten Räume nicht mit Absperrungen versehen sind. Man könnte sogar hier Billard oder Klavier spielen! Auch die Kleinen kommen auf ihre Kosten, wenn in der Küche von einer pausbäckigen Köchin *„Madeleines"* (kleine Bisquits) frisch gebacken und noch warm an alle Gäste verteilt werden. Zu unserer großen Überraschung stoßen wir im hinteren Teil des Schlossgartens auf breite Eisenbahnschienen mit einer **Lokomotive** und **Luxuswaggons** aus den 1930er Jahren. Der passende **Bahnhof** aus der damaligen Zeit fehlt auch nicht. Ein wahrer Augenschmaus – nicht nur für Eisenbahnfreaks! Ihre Kinder werden in dem kleinen Bauernhof mit vielen Tieren sowie auf der ***Ile Enchantée***, der verzauberten Insel mit putzigen Minihäusern, ihre helle Freude haben und sich kaum losreißen wollen. In dieser Zeit können Sie ja in aller Ruhe das hübsche Schloss besichtigen.

Ehe wir uns versehen, neigt sich der Tag dem Ende zu, und wir haben noch keinen Übernachtungsplatz. Schräg gegenüber dem Schloss geht ein Sträßchen neben dem *Cosson* weg.

(015) WOMO-Stellplätze: La Ferté-St-Aubin

GPS: N47° 43' 31.3" E1° 56' 07.9" rue Löwendal **max. WOMOs:** 12
Ausstattung/Lage: V/E (1.5.-30.9. geb.-pfl.), Mülleimer, Picknick, Restaurant / Ortsrand
Zufahrt: A71 AS 2, D2271, D2020 im Norden des Ortes hinter Cosson-Brücke rechts, WW „Camping"
Alternative für Mobile > 6 m Länge: auf dem Parkplatz in der Ortsmitte, neben dem OT. (WW „Maison de Tourisme / 50 Parkings") Auch hier gibt es mehrere Restaurants und Bäckereien in der Nähe.

Wir nehmen – wie so oft schon – den Platz in der Ortsmitte und lassen uns auf der Terrasse der *„Auberge Savoyarde"* an der Hauptstraße nieder. Wen der Straßenlärm stört, kann auch drinnen sitzen. Es gibt hier recht preiswerte Menüs, warum also selber kochen?

Etang de la Ferté-Beauharneis

Der kürzeste Weg zu unserem nächsten Ziel – dem Château de Chambord – führt über die D61 (später D103), aber hier haben die Erbauer der Bahnlinie nicht mit Wohnmobilen über 2,60 m Höhe gerechnet. Die Unterführung muss von diesen Vehikeln also umfahren werden: Auf der D2020 ca. 700 m nach Norden, dann links ab auf die D18 Richtung BEAUGENCY, nach 500 m wieder links, nächste Möglichkeit rechts auf die D61 Richtung CHAMBORD. Sollten Sie sich verfahren haben und landen auf der D922, so rollen Sie ruhig weiter, denn auf dem Umweg gibt es einen ganz reizenden WOMO-Stellplatz an einem kleinen See, der von vielen Anglern genutzt wird:

(015.1) WOMO-Picknickplatz: La Ferté-Beauharneis

GPS: N47° 32' 41.1" E1° 50' 56.3"
an D922 **max. WOMOs:** 20
Ausstattung/Lage: Tische, Bänke, V/E/Strom (August 2016 außer Betrieb), Bodeneinlass, Wasser, WC, Restaurant in der Nähe, schattig / Ortsrand - Achtung: Badeverbot
Zufahrt: von D2020 südlich von La Ferté-St-Aubin auf D922 nach Westen abbiegen, nach 18 km auf der linken Seite

Der kleine Ort ist mit seinen knorrigen Fachwerkhäusern und dem alten Friedhof auch recht sehenswert.
Von hier aus geht es nach CHAMBORD auf der D923 über NEUNG-SUR-BEUVRON und BRACIEUX. Im letzteren Ort (26 km) bietet sich der preiswerte *„Camping Indigo les Chateaux“* an, ideale Basis für Radtouren zu den Schlössern **Cheverny, Chambord, Villesavin** und **Beauregard** .

(017) WOMO-Campingplatz-Tipp: Bracieux

GPS: N47° 33' 02.8" E1° 32' 16.6" rue Roger Brun **offen:** 24.3. - 13.11.
Ausstattung/Lage: PK1, gut, schattig, Pool, V/E; Fon 0254 464184, campingleschateaux.com; chateaux@camping-indigo.com / im Ort
Zufahrt: auf D923 Ort durchqueren, am nördlichen OE links

Wir könnten jetzt einen kleinen Abstecher über ein Weingut mit Stellplatz fahren und 1,4 km weiter E/V durchführen:

WOMO-Stellplätze in Huisseau-sur-Cosson

1. Weingut: (017.1) GPS: N47° 35' 19.7" E01° 27' 41.8"
Domaine de la Grange
max. WOMOs: 20
Ausstattung/Lage: keine, nur Weinverkauf; vin-domaine-de-lagrange.com; Fon 0254 20311 / Ortsrand
Zufahrt: von Ferté St-Aubin D61, D103, D33, im Ort auf D72 (750 m)

2. V/E-Station: (017.2) GPS: N47° 35' 37.3" E1° 27' 35.6"

route de Chambord
max. WOMOs: 2
Ausstattung/Lage: V/E mit Jetons; mit Boden- und WC-Einlass (ohne Spülung) gratis / im Ort
Zufahrt: vom (017.1) zurück zur D72, rechts ab, nach 750 m rechts auf D33 (rte. de Chambord), dann noch 550 m, links

Tore in verschiedenen Stilarten an den Zufahrtstraßen D33 / D112 öffnen das riesige Gelände um das **Schloss Chambord.**

Château de Chambord

1. Der Park
Geöffnet: ganzjährig *Eintritt: gratis*
Geführte Besichtigungen im gesperrten Parkteil kann man unter Telefon 0254 544000 buchen.

Der gigantische Park ist auf der Karte als *„Reserve Nationale de Chasse“* (Staatliches Jagdrevier) ausgewiesen, hat eine Fläche von 54,4 Quadratkilometern (!) und ist von einer **32 km langen Mauer** umgeben, der längsten Frankreichs. Es gibt sechs Tore, von denen jeweils **klassische Alleen** zum Schloss leiten. Allerdings ist für die Öffent-

Château de Chambord

lichkeit nur ein kleiner Teil des Parks, ca. 700 ha, zugänglich. Etwa 8 km Spazierwege und die Weitwanderrouten GR 3 und GR 32 führen durch das überwiegend bewaldete Gebiet. Auf zahlreichen **Picknickplätzen**, auch mit dem WOMO erreichbar, kann man sich ausruhen und stärken. Die beiden großen Parkplätze sind unterteilt in PKW- und Womo/Busparkplätze. (s. Kasten!) Von zwei **Hochständen** (*Route François I.)* sind bei Sonnenaufgang Wildschweine und Hirsche zu beobachten, wenn sie sich denn hervorwagen.

2. Das Schloss

Offen: 04 - 09 9-18 h 10 - 03 10 - 17 h; Eintritt: 11,00/9,00/0 € + 4,50 € Audio *) unter 18 und 18-25 Jahre aus der EU*

Mit 156 m Länge und 117 m Breite, 440 Räumen, 365 Kaminen sowie 13 Haupt- und 70 Nebentreppen ist es nicht nur das größte, sondern für uns auch das schönste Loire-Schloss. Es ist einfach ein Muss, dieses imposante Bauwerk zu besuchen. Mit der Eintrittskarte erhält man eine deutschsprachige Broschüre als Führer durch alle Etagen. Gegen Gebühr kann man sich ein Audiogerät ausleihen, was den Nachteil hat, dass man an allen „Haltestellen" geduldig alles anhören muss. Bevor wir zur Tat schreiten, informieren wir uns eingehend über die **Geschichte** dieses prächtigen Schlosses:

Der junge **König Franz I.** (1515 - 1547) besuchte hin und wieder das kleine Jagdschloss der Grafen von *Blois*. Da es ihm aber zu schlicht war, musste ein prunkvolles Renaissanceschloss her. 1518 wurde mit dem Abriss begonnen und Pläne für den Neubau ausgearbeitet, an denen auch ***Leonardo da Vinci***, zu jener Zeit Gast des Königs in *Le Clos-Lucé (Blois)*, beteiligt war. *Da Vinci* starb jedoch bereits ein Jahr später, so dass 1519 der Bau ohne ihn von *Domenico da Cortona („Boccadoro")*

und *Jean de Breton* begonnen wurde. Die Arbeiten sollten nicht nur bis ans Lebensende (1547) von Franz I. dauern, sondern wurden von seinem Sohn **Heinrich II.** bis zu dessen Tod 1559 fortgesetzt. Während dieser Zeit wurde zwischen Heinrich und Moritz von Sachsen der berühmte **„Vertrag von Chambord“** (1552) abgeschlossen, in dem man sich gegen Kaiser **Karl V.** erhob. Im Gegenzug erhielt Frankreich die Macht über die Bistümer *Metz, Toul* und *Verdun*. Bewohnt wurde der riesige Palast von den nachfolgenden Königen allerdings nicht so häufig. Erst Sonnenkönig **Ludwig XIV.** (1643 – 1715) brachte wieder Leben in den Prachtbau, indem er weiter baute und restaurierte. Dichter und Musiker, u. a. ***Molière*** und ***Lully***, logierten dort längere Zeit und führten Theaterstücke auf. Der Folgekönig **Ludwig XV.** (1715 – 1774) schließlich verschenkte, nachdem er seinem Schwiegervater, dem Polenkönig Stanislas, von 1725 bis 1733 Asyl gewährte, das gewaltige Besitztum an den Feldmarschall Graf **Moritz von Sachsen** *(„Maréchal de Saxe“)*, weil dieser ihm 1745 in *Fontenoy* die Österreicher vom Leib gehalten hatte. Letzterer segnete aber schon fünf Jahre später – nach einem Leben in Saus und Braus – das Zeitliche, und *Chambord* ging zurück an den König. Die Folgebesitzer des Schlosses waren – dank einer Schenkung durch ***Napoléon I.*** – Feldmarschall *Bertier*, die Grafen von *Chambord* und seit 1930 der französische Staat.

Wenn Sie sich an die empfohlene Besichtigungsfolge der blauen Broschüre halten, benötigen Sie insgesamt **fünf Stunden**. Aber es geht auch in der Hälfte der Zeit. Die folgenden **Highlights** sollten Sie nicht versäumen: die **doppelläufige Wendeltreppe** im *Donjon* (***Leonardo da Vinci*** zugeschrieben), die herrlichen **Decken**, die **Dachterrasse** mit grandioser Aussicht; auf der 1. Etage der Seitenflügel die **Salons und Schlafgemächer** von Franz I. und Ludwig XIV. sowie die **Kapelle**; in der 2. Etage des *Donjon* das **Jagd- und Naturmuseum** der Grafen von *Chambord*. Für Pferdenarren gibt es noch ein Event in den ***Écuries du Maréchal de Saxe***: zweimal täglich **Dressurvorführungen** im Juli/August, sonst nur an Wochenenden. Das Schloss wird bei Dunkelheit von Scheinwerfern und Beamern angestrahlt, womit eine attraktive Ton- und Lichtshow (**„Chambord, ein Lichtertraum“**) über die Geschichte des Schlosses und das höfische Leben geboten wird.

(015.2) WOMO-Stellplatz: Château de Chambord

GPS: N47° 37' 00.0" E1° 30' 10.0" place St-Louis **max. WOMOs:** 120

Ausstattung/Lage: V/E, Strom (zum Aufladen) und Wasser gratis, Müllcontainer / außerorts

Zufahrt: A10 AS 16 (Mer) D112, reichlich beschildert

Gebühren: 11 € , über 7,9 m **50 €** (24 Std.), ob Längenmessung erfolgt, ist unklar.

Château de Villesavin

Es ist aber noch lange nicht ganz dunkel, und so verlassen wir den Schlosspark über die D112 nach Süden bis BRACIEUX, wenden uns nach rechts auf die D102, den Schildern insgesamt etwa 3,5 km zum **Château de Villesavin** folgend. Die Schlossanlage liegt etwas versteckt im Wald. An der Parkplatzeinfahrt werden wir direkt zur Kasse gebeten.

Château de Villesavin

Offen: 03-05 10-12/ 14-19 h; 06-09 10-19 h; 1.10-15.11. 10-12/ 14-18 h; im März und November donnerstags geschlossen
Eintritt: 6,00/4,50/ 4,50 €, mit Führung 9,00 €
Das hübsche Renaissanceschloss wurde **1527 – 1537** für den Bauleiter von *Château de Chambord*, ***Jean Le Breton***, gebaut. Sehenswert ist im Schlosshof der florentinische Brunnen (16. Jh.) aus weißem Carrara-Marmor. Im Hinterhof finden wir eine Ausstellung sehr hübscher, historischer **Kutschen**, darunter ein paar putzige Kindervehikel, die damals von Ziegen gezogen wurden. Eine einmalige Sammlung von **Hochzeitskronen und -kleidern** aus der Zeit von 1835 bis 1950 sowie einige antike Möbel und Zinngegenstände können im Inneren bewundert werden. Auf der linken Seite ist ein großer, turmförmiger **Taubenschlag** aus dem 16. Jh. erhalten, der für 1500 Vogelpaare vorgesehen

war. In der damaligen Zeit war der Besitz von möglichst vielen Tauben eine Prestigefrage. Je mehr Vögel ein Schlossherr besaß, um so mehr Ansehen hatte er bei den anderen Edelleuten. Auf den Wiesen um das Schloss weiden recht seltsam aussehende **Esel** mit zotteligem Fell, eine Freude für alle Kinder. Besonders in der Hauptsaison kommen diese auf ihre Kosten, denn es werden etliche Dinge wie Schnitzeljagden und Geistersuche veranstaltet. Besichtigung der Außenanlagen ist gratis nicht möglich.
Aber das Eintrittsgeld lohnt sich wirklich, denn es gibt viel zu bestaunen.

Das Schloss gehört zum Dorf TOUR-EN-SOLOGNE (3 km), dessen Gemeindeverwaltung ein Herz für Womo-Fahrer hat:

(016) WOMO-Picknickplatz: Tour-en-Sologne

GPS: N47° 32' 16.1" E1° 29' 58.8" rue de la Mairie **max. WOMOs:** 6 - 8

Ausstattung/Lage: V/E gratis, außer 100 l Frischwasser und 1 Std. Strom je 2,50 € (2016), WC, Tische und Bänke, Mülleimer, Telefon, Restaurants, Bäckerei / im Ort

Zufahrt: wie (015.2) D112 nach Bracieux, rechts auf D102 Richtung Cour-Cheverny, ca. 4 km bis Ortsmitte, rue de Mairie, gegenüber der alten Kirche.

Ein von der Gemeinde sehr liebevoll eingerichteter Platz

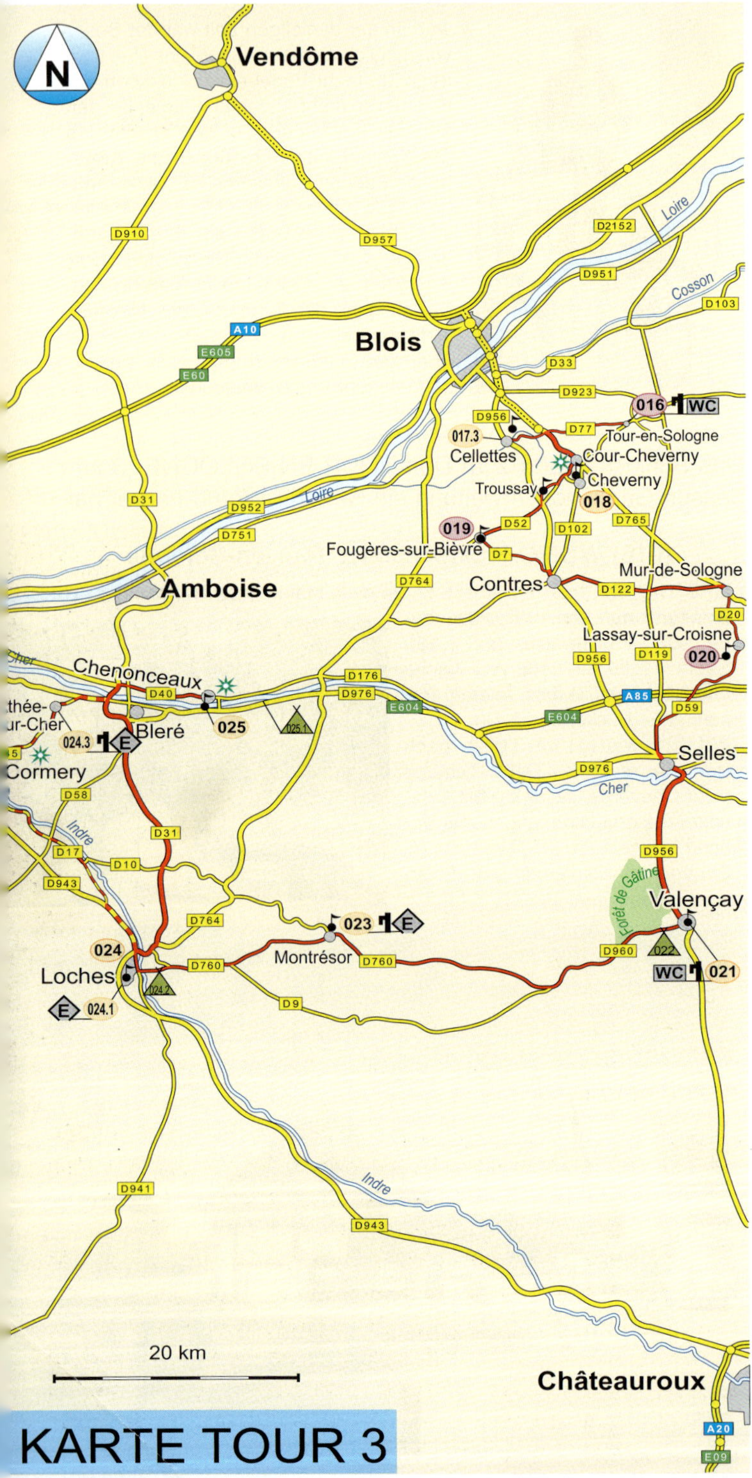

N
Vendôme
Blois
Amboise
Loire
Cosson
Chenonceaux
Bleré
Cormery
Loches
Montrésor
Contres
Cellettes
Tour-en-Sologne
Cour-Cheverny
Cheverny
Troussay
Fougères-sur-Bièvre
Mur-de-Sologne
Lassay-sur-Croisne
Selles
Cher
Valençay
Forêt de Gâtine
Indre
Châteauroux
016
017.3
018
019
020
021
022
023
024
024.1
024.2
024.3
025
025.1
WC
20 km

KARTE TOUR 3

TOUR 3 (ca. 212 km / 4 – 6 Tage)

Cellettes – Cheverny – Fougères-sur-Bièvre – Lassay – Valençay – Loches – Chenonceaux

Freie Übernachtung:	Cheverny, Fougères-sur-Bièvre, Lassay, Valençay, Montrésor, Loches, Athée, Chenonceaux
Campingplätze:	Cheverny, Valençay, Loches, Chenonceaux
Ver-/Entsorgung:	Valençay, Montrésor, Athée, Loches
Besichtigen:	Châteaux de: Beauregard, Cheverny, Fougères-sur-Bièvre, Moulin, Valençay, Montrésor, Loches, Chenonceau
Essen:	Fougères-sur-Bièvre, Valençay

Château de Beauregard

Diese Tour soll uns ein größeres Stück von der *Loire* wegführen, denn die spätmittelalterlichen Schlösslebauer mussten dasjenige Land dafür benutzen, welches sie gerade besaßen. Aber ganz in der Nähe gibt es noch ein sehenswertes Exemplar, das ***Château de Beauregard*** bei CELLETTES. Wir gondeln auf der schmalen D77 am Flüsschen *Beuvron* entlang ca. 7 km nach Westen und kreuzen in CLÉNORD die Hauptstraße D765, wo wir nach 3 km rechts in die D956 schwenken, um dann dem Abzweig zum Schloss zu folgen. Eine Zufahrt von der breiten D765 besteht ebenfalls. Die Sträßchen sind streckenweise etwas schmal, für größere Fahrzeuge ist Vorsicht geboten.

Château de Beauregard

Offen: 03 und 10 13.30-17 h, an Wochenenden ab 10.30 h; 04-06 und 09 10.30-18.30 h; 07/08 10-19 h; 11-02 geschlossen; Eintritt 12,50/10,00/ 5,00 €; nur Park 9,00/9,00/5,00 €.

Anfang des 16. Jh. kaufte König **Franz I.** das Land *Beauregard* und baute ein Jagdschloss darauf. 1524 schenkte er es seinem Onkel ***René de Savoie***, bis der Staatssekretär Heinrichs II., ***Jean du Thier***, es 1545 erwarb. Dieser schmückte das Renaissanceschloss wesentlich aus und schuf u. a. das „*Cabinet des Grelots*" (Schellenkabinett). Neuer Besitzer wurde 1617 ***Paul Ardier***, ehemaliger Schatzmeister Heinrichs IV. Wieder wurde kräftig verändert, wobei die berühmte ***„Galérie des Illustres"*** entstand, eine einzigartige Portraitsammlung von 327 Herrscherpersönlichkeiten. Der Boden des 26 m langen Raumes brilliert mit handgemalten **Delfter Kacheln** aus dem 17. Jh., die eine marschierende Armee im Stil Ludwigs XIII. darstellen. Die empfindlichen Fliesen dürfen nicht betreten werden. Beim Blick nach oben entzückt uns eine von *Jean Mosnier* bemalte, kostbare **Balkendecke** aus dem Jahre 1620. Schatzkästchen ist das erwähnte ***„Cabinet des Grelots"***, ein kleines Arbeitszimmer mit vergoldeter Eichenholztäfelung. Ansonsten sind noch Wandteppiche und zahlreiche Stilmöbel zu bewundern. Der 70 ha große, modern gestaltete ***„Jardin des Portraits"*** (Bildergarten) lädt zu ausgedehnten Spaziergängen ein.

Galérie des Illustres

Cabinet des Grelots

Auf dem großen **Parkplatz** ist das Abstellen von Wohnmobilen ausdrücklich erlaubt: [**017.3:** GPS N47° 32' 5.6" E1° 22' 43.4"]. Wir haben nicht ausprobiert, ob man über Nacht bleiben kann. Der Fußweg zum Schloss beträgt knapp 500 m. Im Park gibt es einen Picknickplatz (gefüllte Körbe auf Bestellung erhältlich) und das *Café Ardier*, geöffnet ab März.

Wir fahren die D765 zurück bis COUR-CHEVERNY und folgen den Wegweisern zum ***Château de Cheverny.*** Im Ort gibt es hinter der Kirche ein paar Parkbuchten, mehr Raum jedoch bietet der Parkplatz P 3, der für Busse und Womos reserviert ist.

(018) WOMO-Stellplatz: Cheverny (P 3)

GPS: N47° 29' 50.9" E1° 27' 38.0" **max. WOMOs:** 15
Ausstattung/Lage: Mülleimer, Restaurant / Ortsrand - Platz ist meist staubig.
Zufahrt: E 5 / A 10 AS 17 über Blois auf D756/765 Cour-Cheverny, D102 am Ortsausgang Richtung Contres, Schildern „P 3" folgen.

Château de Cheverny

Geöffnet: täglich 9.15/10 bis 17.00/18.30 Uhr je nach Jahreszeit
Hundefütterung Apr - Sept tägl.11.30 Uhr , sonst mo, mi, fr.
Eintritt: 10,50/7,50/0 €; Bootsfahrt durch die Kanäle: 20,50 €
Dieser klassizistische Prachtbau aus weißen Steinen von *Bourré* gehört zu den wichtigsten Loireschlössern. 1604 bis 1634 von Graf ***Henri Hurault de Cheverny*** erbaut, befindet es sich noch immer im Besitz seiner Nachkommen, der Familie *Hurault de Vibraye*, die einen Teil des Schlosses bewohnt. Die prunkvollen Räume sowie die Möblierung wurden über die Jahrhunderte liebevoll gepflegt und erhalten. Ein Rundgang lohnt sich daher allemal. Beim Ticketkauf sollte man einen Wegweiser in Deutsch erbitten. Alle zu besichtigenden Räumlichkeiten sind von 1 bis 16 durchnummeriert: **Speisesaal, Ehrentreppe, Privatgemächer, Ritter-** oder **Waffensaal, Königsgemächer, großer Salon** mit **Vorzimmer, Galerie,** der **kleine Salon, Bibliothek** und der **Saal der Wandteppiche**, in der eine berühmte ***Caffieri*-Uhr** zu bewundern ist. Der riesige **Park** (1 qkm) lädt zu ausgedehnten Spaziergängen oder einer Bootsfahrt auf dem Kanal ein. Im **Hundezwinger** wird täglich die 70-köpfige Meute gefüttert. Im ***Salle des Trophées*** gibt es eine Sammlung von 2000 Hirschgeweihen zu bewundern. Wer's mag?!

Königszimmer

Wer es weniger staubig wünscht, kann sich im **Campingplatz** *"Les Saules" , Route de Contres* (D 102) einschreiben. PK2, Pool, contact@camping-cheverny.com; Fon 0254 799001; offen April - Sept. [**018.1** N47° 28' 41.3" E1° 27' 03.7"]

3,5 km westlich von CHEVERNY nehmen wir, etwas abseits der

Château de Troussay

D52, das immer noch bewohnte ***Château de Troussay*** mit. Es ist gerade geschlossen und so müssen wir uns mit einem Blick von außen auf das schmucke Renaissance-Schlösschen aus dem 15. Jh. begnügen. Die Rückseite ziert ein steinernes Relief mit einem Stachelschwein, das Wappentier Ludwigs XII., welches der Historiker *Louis de la Saussaye* zusammen mit anderen Antiquitäten im 19. Jh. nachträglich angebracht hat.

offen: 07/08: 10-18.30 h, 04-06/09 10.30-12.30 und 14-18 h; Okt. nur sa/so 10.30-12.30 und 14-17.30 h; Führung: 7,00 / 5,50 / 0 €

Auf dem Weg zu den südlich gelegenen Schlössern passieren wir auf der D52 das Örtchen FOUGÉRES-SUR-BIÈVRE, in dessen Mitte eine mittelalterliche Burg trutzt. Erhalten ist der *Donjon* (11. Jh.); das ***Château de Fougères-sur-Bièvre*** wurde allerdings erst 1450 – 1470 in der heutigen Form erbaut. Eine Besichtigung des Inneren lohnt sich jedoch kaum, lediglich für Kinder gibt es allerhand Attraktionen.

Geöffnet: 8.5. - 10.9. tgl. 9.30 - 12.30 / 14 - 18.30; 11.9. - 7.5. Mi - Mo 10 - 12.30 14 - 17 Uhr; Eintritt: 5,50/4,50/ 0 €, EU-Jugendliche 18-25 J. gratis

Neben der Burganlage gibt es einen kleinen Parkplatz und eine Picknickanlage auf der Burgwiese.

(019) WOMO-Picknickplatz: Fougères-sur-Bièvre

GPS: N 47° 26' 53.6" E1° 20' 36.8" rue Henri Goyer **max. WOMOs:** 2
Ausstattung/Lage: Tische, Bänke (am Burgteich),Mülleimer, preiswertes Restaurant / im Ort
Zufahrt: max. 3,5 t; A 10 AS 17 D 956 Ri. Contres, rechts ab auf D52

Weiter geht die Reise durch ein von Landwirtschaft geprägtes Gebiet. Auf D7 und D122 gelangen wir über CONTRES nach MUR-DE-SOLOGNE und schließlich auf der D20 zum ***Château du Moulin***, dessen Zufahrt ausgeschildert ist. Dieses wunderschöne Wasserschloss wird nicht jeder Loire-Reisende kennen, aber die Fahrt dort hin lohnt sich wirklich! Vor dem

Château du Moulin

Geöffnet: Apr - Sep Führung (1 Std.) 10.30, 11.30, 14.30, 15.30, 16.30 und 17.30 Uhr; Eintritt: 9,50/8,00/4,00 € - Museum/Garten 7,00 €
Das wunderschöne Schloss im gotischen Stil ließ König **Karl VIII.** für seinen Waffenbruder und Freund ***Philippe du Moulin*** erbauen, weil dieser ihm in der Schlacht von *Fornoue* (1495) das Leben gerettet hatte. Der königliche Hof residierte zu dieser Zeit gerade in der benachbarten Sologne-Hauptstadt *Romorantin*, in der der spätere König Franz I. seine Jugend verbrachte. Von der ursprünglichen Festung sind nur noch der

Donjon und die beiden Eingangstürme erhalten, das restliche Gebäude wurde später in der heutigen Form nach und nach wieder aufgebaut bzw. ergänzt. Besonders reizvoll sind die Backsteinmauern im Rautenverband, die sich herrlich im umgebenden Wasser spiegeln. Da das Schloss bewohnt wird, kann man nicht alle Räume besichtigen, aber die freundliche Führung durch einige stilgerecht möblierte Gemächer sowie durch den ***„Salle des Gardes“*** ist interessant. Die Erläuterungen erfolgen allerdings nur in Französisch. Mit dem Ticket erhält man einen dreisprachigen Flyer, der das Nötigste erklärt. Die Besichtigung lohnt sich.

Schlossgelände, das außerhalb der Besuchszeiten durch ein Gittertor versperrt wird, gibt es einen schön gelegenen Parkplatz mit Picknicktischen im Grünen. Am besten reist man am frühen Abend an, da ein weiteres Tor – Abzweig von der Hauptstraße – gegen 19 Uhr geschlossen wird.
Obwohl – oder gerade weil – der kleine Stellplatz vor dem romantischen Anwesen etwas einsam liegt, verbringen wir hier eine sehr ruhige Nacht. Da wir allein sind, können wir am Morgen einen Tisch aufstellen und gemütlich frühstücken. Dann beginnt die sehr interessante Schlossbesichtigung.

0) WOMO-Picknickplatz: Château du Moulin

7° 22' 17.8" E1° 36' 26.4 Terres deLaunay **max. WOMOs:** 2-3

Ausstattung/Lage: Picknicktische, Abfalleimer, schattig, sehr ruhig / außerorts
Zufahrt: A85 AS 14 (Romorantin), D922, nach 4,5 km links auf D59, hinter dem Etang de Paris rechts ab auf D20, Wegweiser "Château du Moulin"; Schlosszufahrtstraße (eng) wird gegen 19 Uhr geschlossen

Über die Straßen D20, D59 und D119 gelangen wir nach SELLES, wo wir Einkäufe tätigen können.
Frisch gestärkt rauschen wir auf der D956 flott weiter nach Süden und landen in VALENÇAY direkt vor dem O.T., das dem Prunkschloss gegenüber liegt. Hier gibt es reichlich Parkraum sowohl auf dem Vorplatz als auch hinter dem Gebäude, wo es allerdings etwas staubig ist.

(021) WOMO-Stellplatz: Valençay (O.T.)

GPS: N 47° 9' 38.6" E1° 33' 43.3" Avenue de la Resistance **max. WOMOs:** 10 - 15
Ausstattung/Lage: Müllcontainer, Frischwasser, WC (Entleerung der Kassette möglich) / Ortsrand
Zufahrt: A85 AS 13 (Selles), 23,5 km auf D956 , am O.T. gegenüber dem Schloss

Das ***Château de Valençay*** ist ein immens großes Anwesen von hohem Entdeckerpotenzial, und so machen wir uns sogleich auf die Socken zu dem schmiedeeisernen Schlosstor.

Château de Valençay

Château de Valençay

Geöffnet: 26.3. bis 3.1. 9.30/10.30 bis 17.30/19 Uhr je nach Saison
Eintritt: 12,50/9,50/4,50 €, Zuschläge für Events

Eigentlich zählt diese gewaltige Schlossanlage im Renaissance- und Klassizismusstil nicht mehr zu den Loireschlössern, denn sie liegt im *Berry*, einem fruchtbaren Landstrich, der sich südlich an die *Sologne* anschließt. Erbaut wurde *Château de Valençay* etwa 1540 von ***Jacques d'Estampes***, einem Mitglied der damaligen Finanzaristokratie. Da man den Prunk liebte, wurde die Anlage über zweihundert Jahre weiter ausgebaut und -geschmückt. Nach der französischen Revolution, erwarb 1803 Napoleons Außenminister *Charles-Maurice de* **Talleyrand-Périgord**, unter Ludwig XVI. früherer Bischof von *Autun*, auf Befehl des Kaisers das Schloss als Repräsentationspalast für „das diplomatische Korps und die Ausländer von Rang". Und so wurde die Nobelhütte weiterhin prunkvoll eingerichtet, wovon der Besucher sich heute noch überzeugen kann. Nachdem man die herrlichen ***Jardins à la française*** (Französische Gärten) durchwandert hat, betritt man das Schloss durch das mächtige Nordtor mit Kapitellen und Türmen. Dahinter wende man sich nach rechts zum **Westflügel** des Winkelbaus, wo die eigentliche Besichtigung beginnt. Der Besucher wird mit seinem „Knopf im Ohr" durch zahlreiche große und kleine Salons, Säle, Schlafgemächer, das ***Chambre du Roi*** (Königszimmer) und Kemenaten geleitet, alle reichlich mit kostbaren Stilmöbeln, Wandteppichen, Porzellansammlungen und Gemälden ausstaffiert. Eine Aufzählung der unbezahlbaren Glanzstücke wäre müßig. Allein die Gemäldegalerie im ersten Stock ist 77 m lang. Im Tiefparterre kann man sich die mit Kochpuppen dekorierte, riesige **Schlossküche** anschauen, wobei gut vorstellbar ist, welch gewaltige Staatsbankette und Gelage in der ersten Hälfte des 18. Jh. hier von vielen Köchen vorbereitet werden mussten. In dem weitläufigen **Park** gibt es für Groß und Klein etliche Belustigungen: im **Labyrinth** (2000 qm), im ***Château des Enfants*** (Kinderburg), in der kleinen Farm (***La Petite Ferme***) und bei der Schatzsuche. Höhepunkt der Events stellen die „Tage mit Fürst Talleyrand" (***Une journée avec le prince Talleyrand***) mit anschließender Theateraufführung dar. (Termine erfährt man im O.T. Telefon 0254 00 0442.) Auf der großzügigen **Picknickanlage** im Schlosspark kann man sich selbst verpflegen. Aber Vorsicht! Viele hungrige Vögel, z. B. farbenprächtige Pfauen, lauern auf die Essensreste.

Außerhalb des Schlossbereiches, gleich hinter dem Office de Tourisme, können Autofreaks im ***Musée de l'Automobile*** etwa 60 Oldtimer anschauen.
Eintritt 5,50/4,50/3,50 €

Für dieses Schloss haben wir tatsächlich den ganzen Tag gebraucht, aber wir sind glücklich und zufrieden. Der Stellplatz am O. T. ist uns dann doch etwas zu unruhig, weil eine Hauptstraße vorbei führt. Auf dem Stadtplan – gratis vom O.T. – ist der *Camping les Chênes* eingezeichnet.

(022) WOMO-Campingplatz-Tipp: Valençay

GPS: N47° 09' 29.1" E1° 33' 11.9" route de Loches **offen:** Mai - Sept.
Ausstattung/Lage: PK1, schattig, Pool nebenan, V/E; Fon 0254 000392; morgens kommt ambulanter Bäcker / Ortsrand
Zufahrt: wie (021) vor dem Schloss rechts ab auf D960, ca. 700 m.

Da es noch nicht dunkel ist, beschließen wir, das Städtchen anzuschauen und ein hübsches Restaurant zu finden, was uns nicht auf Anhieb gelingt. Aber ein knurrender Magen ist zu allem fähig. In dem kleinen Bistro *„Le Grain de Sel"* genießen wir ein schmackhaftes, aber preiswertes Viergangmenu. Wieder einmal bleibt die Womo-Küche abends kalt, aber auf dem ruhigen Campingplatz nehmen wir an dem milden Abend vor unserem Mobil noch einen Schluck guten Rotweins zu uns.

Wir freuen uns schon auf die große Burg von LOCHES, die knapp 50 km im Westen liegt. Am Campingplatztor biegen wir nach links direkt in die richtige Straße – D960 – ein, deren Nummer sich an der Departementgrenze in D760 ändert. Nach 32 km erreichen wir das Städtchen MONTRÉSOR. Von der mittelalterlichen **Burg *Fulco Nerras***, hoch über dem *Indrois,* ist außer *Donjon* und Mauer nichts erhalten; das 1493 im spätgotischen Stil von *Imbert de Bastarnay*, dem Großvater von *Diane de Poitiers*, errichtete Schloss wurde Mitte des 19. Jh. von *Graf Xavier Branicki* ausgestattet. Die kleine **gotische Kirche** und das Burgdorf mit seinen **Fachwerkhäusern** sind ganz reizvoll.

Geöffnet: 1.4. -11.11. 10 - 19 Uhr, sonst nur am Wochenende;
Eintritt: 8,00/ 6,00/4,00 €, Park 3,00 €.

Im oberen Ortsteil finden wir einen großen Womo-Hafen:

(023) WOMO-Stellplatz: Montrésor

GPS: N47° 09' 27.8" E1° 12' 07.5" rue du 8 Mai
max. WOMOs: 15
Ausstattung/Lage: E/V, eben, Superaussicht / Ortsrand
Zufahrt: A85 AS 11 D31, nach 10 km links auf D10, nach 17 km links ... Richtung Beaumont-Villa- ... reisel 2. Ausfahrt

Die Straße D760 verschwindet kurz hinter MONTRÉSOR im ***Forêt de Loches***. Vorher passieren wir ***La Corroirie,*** ein Landgut, Teil des in 1100 m folgenden mittelalterlichen Kartäuserklosters ***Chartreuse du Liget***, das von 9 - 18 Uhr gratis besichtigt werden kann. 1000 m weiter steht mitten in der Pampa ein kreisrundes Kirchlein aus dem 12. Jh., die ***Chapelle St-Jean du Liget*** mit romanischen Fresken. Den Schlüssel kann man sich bei *Mme. Arnould* im Kloster holen.

Nach Durchquerung des herrlichen Waldes nähern wir uns jetzt der mittelalterlichen Festungsstadt **LOCHES**, die hoch auf einem Berg unterhalb des auf einem Felssporn liegenden Schlosses schon von weitem zu sehen ist. Unsere D760 mündet nach Überquerung des *Indre,* wenn man sich etwas rechts hält, direkt vor dem OT am *Place de la Marne*, wo wir, den *Parking*-Schildern folgend, scharf rechts abbiegen. Es bietet sich zunächst der große Bahnhofsparkplatz an, der uns für die Zeit der Stadt- und Burgbesichtigung gerade recht kommt. An Markttagen (mittwochs) stehen hier allerdings sehr viele PKW. Der Fußweg durch die Altstadt hinauf zur Burg ist ziemlich steil, und wir kommen schnell ins Schwitzen.

Logis Royal de Loches

Logis Royal de Loches

Offen: Okt. - März 9.30 - 17 Uhr / Apr - Sep 9 - 19 Uhr
Eintritt: 8,50/6,50/5,50 €

Man betritt die 500 m lange Festung durch die ***Porte Royale*** auf der Westseite. Beim Ticketkauf erhält man zwei ausführliche Beschreibungen der Festung in Deutsch. Nur der gewaltige ***Donjon*** zur Rechten stammt noch aus der Zeit von ***Fulco Nerra*** (987 - 1040), dessen Spezialität der Bau solch gigantischer Wachtürme von fast 40 m Höhe und mit 3,5 m dicken Mauern war. Eine Treppe führt bis ganz nach oben, von wo man einen fantastischen Ausblick auf die Stadt und das Umland hat. Die königlichen Gemächer ***(Logis Royal)*** hingegen bieten mehr zum Anschauen als der klotzige Turm: der Saal **Karls VII.**, der Saal von ***Jeanne d'Arc***, das Grab der ***Agnes Sorel*** (Mätresse Karls VII.), das **Passions-Triptychon** (1485) aus der Schule von *Jean Fouquet*, der Saal **Karls VIII.** und die Hauskapelle von **Anne de Bretagne**. In dieser königlichen Residenz wurde über Jahrhunderte hin-

Le Château de Loches (Logis du Gouverneur)

weg französische Geschichte geschrieben, die dicke Bücher füllen würde. Nur soviel: Auch hier – nach *Chinon* und *Sully* – traf *Jeanne d'Arc* den depressiven Kronprinzen und späteren König **Karl VII.**, um ihn zur Krönung in *Reims* zu bewegen. Seine Geliebte, die schöne ***Agnes Sorel***, unterstützte ihn in diesem Bestreben.

Die schlichte **Stiftskirche St-Ours** (12. Jh.) überrascht den Besucher mit zwei achteckigen Pyramiden zwischen den Türmen, wie man sie sonst nur bei Glockentürmen oder Küchengebäuden (s. *Fontevraud-L'Abbaye*) vorfindet.

Agnès Sorel

Bevor wir das Burgareal verlassen, spazieren wir noch durch den hübsch angelegten Park. Auf einmal hören wir laute Stimmen von Menschen, die sich offenbar so heftig streiten, dass die Fetzen fliegen. Wir gehen den Geräuschen nach und entdecken direkt neben dem *Donjon* eine Theaterbühne, auf der ein paar junge Schauspieler einen dramatischen Streitdialog proben.

Der Bummel durch die quirlige Altstadt von LOCHES ist vom Körpereinsatz her angenehm, da es immer bergab geht. Besonders hübsch sind die **alten Bürgerhäuser** an der ***Rue du Château***.

Die Stadt Loches mit der Stifskirche Saint-Ours

Der Tag ist wieder einmal fast vorbei, so dass wir uns auf Stellplatzsuche begeben. Die freundliche Dame im O.T. meint es gut mit uns und empfiehlt den *Espace Agnes Sorel* für eine Nacht, der sich aber wegen einer Höhenschranke als untauglich erweist. Ich sage immer: Gut gemeint ist das Gegenteil von gekonnt. Aber der benachbarte *Place des Anciens d'AFN* eignet sich auch als Nachtquartier.

(024) WOMO-Stellplatz: Loches

GPS: N47° 7' 33.1" E0° 59' 40.0" av. des Bas Clos **max. WOMOs:** 15
Ausstattung/Lage: Mülleimer, Fußweg zur Burg / im Ort
Zufahrt: A85 AS 11, D31 nach 17 km rechts auf D 764, nach 1,7 km links, nach 1200 m rechts ab, noch 500 m, rechte Seite vor einer runden Halle („Agnes Sorel") linken Großparkplatz nehmen; aus der Innenstadt: Richtung Ligueil.

(024.2) WOMO-Campingplatz-Tipp: La Citadelle

GPS: N47° 07' 20.2" E1° 00' 09.9" rue Aristide Briand **offen:** 26.3.-7.10.
Ausstattung/Lage: PK2, schattig, Pool, V/E, Fon 0247 590591 / Ortsrand
Zufahrt: D943 am südlichen OE, beschildert „Complexe Sportif"

Vor dem Campingplatz und Hallenbad bietet eine moderne **V/E-Anlage** [**024.1:** N47° 07' 20.3" E1° 00' 06.0"] ihren Service an, die mit Girocard/V-Pay (CB) bedient werden muss; parken dürfen Wohnmobile hier aber nicht. Eine große Informationstafel weist auf **vier** alternative Stellplätze in der Stadt hin, u. a. auch auf unseren Platz 024.

Geografisch sind uns nun *Loire* und *Cher* deutlich näher gekommen! Unser nächstes Ziel, CHENONCEAUX, ist über D 31 und D 40 in nur 33 km zu erreichen. Das wäre die schnellste, aber langweiligere Strecke. Schöner, aber schmäler ist die Route entlang dem *Indre* auf D25, D17 und D943 über BLAISE, dort rechts auf D45 (max. 7 t) nach ATHÉE-SUR-CHER, wo wir einen kleinen, ruhigen Stellplatz entdecken:

(024.3) WOMO-Stellplatz: Athée-sur-Cher

GPS: N47° 18' 51.7" E0° 55' 03.2"
Le May **max. WOMOs:** 3
Ausstattung/Lage: V/E, Bodeneinlass, MC / Ortsrand - max. 24 Std.!
Zufahrt: A85 AS11, D31 Ri. Amboise, nach 4 km links auf D976, nach 6,5 km links auf D45, Ort durchfahren, an Gabelung links D83

Von dort finden wir über D976 zurück auf die D31, biegen nach Überquerung des *Cher* rechts in die D40 und folgen den zahlreichen Schildern zum ***Château de Chenonceau*** (14 km). Früher gab es hier einen wunderschönen **Übernachtungsplatz** für Wohnmobile. Leider ist wegen des jahrelangen, campingartigen Treibens der Benutzer der Aufenthalt nunmehr **von 21 Uhr bis 9.00 Uhr nicht mehr gestattet**. Wer länger bleibt, erhält einen Platzverweis. Auf der Wiese nebenan, direkt neben der Bahnlinie, kann man zurzeit noch über Nacht bleiben:

(025) WOMO-Stellplatz: Chenonceaux

GPS: N47° 19' 49.7" E1° 04' 07.1"
max. WOMOs: 30 - 40
Ausstattung/Lage: keine, etwas laut durch Bahnverkehr / Ortsrand
Zufahrt: A85 AS11, D31 Ri. Amboise, nach 8,5 km rechts auf D40, WW zum Schlossparkplatz folgen, hinter der Bahnlinie scharf links ab. Nicht dem Navi folgen, da es zu einer niedrigen Bahnunterführung leitet!

Wir werden hier nicht übernachten, denn 120 m weiter liegt ein kleiner, idyllischer Campingplatz, wo man für sage und schreibe 9,00 € pauschal (incl. allem) eine ruhige Bleibe findet.

Château de Chenonceau

(025.1) WOMO-Camping-platz-Tipp: Chenonceaux

GPS: N47° 19' 49.7" E1° 4' 11.1"
Lieu-dit Fontaine de Prés
offen: 15.6. - 15.9.
Ausstattung/Lage: PK1, ruhig, schattig, V/E, Fon 0247 239013 / Ortsrand
Zufahrt: 120 m hinter SP 025
2016: Pauschalpreis Womo, 2 Pers., Strom und E/V 9,00 €

Mit viel Freude besuchen wir den Park und das wunderschöne Schloss, das wie eine **Brücke über dem *Cher*** thront.

Château de Chenonceau

Geöffnet: tgl. 9.30 - 17.00/20.00 Uhr, je nach Saison unterschiedlich
Eintritt: 13,00/10,00/10,00 €;
Aufpreise für Audioguide und Wachsmuseum
Eine ausführliche Broschüre und die Audioguides unterrichten uns in deutsch. Ein Rundgang dauert ewa 1 ½ – 2 Stunden.

„Schloss der Frauen“ nennt man auch das herrliche Renaissance-Bauwerk, weil es fünf berühmte Damen über die Jahrhunderte bewohnten und prägten: die Erbauerin ***Catherine Briçonnet***, Gattin von *Thomas Bohier*, Finanzminister Franz' I., **Katharina von Medici**, Gattin von Heinrich II. und später Regentin für ihren Sohn Karl IX., ***Diane de Poitiers***, schöne Mätresse von Heinrich II., **Luise von Lothringen**, Frau Heinrichs III., und ***Madame Dupin***, Kunstmäzenin. An diesem Platz hat bis 1512 die mittelalterliche Burg und Mühle der Familie *de Marques* gestanden, wovon nur noch der **Donjon** erhalten blieb. Das neue Prunkschloss wurde 1521 fertig, aber die Erbauer hatten sich finanziell übernommen und schuldeten der Staatskasse erhebliche Summen, so dass

Château de Chenonceau (Rückseite)

1535 **König Franz I.** das Anwesen übernahm und als Jagdschloss führte. Der Nachfolger, Heinrich II., schenkte es 1547 seiner Favoritin *Diane*, sehr zum Leidwesen von Königin Katharina. Diese konnte sich aber schon zwölf Jahre später – 1559 – an ihrer ärgsten Rivalin rächen, als ihr Mann Heinrich bei einem Turnier das Zeitliche segnete. Sie zwang *Diane*, *Chenonceau* im Tausch gegen die kleine Festung *Chaumont* an sie abzutreten. Alsdann war *Chenonceau* Schauplatz vieler rauschender Feste des Hofes. In dieser Zeit wurde der früher von *Diane* geplante **Brückenbau** endlich verwirklicht. Das Anwesen blieb aber zunächst in der Familie, als es Luise von Lothringen, Gattin Heinrichs III. und Katharinas Schwiegertochter, 1589 als Witwe übernahm. Ab 1733 veranstaltete die neue Besitzerin, *Madame Dupin*, zahlreiche **Dichter- und Künstlertreffen**. Letztendlich wurde das Schloss in der Neuzeit von dem Schokoladenfabrikanten *Menier* erworben.

Kaminsalon

Schlafgemächer

Höhepunkte im Inneren sind das **Grüne Kabinett**, das **Gemach Franz' I.**, die **Schlafzimmer der Königinnen**, die 60 m lange **Große Galerie** im Brückentrakt sowie die **Küchen** in den Brückenpfeilern. Die prächtige Ausstattung der Salons und Gemächer mit **Stilmöbeln, Wandteppichen, Gemälden und Schnitzereien** ist einmalig und absolut sehenswert. Die im großen Park eingebetteten **Gärten** – im Osten der von *Diane de Poitiers* und im Westen der von Katharina von Medici – sind ein wahrer Augenschmaus. In dem Gelände finden Kinder

Wachsfigurenkabinett

Château de Chenonceau und sein Garten

allerhand Belustigungen; Picknicktische und -bänke bieten die Möglichkeit für Stärkung und Geselligkeit. Im ***Musée de Cires*** (Wachsfigurenkabinett) in einem seitlichen Wirtschaftsgebäude sind Szenen des höfischen Lebens nachgestellt. Nicht nur für die Damenwelt interessant, denn die Figuren und das Mobilar sehen sehr natürlich und echt aus. Im Schlossbereich haben wir in einem Selbstbedienungsrestaurant einfach, aber ganz gut gegessen.

Château de Chenonceau - das „Schloss der Frauen“

KARTE TOUR 4

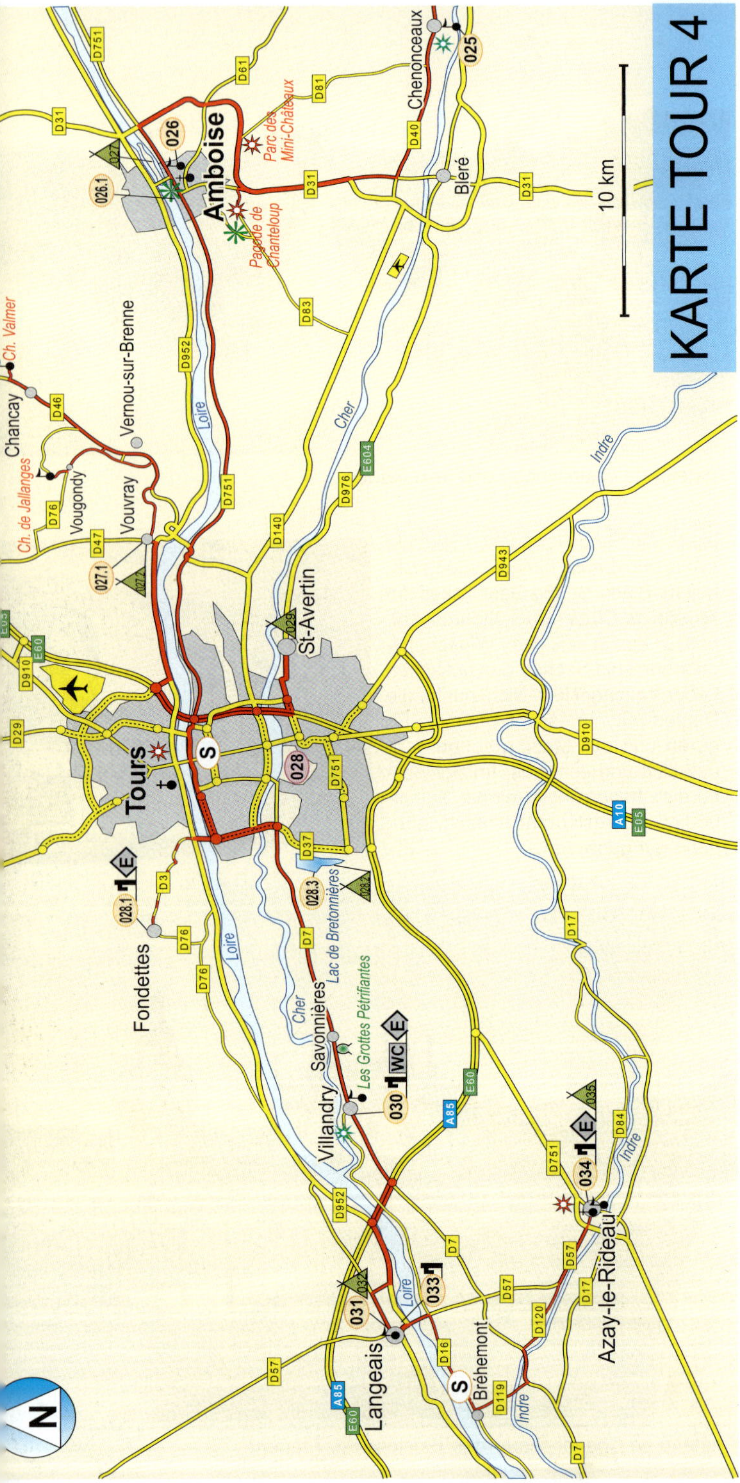
Amboise
Tours
Chenonceaux
Bléré
Parc des Mini-Châteaux
Pagode de Chanteloup
Vernou-sur-Brenne
Ch. Valmer
Chancay
Ch. de Jallanges
Vougondy
Vouvray
St-Avertin
Fondettes
Savonnières
Villandry
Les Grottes Pétrifiantes
Lac de Bretonnières
Langeais
Bréhemont
Azay-le-Rideau
Loire
Cher
Indre
10 km
D751
D31
D61
D81
D40
D83
D952
D46
D76
D47
D140
D976
E604
D943
D910
E60
D29
D751
D37
D3
D7
D17
D84
A85
A10
E05
D57
D120
D16
D119
D7
025
026
026.1
027
027.1
027.2
028
028.1
028.2
028.3
029
030
031
032
033
034
035
S
E
WC

TOUR 4 (ca. 139 km / 4 – 5 Tage)

Amboise – Tours – Villandry – Langeais – Azay-le-Rideau

Freie Übernachtung:	Amboise, Vouvray, Tours, Lac des Bretonnières, Villandry, Langeais, Azay-le-Rideau
Campingplätze:	Amboise, St-Avertin, Langeais, Azay-le-Rideau
Ver-/Entsorgung:	Fondettes, Villandry, Azay-le-Rideau, Vouvray
Baden:	Tours
Besichtigen:	Pagode de Chanteloup, Amboise, Tours, Châteaux Villandry, Langeais und Azay-le-Rideau
Wandern:	Radwandern ab Villandry
Essen:	St-Avertin, Villandry, Langeais, Azay-le-R.

Nachdem wir schweren Herzens das Gelände des wunderschönen *Château de Chenonceau* am Vorabend verlassen hatten, orientieren wir uns auf der D31 nach AMBOISE. Kurz vor der Königsstadt besuchen wir eine exotische Sehenswürdigkeit.

Pagode de Chanteloup

Geöffnet: 26.3.-30.9. 10 - 18 Uhr / 1.10. - 13.11. 14 - 17 Uhr; ab 14.11. geschlossen
EK: 9,70/8,70/7,70 €
Dieses grazile, turmartige Bauwerk ist 44 m hoch und wurde 1775 – 1778 im damals modischen „chinesischen Stil“ errichtet. Es gehörte zum ***Château de***

Choiseul (**1713**) und ist das einzige Überbleibsel des 1823 von der „Schwarzen Bande", skrupellosen Immobilienhändlern, abgerissenen Schlosses. Das Erklimmen der 149 Stufen bis zur obersten Plattform ist anstrengend, aber lohnenswert, denn von hier aus haben wir eine atemberaubende **Rundsicht** auf Amboise, die Wälder und den umgebenden Schlosspark. In dem rührend eingerichteten Museum ***Pavillon du Concierge*** versuchen wir, die vor 300 Jahren geschaffenen Prachtbauwerke nachzuempfinden. Im Freien sind einige hölzerne **Spiele** aus der Renaissance aufgestellt, die von den meisten kleinen Besuchern eifrig benutzt werden. Tische und Bänke laden zum Picknick ein; wer nichts dabei hat, kann sich *Paniers de Chanteloup* (Picknickkörbe) für 10 - 13 € kaufen. Parken müssen wir vor dem Tor, wo sich auch die Kasse befindet.

An diesem hübschen Ort kann man gut einen ganzen Tag verbringen. Beinahe hätten wir eine Attraktion vergessen, die ganz in der Nähe – 2 km weiter östlich an der D31– liegt: den ***Parc des Mini-Châteaux***. Hier sind die meisten *Loire*-Schlösser im Maßstab 1:25, abends von innen beleuchtet, zu bewundern, dazu 10.000 Figuren, Eisenbahnen, Bonsais und neuerdings ein großes Aquarium

Offen: 26.3. - 13.11, ca. 10 - 18.30 Uhr; Eintritt: 14,00/10,50/0 €, Aufpreis für Aquarium. Sonderaktionen an Feiertagen und Nebensaison.

Wir sind lieber für die Schlösser in Originalgröße und fahren weiter nach **AMBOISE**. An der Hauptstraße *Quai du Général de Gaulle* kommen wir auf dem etwas engen Parkplatz zunächst unter, was für eine Stadt- und Schlossbesichtigung reicht. Der benachbarte Busparkplatz ist für WOMOs gesperrt.

(026.1) WOMO-Stellplatz: Amboise (Zentrum)

GPS: N47° 24' 41.2" E0° 58' 38.2" Quai G. deGaulle **max. WOMOs:** 5
Ausstattung/Lage: keine, laut, max. 6 m / Ortsmitte
Zufahrt: von (026) Richtung Innenstadt, an der Uferstraße links ab

Die Parkbuchten im hinteren Teil sind etwas größer. Von hier aus geht's zu Fuß zumKönigsschloss, die Wegweiser sind eindeutig. Nach etwas Kraxelei kommen wir leicht schnaufend am Burgtor an.

Château Royal d'Amboise

Geöffnet: 9 -17.30/19.00 je nach Saison (im Winter mit Mittagspause)
Eintritt: 11,20/9,40/7,50 €
An der Kasse sind Broschüren in Deutsch erhältlich.

Das gewaltige Schloss der ***Valois*** liegt auf einem Felsen hoch über der *Loire* und ist nur zu einem Fünftel erhalten, aber trotzdem sehenswert. Der Festungsspezialist ***Fulco Nerra***, Graf des Anjou, begann mit dem Bau der großen Anlage schon Anfang des 12. Jh.; im 15. Jh. wurde sie von **Ludwig XI.** und **Karl VIII.** erweitert und prunkvoll ausgestattet. Von der **Terrasse** aus haben wir einen fulminanten **Weitblick** über die herrliche Flusslandschaft und die alte Stadt. Als erstes sticht die wunderschöne spätgotische ***Chapelle St-Hubert*** **(1491)** ins Auge. Sie ist ein Musterbeispiel des aufkommenden ***Flamboyant*-Stils**. In dem Kirchlein sollen die sterblichen Überreste von ***Leonardo da Vinci*** ruhen, der von 1516 bis zu seinem Tod 1519 Gast König Franz' I. auf **Manoir le Clos-Lucé** im Südosten von Amboise war. Die königlichen Gemächer – ***Logis Royal*** – bestehen aus je einem Gotik- und einem Renaissanceflügel und entzücken den Besucher mit prächtig ausgestatteten Sälen und Zimmern. Beide Flügel verbindet der gewaltige Rundturm ***Tour des Minimes***, der eine einzigartige gewendelte Rampe besitzt, die auch Reitern die Möglichkeit bot, Nachschub und sonstige Lasten zum oberen Schlossbereich zu befördern.

In Amboise wurde jahrhundertelang königliche Geschichte geschrieben, die ganze Bücherwände füllen würde. Ein makabrer Höhepunkt war 1560, als bei der **Verschwörung von Amboise** zahlreiche Menschen wegen ihres Glaubens auf grausamste Weise umgebracht wurden.

Wir haben von einem neuen Stellplatz gehört, der nur 1400 m von dem Uferparkplatz entfernt liegt: Schräg gegenüber der Ausfahrt kommen wir über die *rue Paul-Louis Courier* und *rue Rabelais* zur *av. Léonard de Vinci,* nach 350 m linke Seite.

(026) WOMO-Stellplatz: Amboise (La Serpe)

GPS: N47° 24' 29.9" E0° 59' 24.8" av. Léon. de Vinci **max. WOMOs:** 8

Ausstattung/Lage: keine / im Ort (750 m zum Zentrum)
Zufahrt: A85 AS 11, D31 Ri. Amboise, 1,2 km nach dem Abzweig zur Pagode (Rechtskurve) nach links in Route de Chenonceau (D81), nach 1,8 km auf av. Léonard de Vinci (D61) rechts ab, 80 m, links, beschildert

Château Royal d'Amboise

Am Fuß der Festung richtet sich gerade eine große Musikkapelle in schmucken Uniformen ein. Es sind Engländer, die den zahlreichen britischen Touristen ein Abendvergnügen bereiten wollen. Das Städtchen AMBOISE hat ansonsten nicht allzu viel zu bieten, es sei denn, man interessiert sich besonders für das Lebenswerk von ***Leonardo da Vinci***. In dem Park gleichen Namens gibt es im ***Manoir le Clos-Lucé*** eine Sammlung diverser Konstruktionen des Universalgenies sowie Bilder zu sehen. Das Anwesen liegt unweit im Südosten (beschildert).
offen: tgl. 9/10 - 17/19 h; Eintritt 15,00/13,50/10,50 €, Studenten 11,00 €
Wir haben vom Parkplatz (026.1) aus die Flussinsel *„Ile d'Or"* (Goldinsel) bewundert und wollen sie erkunden. Nach Überquerung der hier breiten *Loire* auf dem ***Pont General Leclerc*** wenden wir uns zunächst nach links und landen auf dem winzigen Parkplatz eines Kinderheims. Von hier aus haben wir einen exzellenten Blick auf die Brücke und das dahinter liegende Schloss. Der übrige Teil der Insel beherbergt Sportplätze, ein Freibad, eine Kapelle und den preiswerten Campingplatz.

(027) WOMO-Campingplatz-Tipp: Amboise (Ile d'Or)

GPS: N 47° 25' 00.0" E0° 59' 09.4" rue de l'Ile d'Or **offen:** Apr - Sep.
Ausstattung/Lage: PK 1; schattig, E/V; Restaurants/Bäckerei 600 m; campingplatz-amboise.com, Pool in der Nähe; Fon 0247 5723 37.
Zufahrt: A10 AS 18, D31 13 km, vor der Brücke auf D952 Richtung Amboise, auf der Brücke Pont General Leclerc ausgeschildert.

Für die Weiterfahrt nach Westen wählen wir die schönere Strecke am linken Loireufer (D751) nach **TOURS**, dessen Zentrum wir 27 km weiter erreichen. Wir hassen Großstädte, weil es kaum Parkmöglichkeiten für Womos gibt. So auch hier: Alles ist viel zu eng und zu klein. Das O.T. hat uns zwar zwei

Busparkplätze genannt, aber die sind entweder besetzt oder von Pkw blockiert. Vielleicht haben Sie mehr Glück. Die Plätze sind neben oder an der Hauptstraße D751, und zwar:
1) *Rue des Tanneurs*, zwischen *rue de la Vicomte* und *rue F. Dubreuil*, wenige Meter vor dem Polizeirevier (Parkstreifen)
2) *Av. André Malraux* (D 751) , zwischen *rue des Maures* und *rue Lavoisier*
Gratisparkplätze für kleine Womos bis 5,5 m Länge und 2,4 m Höhe gibt es am Flussufer im kostenlosen ***„Parking des Bords de Loire“***. Wir haben es mit unserem Kastenwagen (2,51 m hoch) gerade geschafft, hinein zukommen, aber die Ausfahrt erforderte schon „Präzisionslenkmanöver“.
Eine erheblich bessere Chance für Wohnmobile haben wir dann im Süden der Stadt gefunden, von wo aus mehrere Busverbindungen zur City bestehen.

Tours (Relais du Lac)

(028) WOMO-Picknickplatz: Tours (Relais du Lac)

GPS: N47° 22' 00.5" E0° 41' 59.8" av.Gen. Niessel **max. WOMOs:** 12
Ausstattung/Lage: Mülleimer, Tische, Bänke, Frei-/Hallenbad. Die Parkgebühr schließt eine **Busfahrt** in die City für 1 - 4 Personen ein; der unbewachte Parkplatz ist gratis. Ein WC gibt es am See-Rundweg / Ortsrand

Zufahrt: A10 (von Norden) AS 22, rechts in D976 (Route de St-Avertin), nach 400 m Wegweiser "Relais du Lac" folgen, 250 m.
Oder aus der City: Verlängerung der Loire-Brücke Pont Wilson nach Süden, über Rue Nationale / Av. de Grammont, Cher-Brücke Pont du Sanitas (1,4 km)

Tours: Place Plumereau

TOURS, Hauptstadt der *Touraine*, sollten Sie bei einer Reise durch das *Loire*-Tal nicht auslassen. Es gibt doch allerhand zu sehen und zu erleben, wofür man mindestens einen halben Tag einplanen muss. Wir nehmen den Bus zur Innenstadt und schlendern durch enge Gassen zuerst zum ***place Plumereau***, Mittelpunkt der wunderschönen **Altstadt.** In der ***rue Briçonnet*** findet man viele Häuser in unterschiedlichen Baustilen vor. Es gibt zahlreiche Straßencafés, Geschäfte, Kneipen und Restaurants. Hier pulsiert das Leben! Der Platz ist umsäumt von gut restaurierten Fachwerkhäusern, teilweise mit originellen Schnitzereinen an den Kanten. Die Stühle in den Cafés des *place Plumereau* sind fast komplett besetzt, nur mit Mühe erwischen wir noch zwei. Herrlich! Mit Kaffee und Kuchen gestärkt, spazieren wir durch die *rue du Change* und über den *place de Châteauneuf* zur ***Basilique St. Martin*** (19. Jh.), benannt nach dem Gründer von TOURS, dem heiligen Martin. Gegenüber sind die Reste des ***Tour Charlemagne*** (Turm Karls des Großen) zu sehen. Dann wandern wir etwa 900 m nach Osten: *pue des Halles* und *rue de la Scellerie* (Antiquariate!) bis zur *rue J. Simon*, in die wir links einbiegen. Schon steht sie in voller Pracht vor uns: die ***Cathédrale St. Gatien***, erbaut vom 13. bis 16. Jh. im (fast) reinen gotischen Stil. In der rötlichen Nachmittagssonne wirkt sie vor tiefblauem Himmel einfach fantastisch. Nachts wird das Monumentalbauwerk von zahllosen Scheinwerfern angestrahlt.

Für die Besichtigung des Inneren können wir uns Zeit lassen, denn das Gotteshaus ist täglich von 9 - 20 Uhr geöffnet. Unübertrefflich sind die **Glasmalereien** der 15 Fenster aus dem 13. Jh., aber auch die jüngeren Rundfenster entzücken den Besucher. Auf der Rückseite kann man vom ***place Grégoire-de-Tours*** aus die gotischen Strebebögen bewundern. Neben der Kathedrale zieht das ***Musée des Beaux-Arts*** kunstbeflissene Besucher an. Im prächtigen Interieur des **erzbischhöflichen Palais** sieht man Werke italienischer und französischer Meister und sonstige Kunstgegenstände.

Offen: Mi-Mo 9 -12.45/ 14-18 Uhr; Eintritt: 6,00/3,00/0 €

Tours Cathédrale St-Gatien

Auf dem Rückweg über die *rue Colbert* und *rue du Commerce* werfen wir noch einen Blick auf die schlichte Kirche ***Église St-Julien*** (11./13. Jh.) und das ***Palais Hôtel Goüin***, heute ein Museum. Es gibt noch einige Sehenswürdigkeiten und Museen in der Stadt, wofür das O.T., gegenüber dem Bahnhof, umfangreiches Infomaterial bereithält (Internet: www.ville-tours.fr). Von hier aus startet von Frühjahr bis Sommer der „***Petit Train***" (Bimmelbähnchen) zu einer Stadtrundfahrt um 10, 11, 14, 16, 17 und 18 Uhr.

Im Westen der Stadt existiert unmittelbar an der Mülldeponie eine *„Station des Services"* ohne Stellmöglichkeit.

(028.1) V/E-Station: Fondettes (bei Tours)

GPS: N47° 24' 32.6" E0° 37' 25.4" rue Edouard Branly
Lage: Z.A. la Haute Limougère - Kenn-Nr. 028.1
Zufahrt: von Tours D952 nach Westen, an Pont de St-Cosme rechts ab auf D3, Wegweisern „Fondettes", dann „Déchetterie" folgen, 3,3 km.

Genau 9 km südlich von dieser Stelle haben wir einen neuen Stellplatz an einem schönen See zu vermelden:

Lac des Bretonnières; Plan d'Eau de Loué-Ballan

(028.3) WOMO-Stellplatz: Lac des Bretonnières

GPS: N47° 21' 13.7" E0° 38' 15.4" av. des Mignardières **max. WOMOs:** 5
Ausstattung/Lage: keine, schöner Seeblick / Ortsrand
Zufahrt: von D36 3,4 km nach SO, 4,7 km weiter auf D37 Loire queren, nach 950 m rechts ab WW Segelclub (9 km von (028.1) E/V-Station)

Zu diesem Naherholungsgebiet von TOURS gehört auch ein Campingplatz:

(028.2) WOMO-Campingplatz-Tipp: La Mignardière

GPS: N47° 21' 18.9" E0° 38' 2.5" av. des Aubépines 22 **offen:** 04 - 09
Ausstattung/Lage: PK 2; Pool (oofen und überdacht), Tennis, Volleyball, Boule, Sauna, Laden, Spielplatz, schattig, E/V; mignardiere.com; info@...; Fon 0247 733100 / Ortsrand
Zufahrt: 500 m NW von (028.3) - beschildert

Am westlichen Ende von Tours, IN ST-AVERTIN, können wir einen weiteren Platz empfehlen:

(029) WOMO-Campingplatz-Tipp: Tours Val de Loire

GPS: N47° 22' 14.3" E0° 43' 23.2" rue de Rochepinard **offen:** 1.4. - 15.10.
Ausstattung/Lage: PK 1, teilweise schattig; Laden; E/V, Restaurants in der Nähe; Fon 0247278747; www.onlycamp.fr / Ortsrand
Zufahrt: A10 AS 22, D976 Ri. Chenonceaux, oder A85 AS 10, D943

Gleich schräg gegenüber finden wir ein nettes Terrassenrestaurant, das *„Bistro du Lac“*, in dem wir sehr gut speisen.

Jetzt wäre ein Abstecher (40 km) zu zwei kleineren Schlössern im Nordosten von TOURS möglich. Auf D952, D46 und D76 kommen wir über das Weinstädtchen VOUVRAY. Hier wurde ein vorbildlicher Womo-Stellplatz eingerichtet:

(027.1) WOMO-Stellplatz: Vouvray

GPS: N47° 24' 33.4" E0° 47' 50.5"
av. Maginot **max. WOMOs:** 5
Ausstattung/Lage: E/V gratis, max. 48 Std., Restaurants / Ortsmitte
Zufahrt: an D47/D952, kurz hinter Abzweig zur Loirebrücke (D142); es werden zwei Ersatzplätze im Ort genannt.
Ein kleiner **Campingplatz** liegt nur 100 m weiter [**027.2** N47° 24' 30.4" E0° 47' 51.8"] - Pauschalpreis 2016 für Womo/2 Pers. 14 €/N.

In dem italienischen Restaurant „La Scala“ an der Ecke beschließen wir den Abend bei gut gemachten Antipasti und einem Glas Rotwein den Abend. Der Weinort VOUVRAY bietet in etlichen Häusern Verkostungen und Weinkauf an.
Die Weiterfahrt durch romantische Rebenberge zu den Herrensitzen ***Jallanges*** und ***Valmer*** schenken wir uns, denn es gibt noch viel prächtigere Schlösser zu besichtigen.
Unser nächstes Ziel ist das ***Château de Villandry***, das durch seine wunderbaren **Gärten** weltweit Berühmtheit erlangt hat. Wir nehmen in TOURS die landschaftlich schönere Strecke, und zwar über die D7, die gleich hinter der Cherbrücke *Pont Saint-Sauveur* nach Westen abgeht. Es gibt auch eine Abfahrt von der vierspurigen *Rocade* D37. Unterwegs kann man eine **Tropfsteinhöhle** [GPS: N47° 20' 45" E0° 31' 54"] in SAVONNIÈRES besuchen. Bald sind wir in VILLANDRY auf dem Gemeindeparkplatz:

(030) WOMO-Stellplatz: Villandry

GPS: N 47° 20' 28.5" E0° 30' 38.3"
max. WOMOs: 50
Ausstattung/Lage: Mülleimer, WC, E&V (CB) / Ortsmitte am O. T.
Zufahrt: von A10 auf A85 AS 8, D 7, 3,5 km, ausgeschildert, Parkplatz an der D 7.

Es stehen schon einige Womos hier, deren Besitzer offenbar gerade bei der Schlossbesichtigung sind. Das gleiche wollen wir auch, machen uns auf Schusters Rappen auf den Weg und sind in wenigen Minuten an der Schlosspforte.

Gärten und Schloss Villandry

Jardins et Château de Villandry

Geöffnet: Gärten ganzjährig 9 bis 17/19 Uhr je nach Saison;
Schloss Anfang Feb - Mitte Nov 9/9.30 bis *16.30/18.00 Uhr je nach Saison*
Eintritt: Schloss und Gärten 10,50/8,00/0 € - nur Gärten 6,50/5,50/0 €
Es gibt kostenlos zwei Broschüren in deutscher Sprache.

Das Schloss ist hauptsächlich wegen seiner einzigartigen Gartenanlage bekannt. Diese besteht aus drei Teilen: **Wasser-, Blumen- und Gemüsegarten.** Letzterer ist der interessanteste, weil er zur Reifezeit aussieht wir ein Schachbrett oder ein gigantischer Obst- und Gemüsestand auf einem Markt. Die Blumenbeete haben jeweils die Form und Größe, die die symmetrischen Ornamente der Buchsbaumhecken einschließen. Der Wassergarten besteht in der Hauptsache aus einem schönen Weiher, der etwas höher gelegen, für die Feuchtigkeitsversorgung der übrigen Gärten sorgt. Einen besonders schönen Blick hat man von den oberhalb angebrachten Pergolen, die von Weinstöcken umrankt sind. Ein kürzlich angelegtes **Labyrinth** sorgt nicht nur bei Kindern für viel Spaß. In der großartigen Anlage kann man gut und gerne ein bis zwei Stunden zubringen.

Das **Renaissanceschloss** wurde 1536 im von ***Jean Le Breton***, Finanzminister Franz' I., auf den Resten einer mittelalterlichen Burg erbaut, deren ***Donjon*** (Superaussicht!) noch erhalten ist. 1754 übernahm ***Marquis de Castellane*** das Anwesen und ließ es nach den im 18. Jh. üblichen Luxusmaßstäben ausbauen und einrichten. 1906 kaufte das ganze Schloss der Spanier ***Joachim Carvallo***, der ebenso wie seine Vorgänger für eine kostbare Ausstattung sorgte. Die berühmte ***Mudejar*-Decke** wurde aus dem Palast der Herzöge von *Maqueda* (15. Jh.) **aus *Toledo*** in 3600 Einzelteilen herangeschafft und hier wieder zusammengesetzt. Die Salons und Schlafgemächer sind im Stil des 18. Jh. eingerichtet. Ein Blick in die rustikale Küche lassen die Gewohnheiten von verflossenen Zeiten erahnen.

Château de Villandry: kunstvolle Buchsbaumhecken des Parks

Während wir noch in dem herrlichen Garten lustwandeln, wird es langsam dunkel. Wir verlassen das Gelände durch eine Oneway-Pforte und stehen mitten im Ort. Aber alle Läden sind schon geschlossen, so dass – wieder einmal – die WOMO-Küche kalt bleiben muss. Im Restaurant *„Le Cheval Rouge"* an der Hauptstraße werden wir aber kulinarisch recht gut versorgt. Auf unserem Parkplatz ist es sehr ruhig, bis gegen 22 Uhr die Dorfjugend sich ein Stelldichein gibt. Nach der lautstarken Vorführung von Mofa-Kunststückchen kehrt endlich Stille ein. Der sonnige Morgen verführt uns, die Fahrräder abzuschnallen und auf dem Sträßchen hinter dem Toilettenhaus in Richtung Fluss zu gondeln! Hier liegt die **Mündung des *Cher*** in die *Loire*, wo wir eine bezaubernde Auenlandschaft vorfinden. Einzelne Angler sitzen stundenlang am Ufer oder im Boot und und beobachten die Wasseroberfläche. Die Deichkrone trägt einen Fahrradweg, auf dem man – ungestört vom Autoverkehr – sowohl in Richtung TOURS (rechts) als auch LANGEAIS (links) an der *Loire* entlang in die Pedale treten kann. (s. Tipps „Literatur" und „Fahrradfahren"). Mittags machen wir uns auf den Weg nach LANGEAIS. Die romantische D7 und D5 führen uns über die historische *Loire*-Brücke in die Festungsstadt. Schneller ist man aber am Ziel, wenn man die neue A85 ab AS 8 bis AS 7 benutzt, wo es weiter über die stark befahrene D952 geht. Kurz hinter dem Ortseingang von LANGEAIS liegt zur Linken der *„Parc des Loisirs"*, ein Naherholungspark der Festungsstadt. Hier sind ein kleiner Badesee, Tennisplätze, ein Campingplatz und davor ein ausreichend großer Parkplatz, auf dem wegen einer 2-m-Höhenschranke eine Übernachtung nur zu den Camping-Öffnungszeiten möglich ist.

Mündung des Cher in die Loire

(031) WOMO-Stellplatz: Langeais (Parc des Loisirs)

GPS: N47° 19' 47.8" E0° 25' 07.3"
max. WOMOs: 3 - 4 **Höhenschranke 09-06!**
Ausstattung/Lage: Freibad / Ortsrand
Zufahrt: A85 AS 7 auf D952, am 2. Kreisel rechts, nach 600 m am Kreisel 4. Ausfahrt, Wegweiser "Piscine", Parkplatz vor dem Tennis- bzw. Campingplatz.

(032) WOMO-Campingplatz-Tipp: Camping du Lac

GPS: N47° 19' 47.8" E0° 25' 07.3" rue de Tours **Offen:** Mai - Sept.
Ausstattung/Lage: PK 1, teilweise schattig; Freibad, Segeln, Surfen, Tennis; Fon 0247 968580 / Ortsrand
Zufahrt: wie (031)

Aber wir wollen erst einmal zur mittelalterlichen Burg, die schon von Weitem zu sehen ist. Wir bleiben auf der Hauptstraße zum *Centre*, biegen hinter dem ***Château de Langeais*** links in die *rue Falloux* und landen auf einem großen Parkplatz.

(033) WOMO-Stellplatz: Langeais (max. 3,5 t)

GPS: N47° 19' 25.4" E0° 24' 28.3" Place de l'Europe **max. WOMOs:** 5
Ausstattung/Lage: Mülleimer, Wasser, Bistro / Ortsmitte
Zufahrt: wie (031), D953 zum Zentrum, an der Burg links

Ein Fußweg durch einen kleinen Park mit Brückchen über den Bach *Roumer* führt uns direkt zur Festung.

Château de Langeais

Ganzjährig geöffnet: 9.00/10.00 - 17.00/19 Uhr je nach Saison
Eintritt: 9,00/7,50/0 €

Burggründer war auch hier Ende des 10. Jh. ***Fulco Nerra***, der „Schwarze Falke". Im Schlosspark zeugen davon noch die Ruinen des ***Donjon***. **Ludwig XI.** ließ 1465 - 1469 die gut erhaltene Burg errichten, die lange Zeit heftig umkämpft war, bis 1491 **Karl VIII.** die 15-jährige ***Anne de Bretagne*** heiratete und somit Ruhe einkehrte. Riesige Ländereien waren die Mitgift. Sieben Jahre später starb der junge König und Anne wurde an den Thronerben **Ludwig XII.** – per Vertrag – „weitergereicht". Die pompösen Hochzeitszeremonien hat man mit **Wachsfiguren** nachgestellt, was einen Hauch französischer Krongeschichte vermittelt. Die Burg ist noch heute als Verteidigungsfeste mit ihren Türmen, Wehrgängen, Schießscharten und der Zugbrücke voll funktionsfähig, was täglich zweimal vorgeführt wird. Die Ausstattung der prächtigen Säle und Salons im Renaissance-Stil ist durchaus sehenswert: kostbare Gobelins, Gemälde, Teppiche und Möbel. Dies ist dem Mäzen ***Jacques Siegfried*** zu verdanken, der im 19. Jh. das Anwesen 20 Jahre lang renovierte. Die derzeitigen Inhaber sind recht geschäftstüchtig und bieten dem Besucher zahlreiche Kopien der Wandbehänge an.

Château de Langeais

Unterhalb der Burg entdecken wir nach der Besichtigung ein uriges **Restaurant**. Im *„La Cave Brocéliande", rue Anne de Bretagne,* essen wir ganz hervorragend und halbwegs preiswert zu Abend. Der Einfachheit halber bleiben wir die Nacht über auf dem Stellplatz am *place de l'Europe,* der allerdings wegen der 50 m entfernten *TGV*-Strecke nicht ganz ruhig ist. Durch den hinreißenden Anblick der nächtens illuminierten Burg werden wir etwas entschädigt.

Die kleine Fahrradtour auf dem Deich hat uns auf den Geschmack gebracht und so nehmen wir für die Weiterreise auf der anderen Flussseite das Sträßchen D16 (< 3,5 t), das hoch auf dem Damm über BRÉHÉMONT nach RIGNY-USSÉ führt. Aber Halt! Wir wollen das traumhaft schöne Wasserschloss in AZAY-LE-RIDEAU nicht versäumen und schwenken in BRÉHÉMONT nach links. Ein kleiner Hinweis auf ein preiswertes Restaurant darf an dieser Stelle nicht fehlen: Das *La Clef d'Or* bietet in den Sommermonaten gebratene *Loire*-Fische aus einheimischen Fängen an. Wenn man denn nach einer opulenten Mahlzeit ein Schläfchen machen will, so gibt es gegenüber auf dem Deich Parkstreifen, die auch zum Übernachten taugen. Auf schmalen Straßen (D119, D7, D120) am Nordufer des ***Indre*** gelangen wir schnell zum ***Château de Azay-le-Rideau***.

Wir durchqueren das enge Städtchen und orientieren uns nach den *Camping*-Schildern. Ein kleiner Stellplatz mit Versorgungsanlage liegt vor dem Campingplatz *„Le Sabot"*. Für eine Schlossbesichtigung reicht die Anlage völlig aus.

(034) WOMO-Stellplatz: Azay-le-Rideau

GPS: N47° 15' 33.8" E0° 28' 11.1" rue du Stade **max. WOMOs:** 10
Ausstattung/Lage: Mülleimer, Frischwasser, Entsorgungssäule Relais Junior, max. 24 Std.; beliebter Platz, früh anfahren / Ortsmitte
Zufahrt: von A10 auf A85 AS 9, D 751, 9 km, den Wegweisern „P 3 - Sabot" folgen. - Foto s. S. 71 -

(035) WOMO-Campingplatz-Tipp: Le Sabot

GPS: N47° 15' 33.8" E0° 28' 11.1" rue du Stade **offen:** Apr - Okt
Ausstattung/Lage: PK1, teilweise schattig, Freibad, Tennis; Fon 0247 454272; camping.lesabot@wanadoo.fr / Ortsrand
Zufahrt: wie (034)

Das entzückende Wasserschloss ist zu Fuß in wenigen Minuten erreicht. Der Besucherandrang ist auch in der Nebensaison groß, weshalb wir empfehlen, gleich um 9.30 Uhr an Ort und Stelle zu sein.

Château de Azay-le-Rideau

Geöffnet: Oktober - März 10 - 17.15 Uhr; April - Juni / Sept. 9.30 - 18 Uhr Juli / August 9.30 - 19 Uhr; Eintritt: 6,50/5,50/0 €;*
**) Kinder und Jugendliche unter 18 und Jugendliche von 18 - 25 aus EU-Ländern*
Am Empfang sind Broschüren in deutscher Sprache gratis erhältlich.

Das vom *Indre* umspielte Renaissanceschloss wird von vielen Leuten als das schönste *Loire*-Schloss gehalten. Selbst *Honoré de Balzac* hat es in seinem Roman „Die Lilie im Tal" als einen geschliffenen Diamanten bezeichnet. Das gelobte Bauwerk wurde von dem reichen Günstling und Schatzmeister des Königs Franz I. und Bürgermeister von Tours, ***Gilles Berthelot***, und seiner Frau *Philippa Lesbahy* von 1518 - 1527 auf den Ruinen einer alten Burg errichtet. Letztere war praktisch die Bauleiterin und verpflichete für den Rohbau *Étienne Rousseau* und *Dennis Guillourt*. Der Bauherr *Berthelot* erlebt jedoch die Fertigstellung nicht mehr. So viel Pracht konnte der damalige König sich nicht erklären, vermutete Veruntreuung staatlicher Gelder. Der Verantwortliche für die staatlichen Finanzen, *Semblancay*, wurde deshalb mit dem Tode bestraft und gehängt. König Franz I. übernahm das Schloss 1528 kurzerhand durch Beschlagnahmung, um es seinem Waffenbruder ***Antoine Raffin*** 1528 zu schenken. Ab 1791 wurde der ***Marquis de Biencourt*** der neue Besitzer, der viel renovieren und umgestalten ließ, bis zum Beginn des 20. Jh. der französische Staat sich des Schlosses bemächtigte. Auf dem gut organisierten Rundgang – auch mit Audioguide –gefällt besonders der unübertrefflich ausgeschmückte **Treppenaufgang** sowie die Salons mit herrlichen **Wandteppichen**, **Schnitzereien** und aufwändig gestalteten **Kaminen**. Der umgebende Park, als **englischer Garten** gestaltet, lädt zu einem ruhigen Picknick ein. Dieses Kleinod darf bei einer Reise durch das *Loire*-Tal nicht fehlen.

Château de Azay-le-Rideau

Château de Azay-le-Rideau Kaminzimmer

Da es in dieser Gegend noch immer die typischen Höhlenwohnungen (***Habitations troglodytique***) gibt, bekommt man davon einen Eindruck im **Restaurant** „*Les Grottes*" in der *rue Pineau*, wo meist eine angenehme Kühle herrscht. Ein Bummel durch das hübsche 3000-Seelen-Städtchen ist schnell absolviert, einschließlich eines Blicks auf die Giebelfassade der ***Église St-Symphorien*** aus dem 5. bzw. 12. Jahrhundert.

Auf unserer Route Richtung Nordwesten wäre noch das interessante **Museum Dufresne** an der D120, 15, *route de Marney*, [**035.1** N47° 16' 44.6" E0° 23' 47.0"] zu besichtigen: über 3000 historische Fahrzeuge aller Art, sogar eine fahrbare Guillotine aus der Revolutionszeit läßt alle Besucher gruseln.

Geöffnet: März bis November, 9.30/10 - 18/19 Uhr (je nach Saison); Eintritt: 10,00/7,50/5,00 €

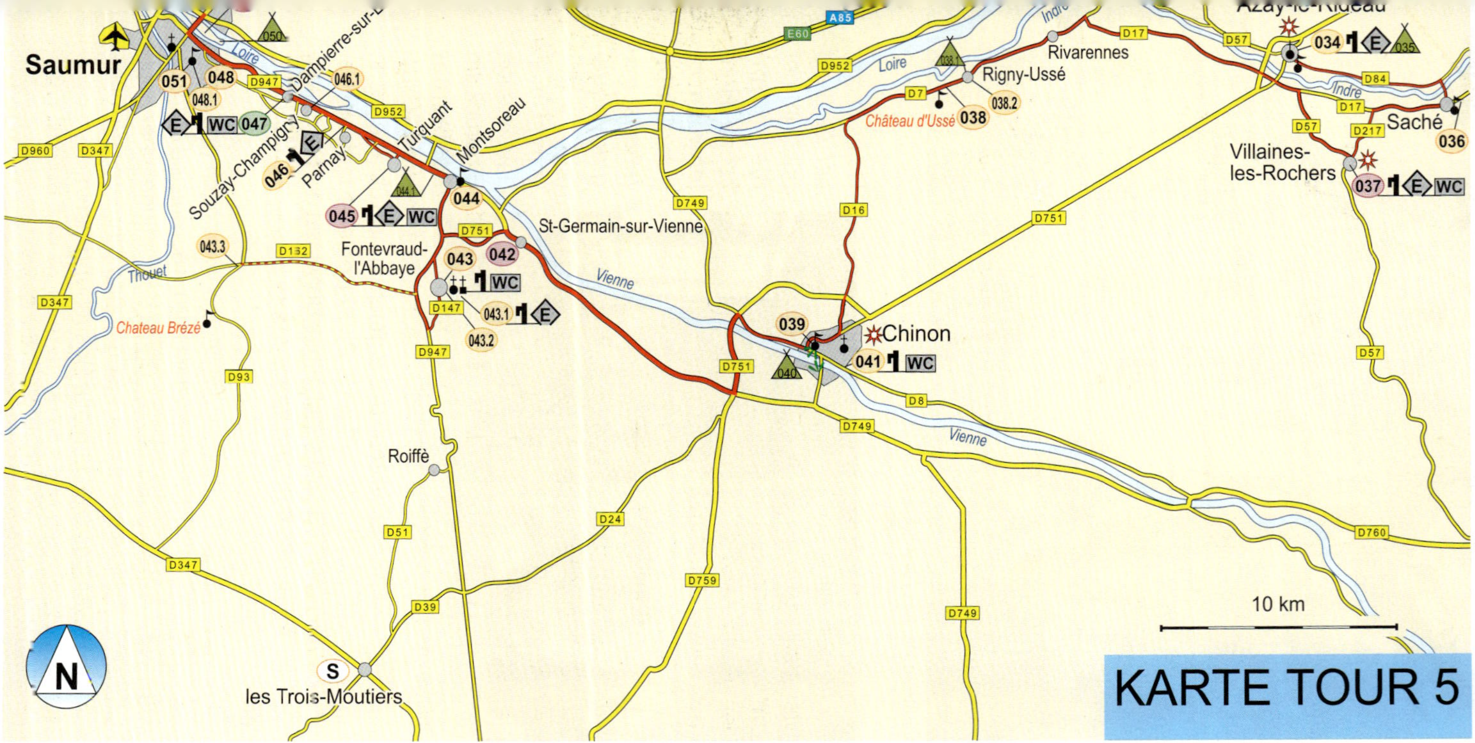
KARTE TOUR 5
10 km
N
Saumur
Loire
Dampierre-sur-L
Souzay-Champigny
Parnay
Turquant
Montsoreau
St-Germain-sur-Vienne
Fontevraud-
l'Abbaye
Thouet
Chateau Brézé
Roiffè
les Trois-Moutiers
Vienne
Chinon
Château d'Ussé
Rigny-Ussé
Rivarennes
Indre
Villaines-
les-Rochers
Saché
051
048
048.1
047
046
046.1
045
044
043
043.1
043.2
043.3
042
041
039
038
038.2
037
036
034
WC
D947
D952
D960
D347
D751
D147
D132
D93
D51
D39
D24
D759
D749
D8
D16
D7
D17
D57
D84
D217
D760
A85
E60

TOUR 5 (ca. 100 km / 4 – 6 Tage)

Saché – Villaines-les-Rochers – Ussé – Chinon - Fontevraud l'Abbaye – Montsoreau – Saumur

Freie Übernachtung:	Saché, Villaines-les-R., Ussé, Chinon (2), St-Germain, Fontevraud l'Abbaye, Montsoreau, Turquant, Parnay, S-Dampierre, Souzay-Ch.
Campingplätze:	Ussé, Chinon, Saumur
Ver-/Entsorgung:	Villaines-les-R., Turquant, Parnay, S-Dampierre, Fontevraud l'Abbaye
Besichtigen:	Schlösser Saché, Ussé, Chinon, Montsoreau, Kloster Fontevraud l'Abbaye, Saumur: Altstadt, Château, Pferde, Sektkellereien, Champignons
Essen:	Dampierre, Saumur

Château de Saché

Wir verfolgen das Sträßchen D84 am Ufer des idyllischen ***Indre***, überqueren den Fluss nach 6,2 km rechts und sind im Dorf SACHÉ. Das ländliche ***Château de Saché*** wird immer mit dem Dichter ***Honoré de Balzac*** in Verbindung gebracht, weil er sich häufig hier aufgehalten und einen Teil seiner Werke hier verfasst hat. Natürlich hat man im Schloss ein ***Balzac*-Museum** eingerichtet, wo Handschriften, Karikaturen und weitere Hinterlassenschaften zu sehen sind. Besichtigung ist nur für Balzac-Kenner lohnenswert.

Geöffnet: 10-17 Uhr, im Sommer länger. Eintritt für beides: 5,50/4,50/0 €

Interessant ist allerdings der Parkplatz ca. 100 m weiter:

(036) WOMO-Stellplatz: Saché

GPS: N47° 14' 40.9" E0° 32' 39.5" rue du Château **max. WOMOs:** 4
Ausstattung/Lage: Mülleimer, sehr ruhig / Ortsrand
Zufahrt: s. Text oder A85 AS 9, D751, 2,5 km links auf D356, in Bécheron Indre überqueren, C3 100 m hinter dem Schloss

Jetzt fahren wir 2 km auf der D17 nach Westen, machen aber einen kleinen Schlenker über D217 und D57nach Süden zu dem hübschen Korbwarendorf VILLAINES-LES-ROCHERS, wo auch eine perfekte E&V-Station vorhanden ist.

(037) WOMO-Picknickplatz: Villaines-les-Rochers

GPS: N47° 13' 15.9" E0° 29" 46.7" place de la Mairie **max. WOMOs:** 7

Ausstattung/Lage: Mülleimer, 90 m weiter [**037.1** N47° 13' 16.9" E0° 29" 42.7"] E/V/Strom , WC, Tische, Bänke, Bäckerei, Restaurants / im Ort - Vom 1.6. - 15.9. fallen kleine Gebühren an.

Zufahrt: s. Text oder A85 AS 9, D751 bis Azay-le-Rideau, D 17 Richtung Saché, rechts ab D 57, 5,5 km, im Ort beschildert

Wer sich die Zeit nimmt, kann die sehenswerte ***Coopérative de Vannerie de Villaines*** (Korbmacherwerkstätte) besuchen und dort auch Körbe aller Art einkaufen.

Geöffnet: tgl. 9-12 / 14-19 Uhr, Jul/Aug durchgehend. *Eintritt: frei*

Zurück auf der D17 streifen wir am *Indre*-Ufer das Dörfchen RIVARENNES, das für seine **Trockenbirnen** (*poires tapées*) in ganz Frankreich bekannt ist. Diese Spezialität kann man in der *Rue de Quinçay* täglich von 10 – 12 und 14 – 18 Uhr kaufen.

Wenige Kilometer weiter (D7) kommen wir nach RIGNY-USSÉ, wo das berühmte Märchenschloss ***Château d'Ussé*** wartet.

WOMO-Stellplätze: Rigny-Ussé

(038) GPS: N47°15' 03.8" E0° 17' 32.7" am Schloss **max. WOMOs:** 10 **Ausstatt.:** keine

(038.2)GPS: N47°15' 11.3" E0° 17' 58" **max. WOMOs:** 2; Chemin de Point / Ortsrand

Zufahrt: siehe Text oder A85 AS 8, 17,5 km auf D7 bis zum Schloss

Eine Alternative bietet der neue, sehr preiswerte und ruhige Campingplatz zwischen *Indre* und dem See „*L'Etang La Blardière*":

(038.1) WOMO-Campingplatz-Tipp: La Blardière

GPS: N47° 15' 16.9" E0° 18' 07.7" rue Principale **offen:** 11.6. - 15.9.

Ausstattung/Lage: PK 1, Sanitär in Ordnung, schöne Lage / im Ort

Zufahrt: wie (038), östlicher Ortseingang

Château d'Ussé

Château d'Ussé

Geöffnet: 13.2.-31.3. 10-18; 1.4.-31.8. 10-19; 1.9.-11.11.10-18 Uhr
Eintritt: 14,00/4,00/0 €; deutschsprachiges Merkblatt gratis.
Auf den Resten einer Normannenburg wurde das Schloss im 15. Jh. von ***Johannes de Bueil***, einem Hauptmann von König Karl VII., errichtet. Die Stilarten Gotik und Renaissance mischen sich munter. Schon 1485 verkaufte *Antoine de Bueil*, Schwiegersohn von Karl VII., das Anwesen an die Familie *Espinay*. Dann gab es mehrere Besitzer, bis der Herzog von *Blacas* das Schloss Ende des 19. Jh. übernahm. Seine Familie wohnt noch heute hier. Der Rundgang führt uns durch die Halle zum prächtigen **Wachsaal**, durch die **alte Kapell**e, mit wertvollem Wandteppich aus dem 16. Jh., Bildern und antiken Möbeln, das **Königszimmer** und schließlich über die ***Grande Galerie***, die den West- mit dem Ostflügel verbindet. Man schaut von außen durch mehr oder weniger große Fenster ins Innere, wo mit Puppen und viel Plüsch **romantische Szenen** recht eindrucksvoll aufgebaut sind. Für Kinder sicherlich ein großer Spaß! Angeblich soll der Schriftsteller *Charles Perrault* (1628 - 1703) *Ussé* als Vorbild für *sein Märchen* ***„La Belle au Bois Dormant“*** (Dornröschen) genommen haben. In dem recht hübschen französischen Garten sollte man die sehenswerte **Renaissance-Kapelle** (1520 - 1538) auf der linken Seite nicht vergessen!

Es ist erst Mittag, und so machen wir uns auf den Weg in die Festungsstadt **CHINON**, die wir über D7 und D16 in wenigen Minuten erreichen. Wir haben Glück und müssen oben auf dem Berg den Schlosseingang nicht lange suchen. Gegenüber der VW-Werkstatt bietet sich ein mittelgroßer, aber schräger Parkplatz an, der aber nur im Notfall zur Übernachtung geeignet ist.

Fortresse Royale de Chinon

(039) WOMO-Stellplatz: Chinon I

GPS: N47° 10' 10.4" E0° 14' 22.8" av. Fr. Mitterand **max. WOMOs:** 5
Ausstattung/Lage: Mülleimer, WC, Imbiss, unruhig / Ortsrand
Zufahrt: s. Text oder: A85 AS 5 D749/751, in Chinon Wegweiser "Château (P)" folgen; Bus- und PKW-Parkplatz gegenüber Fast-Food-Rest.

Wie wir später feststellen werden, ist im Prinzip die „Burg“ eine Ruine, von der wenige Räume erhalten bzw. wieder aufgebaut wurden. Der Anblick von der anderen Seite der ***Vienne*** ist eigentlich der schönste. Wir werden von einer deutsch sprechenden Dame aus dem Elsass freundlich empfangen.

Château de Chinon (Ruine)

offen: 11-02 9.30-17 Uhr; 03-10 9.30-18 Uhr; Eintritt: 8,50/6,50/1,50 €
Mit dem Ticket erhält man eine deutsche Besichtigungsanleitung.
Diese Festung blickt auf eine fast 2000-jährige, bewegte Geschichte zurück. Die bevorzugte Lage hoch über der *Vienne* verlockte schon die alten **Römer** zum Bau einer Befestigungsanlage, die anschließend lange Zeit den **Grafen von *Blois*** gehörte, bis im 11. Jh. deren Widersacher, die Herrscher von Anjou, das Zepter übernahmen. Unter **Heinrich II. *Plantagenêt*** wurde der größte Teil der Burg, wie sie sich heute – mit viel Fantasie – darstellt, geschaffen. Als Heinrich 1154 König von England wurde, war die Festung der größte Besitz der englischen Krone auf dem Kontinent und Lieblingsresidenz des Monarchen, bis er 1189 hier das Zeitliche segnete. Nur 16 Jahre später eroberte sie der französische König **Philipp II. August** zurück und diente seit 1427 dem ungekrönten **Karl VII.** als Zuflucht, nachdem die Engländer 1422 Nordfrankreich und Paris eingenommen hatten. 1429 tauchte das Bauernmäd-

chen ***Jeanne d'Arc*** (Johanna von Orléans) in *Chinon* auf, um – nach einem langwierigen Verhör – den Thronfolger zu überzeugen, sich in *Reims* krönen zu lassen. Im 17. Jh. verfiel die Anlage zusehends. Der ***Tour de l'Horloge*** (Glockenturm) enthält über drei Etagen ein kleines Museum über *Jeanne d'Arc*. In den wenigen noch erhaltenen Räumen werden einige historische Möbel und Teppiche gezeigt. Prunkstück im 3. Saal des ***Logis Royaux*** ist der Gobelin aus *Aubusson* (17. Jh., s. Foto), der die Begegnung von *Jeanne d'Arc* und Karl VII. vom 25. Februar 1429 darstellt. Auf den ***Tour de Boissy*** kann man über eine Treppe hochklettern und erhält zum Lohn eine tolle Aussicht über das schöne Tal der *Vienne*. Wenn man sich nicht zu viel verspricht, ist ein Besuch der imposanten Burganlage durchaus lohnenswert.

Nun ist die Altstadt von CHINON dran, denn diese hat auch noch etliche Sehenswürdigkeiten zu bieten. Wir gehen den abschüssigen Fußweg hinter dem Glockenturm geradeaus weiter und schwenken rechts auf die lange **Treppe** zum ***place de la Fontaine***, an dem einige Restaurants und Cafés im Freien ihre Dienste anbieten. Zwei Häuserblöcke nach links und wir stehen vor dem O.T., wo eine deutschsprachige Gratisbroschüre für einen **Stadtrundgang** erhältlich ist. Der beginnt genau hier und führt über 16 Stationen (u. a. ***Église St-Etienne***, ***Collégiale St-Mexme***, ***Statue de Jeanne d'Arc***, Fachwerkhäuser in der ***Grand Carroi***, ***Église St- Maurice***) auf die andere Seite der *Vienne*, wo wir gute Standorte für Fotos vorfinden. Ein paar Schritte auf dem *Quai Danton* nach rechts liegt der örtliche Campingplatz. Der Empfang ist verwaist, es ist gerade Mittagspause; nachmittags ist ein freundlicher Portugiese hier.

(040) WOMO-Campingplatz-Tipp: L'Île Auger

GPS: N47° 9' 49.7" E0° 14' 07.8" Quai Danton **offen:** 1.4. - 30.10.
Ausstattung/Lage: PK 1, Freibad gegenüber, neues Sanitär / Ortsrand
Fon 0247 93 0835
Zufahrt: s. Text oder A85 AS 5 D749, nach Vienne-Überquerung rechts ab, Wegweiser Campingplatz

Da der Burgberg uns nicht gerade ideal erscheint, überqueren wir nochmals die *Vienne,* biegen am Flussufer nach rechts auf die D8, um nach einem freien Stellplatz Ausschau zu halten. Nach genau 660 m werden wir am *place Jeanne d'Arc* fündig:

(041) WOMO-Stellplatz: Chinon II

GPS: N47° 9' 53.4" E0° 14' 41.4" place Jeanne d'Arc **max. WOMOs:** 3
Ausstattung/Lage: Mülleimer, Restaurant, WC, Wasser, zuweilen unruhig, jeden 3. Sonntag Parkverbot 7 - 21 Uhr / Ortsrand
Zufahrt: s. Text oder wie (040), aber weiter am Vienne-Ufer (D8), Platz mit Jeanne d'Arc-Denkmal. Bei Kirmes Ersatz in den Nebenstraßen **rue de Buffon/ rue Ronsard**
[**041.1** N47° 9' 59.8" E0° 14' 48.8"]

Aber auch diese Plätze wollen uns nicht so recht gefallen, weshalb wir die D8 weiter stadtauswärts absuchen. Außer einer scharfen Linkskurve, in der unser Womo mit dem Straßengraben Bekanntschaft macht, entdecken wir nichts Brauchbares. Aber der Tag ist noch lange nicht zuende, und so peilen wir die große Klosteranlage in FONTEVRAUD L'ABBAYE an. Auf dem Weg dahin passieren wir an der D751 einen kleinen Picknickplatz in ST-GERMAIN-SUR-VIENNE.

(042) WOMO-Picknickplatz: St-Germain-sur-Vienne

GPS: N47° 11' 12.6" E0° 6' 30.9"
max. WOMOs: 2 **Ausstattung/Lage:** Tische & Bänke, Mülleimer / Ortsrand
Zufahrt: s. Text oder A85 AS 5 D749, hinter Loire-Querung rechts auf D7 Richtung Candes-St-Martin, dort links auf D751 Richtung Chinon, 3,5 km

Wir bleiben auf der D751 und folgen nach 1,5 km den Schildern zum Kloster nach FONTEVRAUD L'ABBAYE (7 km). Hier wurde kürzlich ein neuer Wohnmobilstellplatz eingerichtet, der durch gute Beschilderung leicht zu finden ist.

WOMO-Stellplätze: Fontevraud l'Abbaye

[043]: N47° 10' 51.2" E0° 02' 49.3" place du 8 Mai 1945 **max. WOMOs:** 8
Ausstattung/Lage: keine / Ortsmitte
Platz ist für Womos eigentlich verboten, aber Campingbusse werden toleriert.
[043.1]: N47° 11' 04.2" E0° 02' 58.0" Allée des Jardins **max. WOMOs:** 5 **Ausstattung/Lage:** Mülleimer, Wasser, Bodeneinlass / Ortsrand
Zufahrt: D947, am Kreisel vor dem Ort 2. Ausfahrt, nach 300 m halbrechts, nach 150 m am Kreisel rechts, 150 m auf der linken Seite
[043.2]: N47° 11' 1.0" E0° 2' 53.0" place du Grand Clos **max. WOMOs:** 11
Ausstattung/Lage: keine / Ortsrand

Heute Abend wird endlich wieder einmal selber gekocht, weil die umliegenden Restaurants offenbar nur

Abbaye Royale de Fontevraud

auf gut betuchte Touristen – vor allem Engländer – eingestellt sind und daher schamlos hohe Menüpreise verlangen.
Für den Besuch der Abtei stehen wir am nächsten Morgen früh auf, um bei Kassenöffnung gleich die Ersten zu sein. Ein herrlicher Sonnentag hat begonnen, so dass es eine Freunde ist, durch das riesige Klostergelände zu streifen.

Abbaye Royale de Fontevraud

offen: 05-09: 9.30-18.30 Uhr; 10-04: 10-17 Uhr; Eintritt: 11,00/7,50/0 € Audio-Guide 4,50 €; deutschsprachige Broschüre gratis.
Die größte, noch erhaltene Klosteranlage Frankreichs wurde 1101 von dem Einsiedler und späteren Wanderprediger ***Robert d'Abrissel*** gegründet. Es war für die damalige Zeit ein Kloster besonderer Art, denn es beherbergte gleichzeitig Mönche, Nonnen, Kranke, Aussätzige und Krankenschwestern. Dank des guten Rufes beim Hochadel wurden im Laufe der Jahrhunderte viele Frauen aus dieser privilegierten Gesellschaft zu Äbtissinnen ernannt und brachten damit viel Geld mit. Besonders aus dem Geschlecht der ***Plantagenêt*** floss viel Geld in den Bau und die Ausstattung des Klosters und der Kirchen. Dafür erhielten wichtige Figuren dieser Sippe hier ihre letzte Ruhestätte: **Heinrich II.** (König von England), **Johanna von England**, **Johann Ohneland, Richard Löwenherz, Eleonore von Aquitanien, Isabella von Angoulême.**

Mittelpunkt der Anlage ist die 1105 - 1160 erbaute **Abteikirche**, die allein durch ihre gewaltigen Ausmaße und klaren Linien fast ohne Schnörkel und Verzierungen auskommt. Die liegenden vier **Grabfi-**

guren der genannten *Plantagenêts* sind das Herzstück der Kirche. Viel beachtet und Erkennungszeichen des Klosters ist das achteckige, **romanische Küchenhaus (16. Jh.)** mit den schuppenförmigen Dachziegeln und Türmchen, die allerdings erst viel später hinzugefügt wurden. Man hat schon einiges zu laufen, bis alles inspiziert ist: obere **Kreuzganggalerie,** Garten und **Kreuzgang *Grand-Moûtier*, Kapitelsaal, Wärmehalle,** großes **Dormitorium, Refektorium, *Orangerie*, Klosterhospital *Saint-Benoît*** und seine **Kapelle, Priorei *Saint-Lazare*** und die vielen **Gärten.** Auf der Rückseite klettern wir auf den Hügel bis zur 1,4 km langen Mauer und haben einen grandiosen Blick auf Kirche und Gebäude. Nach der französischen Revolution wurde der Orden aufgelöst und die Gebäude teilweise zerstört. ***Napoleon I.*** schließlich benutzte die Abtei ab 1804 als **Gefängnis**, das bis 1963 bzw. in einem kleinen Teil bis 1985 bestehen blieb.

Obwohl es in dem 1200-Seelen-Dorf noch ein paar Sehenswürdigkeiten (Kirchen ***St-Michel, Ste-Catherine, Notre-Dame-de-Pitié*, altes Taubenhaus**) gibt, haben wir jetzt keinen Bedarf mehr an Besichtigungen und fahren von dannen.
Gut 11 km westlich haben wir kürzlich das festungsartige ***Château de Brézé*** entdeckt. Es liegt zwar nicht auf der geplanten Route, aber es ist ein lohnender Abstecher. Von der Abtei gelangen wir schnell wieder auf die Hauptstraße D749, links ab, nach 600 m rechts auf die D162, auf der wir 10,4 km bleiben, um auf die D93 nach links abzubiegen. 290 m weiter kommt die Schlosszufahrt, die man leicht übersehen kann.

(043.3) WOMO-Stellplatz: Château de Brézé

GPS: N47° 10' 28.0" W0° 3' 27.0" Le Chateau
max. WOMOs: 20 **Ausstattung/Lage:** keine / Ortsmitte
Zufahrt: s. Text
Das Parken sollte mit einer Schlossbesichtigung einhergehen.

Château de Brézé

Château de Brézé

Offen: 1.2. - 31.12. täglich 10 - 18/19 h; Eintritt ohne Führung (für Schloss und Unterwelt): 11,50/9,50/6,00 €; mit Führung Château oder Unterwelt 13,00/11,00/7,00 €, Schloss und Unterwelt 14,50/12,50/8,00 €

Auch wenn dieses Schloss nicht direkt an der Loire liegt, so hat es einen großen Besucherstrom täglich zu bewältigen, denn es stellt etwas Außergewöhnliches dar: Unter dem Bauwerk existiert eine kleine **unterirdische Stadt** („souterraine") mit luxuriösen Wohnräumen, Sälen, Mannschaftsräumen, Bäckerei, Weinkelterei, Seidenraupenzucht und Lagerräumen, angeordnet an über 1000 m langen labyrinthartigen Gängen. Durch raffiniert gebaute Schächte gelangt Tageslicht in die Unterwelt.

Die Ursprünge des einzigartigen Festungsbaus liegen im 11. Jahrhundert, der Ausbau zu der heutigen Form als Renaissanceschloss erfolgte zwischen 1448 und dem 19. Jahrhundert unter diversen Besitzern. Die Festungsgräben, heute trocken, hob man ab 1448 aus und baute eine Zugbrücke. Durch diese Bauweise in Verbindung mit den unterirdischen Räumen, in denen bis zu 500 Soldaten in Bereitschaft gehalten werden konnten, war die Festung uneinnehmbar. **Ludwig XIII.** erhob den Marschall **Urban de Maillé-Brézé** 1615 zum Marquis für seine Verdienste als Großadmiral von Frankreich. Noch heute wohnen die Erben, die Familie **Dreux-Brézé** und **Colbert**, in dem Anwesen und betreiben Weinbau, wie die umliegenden Weinberge erkennen lassen. Noch bis 1976 wurde die unterirdische Kelterei dafür genutzt. Für die heutigen Besucher gibt es in den unterirdischen Räumen eine audiovisuelle Vorführung „Cáthedrales d'Images".

Der Weg zur „Unterwelt"

Bei der Besichtigung der „Unterwelt" sollte man mit gutem Schuhwerk und warmer Kleidung ausgerüstet sein. Für den gesamten Besuch sind mindestens zwei Stunden einzuplanen. Auch für Kinder teilweise unterhaltsam!

Château de Montsoreau

Bevor wir an der *Loire* weiter in Richtung SAUMUR reisen, möchten wir noch der Trutzburg ***Château de Montsoreau*** einen Besuch abstatten. Über D93/D162/D947 stoßen wir auf die D751, dort rechts ab (15 km) zum kleinen Parkplatz an der Uferstraße unterhalb der wuchtigen Burg, der tagsüber, notfalls auch nachts, für ein oder zwei WOMOs reicht.

(044) WOMO-Stellplatz: Montsoreau

GPS: N47° 12' 55.5" E0° 3' 48.0" quai Alexandre Dumas **max. WOMOs:** 2
Ausstattung/Lage: keine, direkt an der Loire / Ortsrand
Zufahrt: s. Text oder A85 AS 5, auf D749 Loire queren, rechts auf D7, 7 km, rechts auf D751, 2 km

Château de Montsoreau

Geöffnet: 9.4. - 13.11. 10-19 h; 11.12. - 3.1. 10-17 h
Eintritt: 9,20/7,30/5,50 €; deutschsprachiger Schlossführer erhältlich.
Im ausgehenden Mittelalter, wurde diese Burg 1450 von einem Ratgeber Karls VII., ***Jean de Chambes***, am strategisch wichtigen Punkt, dem **Zusammenfluss von *Loire* und *Vienne***, erbaut. Später – in der Renaissance – wurden die Gemächer zwecks Lustgewinns prächtiger ausgestattet. Leider ist heute von alldem nichts mehr vorhanden. Die Räume sind mit Modellen des Schlosses und der *Loire*-Schifffahrt ausgestattet, Multimediashows unterrichten über die Geschichte und Romanfiguren von ***Alexandre Dumas*** aus *„La Dame de Montsoreau"*. Laut Prospekt dauert ein Rundgang exakt 43 Minuten. Der kostenlose Anblick von außen reicht im allgemeinen.

500 m nordwestlich gibt's auch einen kleinen Campingplatz:

(044.1) WOMO-Campingplatz-Tipp: Isle Verte

GPS: N47° 13' 05.2" E0° 03' 10.1" D947 **offen:** 30.3. - 12.10.
Ausstattung/Lage: PK 2, Pool, Fon 0241 517660 / Ortsrand
Zufahrt: von (044) 500 m auf der D751 Richtung Saumur

Ein steiler, pittoresker Treppenaufgang führt empor zur Schlosspforte. Man kann auch über die Ortsstraßen hinauf fahren, aber oben gibt es nur ein paar Pkw-Parkplätze.
Die D947 begleitet uns am *Loire*-Ufer bis nach SAUMUR. Unterwegs entdecken wir hintereinander vier Stellplätze, die teilweise recht komfortabel ausgestattet sind.

(045) WOMO-Picknickplatz: Turquant

GPS: N47° 13' 25.8" E0° 1' 43.5" rue des Ducs d'Anjou
max. WOMOs: 20
Ausstattung/Lage: Müllcontainer, Frischwasser (2 €), V/E, Tische, Bänke, teilweise überdacht, Strom / Ortsrand
Zufahrt: s. Text oder A85 AS 5 auf D749 Loire queren, auf D7 zur D947 Richtung Saumur, zum Ort einbiegen, nach 150 m rechts, Wegweiser "Le Troglo des P.T."

Für GPS-Fans kommt jetzt ein wichtiger Moment: Wir überschreiten gleich den **Nullmeridian** von Ost nach West.

(046) WOMO-Stellplatz: Parnay

GPS: N47° 13' 52.5" E0° 0' 39.9" route de Saumur
max.WOMOs:6
Ausstattung/Lage: Mülleimer, V/E mit Strom (Jetons 1,50 €), WC, Tische, Bänke, Aufenthalt max. 48 Std. / Ortsmitte
Zufahrt: wie (45) an der D 947, 1,5 km weiter westlich.

(046.1) WOMO-Stellplatz: Souzay-Champigny

GPS: N47° 14' 11.9" W0° 0' 25.1" rte. d. Ducs d'Anjou **max. WOMOs:**10
Ausstattung/Lage: keine, direkt an den Loire-Auen / im Ort.
Zufahrt: wie (46) an der D 947, 1,5 km weiter westlich.

(047) WOMO-Wanderparkplatz: Dampierre

GPS: N47° 14' 27.0" W0° 1' 21,0" route de Monsoreau **max. WOMOs:** 80
Ausstattung/Lage: Mülleimer, V/E, WC, Tische, Bänke, Restaurants, Spielplatz, Sportanlage für Volleyball, Tennis und Boule, Wanderkarte; Gebühr 2016: 6,00 €/N / Ortsrand
Zufahrt: wie (046.1), an der D 947, 1300 m weiter westlich.

Loire bei Saumur

Gegenüber bietet das **Fischrestaurant** *„L'Amuse Bouche"* seine vorzüglichen Dienste an. Wir probieren es nach unserer Wanderung, die wir nach dem ausgestellten Tourenplan am Nachmittag gemacht haben, gleich aus. Der in Butter gebratene Zander, auf einem schwarzen Teller hübsch garniert, ist sein Geld wert, denn er schmeckt Gudrun ganz hervorragend. Ich ziehe eine wunderbare *„Composition de Volaille"* (Geflügel) vor und bin auch zufrieden. Deftigeres (und preiswerteres) Essen gibt es in dem zweiten Lokal *„Le Tamaris"*, das direkt an den Parkplatz anschließt, aber heute am Montag geschlossen hat.

Da wir uns auf dem großen Stellplatz in die linke hintere Ecke verzogen haben, erleben wir eine ruhige Nacht.

Auf die Sekt- und Champignon-Stadt **SAUMUR** sind wir schon gespannt. Nach wenigen Kilometern entdecken wir am Ortseingang den großen Parkplatz der ***Église Notre-Dame-des-Ardilliers*** am *Quai Mayaud.* Diese Kirche mit der wuchtigen Kuppel stammt aus dem 17. Jahrhundert und war lange Zeit eine **Wallfahrtskirche** gläubiger Franzosen.

(048) WOMO-Stellplatz: Saumur I

GPS: N47° 15' 13.4" W0° 3' 50.3" Quai Mayaud **max. WOMOs:** 6
Ausstattung/Lage: Mülleimer, unruhig, 850 m zum Schloss / Ortsrand
Zufahrt: D947, gleich hinter dem östlichen Ortseingang von Saumur

Obwohl das ***Château de Saumur*** nicht weit ist, treiben wir dennoch bei klarer Wegweisung unseren Diesel den steilen Berg hinauf. Oben angekommen, freuen wir uns über ein Womo-Piktogramm. Auf dem Parkplatz vor der Burg sind vier Plätze **für Reisemobile reserviert**, leider nur von **9 - 19 Uhr**. Aber auf dem Busparkplatz geht es vielleicht auch!

(048.1) WOMO-Parkplatz: Saumur II

GPS: N47° 15' 19.8" W0° 04' 20.6" rue de Moulins **max. WOMOs:** 6
Ausstattung/Lage: Womo-Verbot von 22 - 8 Uhr / Ortsmitte
Zufahrt: 1,2 km von (048) über rue Rabelais, nach 270 m links halten, rue d'Anjou 550 m, zweimal links - Busparkplatz

Von hier aus haben wir unter wunderschön blühenden Obstbäumen einen herrlichen **Rundblick** auf das Schloss und die Stadt. Das Terrassenrestaurant *„La Panorama“* bietet preiswerte Dreigangmenüs an. Auf einer Holzbrücke überqueren wir den tiefen Burggraben und stehen vor dem Burgtor. Nach langer Bauzeit steht das Schloss dem Publikum wieder offen.

Château de Saumur

offen: Ostern - 06 u. 09/10 10-13/14-17.30 h; Eintritt 6,00/4,00/ 0 €; 15.6.-15.9. 10-18.30 h; Eintritt 7,00/5,00/0 €; geschlossen 3.11. - Ostern
An dieser exponierten Stelle haben seit Menschengedenken immer wehrhafte Burgen gestanden, die wiederholt zerstört und aufgebaut wurden. Wir erfahren, dass auch hier ***Fulco Nerra*** (Wer sonst?) seine Hand im Spiel hatte, aber sein ***Donjon*** war wohl nicht so stabil, denn von ihm ist heute nichts mehr übrig. Die letzte Burgversion wurde Ende des 14. Jh. von den Anjou-Herzögen **Ludwig I. und II.** gebaut und später im Inneren von seinem Enkel ***René*** zum Lustschloss verwandelt. Im 17. und 18. Jh. residierten hier die Stadtgouverneure von Saumur, später wurden Strafgefangene und dann Soldaten einquartiert. Heute sind dort drei **Museen** untergebracht:
1. Musée d'Arts Décoratifs (Kunstgewerbe, Wandbehänge usw.)
2. Musée du Cheval (Pferde und Reitkunst)
3. Musée de la Figurine-Jouet (Spielzeug und Zinnsoldaten)
Ob später ein Besuch lohnenswert ist, muss man ausprobieren.

Château de Saumur

(051) WOMO-Stellplatz: Saumur III (Reitplatz)

GPS: N47° 15' 41.3" W0° 05' 03.2" av. du Mar. Foch **max. WOMOs:** 10
Ausstattung/Lage: Mülleimer, Womo-Verbot* 22 - 8 Uhr / Ortsmitte
Zufahrt: A85 AS 3 D347, nach Loire-Querung (Pont du Cadre Noir) 1. Ausfahrt, am 1. Kreisel 4. Ausfahrt, am 2. Kreisel 4. Ausfahrt, am 3. Kreisel 2. Ausfahrt, noch 600 m - * Campingbusse werden wohl toleriert.

SAUMUR hat auf drei anderen Gebieten Ansehen und Aufmerksamkeit erhalten: **Sektherstellung, Champignonzucht** und **Kavallerieschule**. Zunächst machen wir uns auf den Weg zu den Pferden. Mitten in der Stadt, vor der Kavallerieschule *(École d'Application de l'Armée Blindée Cavalerie)*, liegt ein riesiger Parkplatz, von wo aus wir den Militärreitern bei ihrem Training zuschauen. Pferdenärrin Gudrun kann sich wieder von dem Anblick der durchtrainierten Vierbeiner kaum losreißen. Wir sind nicht sicher, ob wir hier auch übernachten können, aber für einen Altstadtbummel ist der Platz ganz ideal. Zuerst werfen wir einen Blick in eine große Reithalle, gleich das erste Gebäude rechts an der *rue St-Nicolas*, die wir dann, gefolgt von der *rue St-Jean*, bis zum ***place St-Pierre*** hinauf schlendern.

Saumur: Ehrenmal

Die schönen alten Fachwerkhäuser erinnern uns stark an den *place Plumereau* in Tours. Die gotisch-romanische Kirche ***St-Pierre*** (12. Jh.) erhielt im 17. Jh. eine neue Barockfassade, weil die alte eingestürzt war. Im Inneren bestaunen wir tolle **Wandteppiche** aus dem 16. Jh., die beiden Heiligen Petrus und Florian darstellend, sowie ein **wunderschönes Chorgestühl**. Rund um den *place St-Pierre* lässt sich gut shoppen und stöbern. Im östlichen Teil der Altstadt schauen wir uns die romanische Kirche ***Notre-Dame-de-Nantilly*** an, die in der Zeit der *Plantagenêt*-Vorherrschaft im 12. Jh. entstand.

Saumur: Place St-Pierre

St-Pierre Chorgestühl

Musée des Blindées (nicht etwa ein Blindenmuseum) wird die Fans von gepanzerten **Militärfahrzeugen** begeistern, denn es enthält die weltweit größte Sammlung dieser Spezies. (s. Wegweiser)

Offen: tgl.9/10-17/18.30 Uhr, Eintritt 8,00/6,00/5,00 €

Saumur Notre-Dame Platagenêt

Das ***Hôtel de Ville*** (Rathaus) stammt aus dem 16. Jh. und verdient auch Beachtung. Es liegt vorn an der *Loire* kurz vor der Brücke *Pont Cessart*. Wir haben Glück und finden sogar einen Parkplatz. Nebenan befindet sich das O. T., wo wir uns einen Stadtplan und die 130-seitige Broschüre *„Saumur et ca région“* holen. Ist zu empfehlen!

Jetzt wollen wir ins Grüne von SAUMUR. Das finden wir reichlich auf der *Loire-*Insel ***Ile d'Offard***, die wir vom Rathaus aus direkt über den *Pont Cessart* erreichen. Am Kreisverkehr schwenken wir nach rechts, bis wir auf dem *bld. de Verden* landen. Die Entsorgungsstelle der Stadt existiert leider nicht mehr. Mobile mit einer Breite bis 2,1 m können gegenüber auf eine lauschige Wiese mit Picknicktischen rumpeln.

Saumur: Rathaus

(049) WOMO-Picknickplatz: Saumur IV (Ile d'Offard)

GPS: N47° 15' 40.5" W0° 4' 0.6" bld. de Verden
max. WOMOs: 2
Ausstattung/Lage: Tische, Bänke / Ortsrand
Achtung! Felsbrocken engen die Einfahrt auf **2,1 m** ein. Ist nur nutzbar in der Nebensaison, Womo-Verbot wird bald kommen!
Zufahrt: s. Text oder A85 AS 3, D347E Richtung „Centre", nach der 1. Loire-Brücke links

Wir erkunden die Flussinsel weiter und landen nach 250 m vor einem großen Campingplatz.

(050) WOMO-Campingplatz-Tipp: Flower Camping (Ile d'Offard)

GPS: N47° 15' 34.8" W0° 3' 52.6" rue de Verden **Offen:** 12.3. - 30.10.
Ausstattung/Lage: PK 3, gut, Fon 0241 403000, Web: de.saumur-camping.com, iledoffard@flowercampings.com, E/V (auch extern, aber teuer), Pool nebenan / Ortsrand
Zufahrt: wie (49), 260 m weiter südöstlich

Für größere Wohnmobile haben wir leider keinen Gratisstellplatz auf der Insel gefunden. Lediglich schöne Fotos kann man von hier aus (*Quai du Marronnier)* von dem herrlichen Panorama der Stadt schießen.

Ein Besuch in dem Vorort SAINT-HILAIRE-ST-FLORENT lohnt sich immer. Dort finden Sie jede Menge **Sektkellereien**, die den heimischen Weißwein nach der *Méthode champenoise (*Champagnermethode*)* in den bekann-

Schöner Blick auf das Chateau de Saumur

ten ***Saumur Brut*** (Sekt) verwandeln. In der ***Cave Bouvet-Ladubay*** *(1 rue Ackermann)* werden einstündige Führungen durch die riesigen Tuffsteinhöhlen angeboten.

Offen: *täglich von 8.30/9 – 18/19 h (Okt-Mai mittags geschlossen)*

Eintritt: 2,00/1,00/0 €, mit Führung 4,00/2,00/0 €

Wer sich für zeitgenössische Kunst interessiert, kann gleich nebenan das ***Centre d'Art Contemporain Bouvet-Ladubay*** gratis besuchen, montags bis freitags 10 – 12 und 14 – 17 Uhr. In der Gegend von SAUMUR haben früher die Menschen Steine für ihre Bauwerke unter der Erde abgebaut, so dass überall Höhlen entstanden sind. Wegen der gleichmäßigen Temperatur von 11 – 14 °C und einer bestimmten Feuchtigkeit wurden seit Napoleons Zeiten in diesen **Tuffsteingrotten** Champignons und andere Pilze gezüchtet. Am besten kann man die Artenvielfalt und Methodik im ***Musée du Champignon***, *route de Gennes* (D751) am westlichen Ortsende, studieren.

Offen: *6. Feb - 13. Nov 10 - 10/19 Uhr; Eintritt jeweils: 8,40/7,50/6,00€*

Kombiticket: 14,00/13,00/10,00 €

Wenn wir schon einmal hier sind, darf ein Besuch bei der berühmten Reitschule ***École Nationale d'Éqitation*** mit dem ***Cadre Noir de Saumur*** in TERREFORT, 2,2 km südwestlich von SAUMUR, nicht fehlen. Die Besichtigung und Vorführungen des „Schwarzen Kaders" dieser weltweit einmaligen Reitschule dauern vormittags eineinhalb, nachmittags eine Stunde. Hochinteressant – nicht nur für Pferdeliebhaber!

Offen: *14.2.-5.11./Di-Sa 9.30-11; 14-16 Uhr - stündliche Vorführungen*

Eintritt: 8,00/7,00/6,00 €

Kartenbestellungen unter Fon 0241 535080 - biletterie.cadrenoir@ifce.fr

Saumur: Panorama vom Burgberg aus

KARTE TOUR 6
20 km
N
Ancenis
Château/Chapelle de la Bourgonnière
Montjean-sur-Loire
St-Florent-le-Vieil
Champtoceaux
Liré
Chalonnes-sur-Loire
Corniche Angevine
La Haie Longue
Rochefort
Juigné-sur-Loire
Louet
Loire
Brissac-Quincé
Coutures
Bourgdion
le Thoureil
Erdschraube
St-Georges-des-sept-Voies
Cunault
Saumur
Rochemenier
Doué-la-Fontaine
Zoo
Concourson
le Puy-Notre-Dame
Montreuil-Bellay
Thouet
Beaupréau
Cholet
Clisson
067 WC
066 E WC
065 E WC
064
064.1
064.2
063 E
062 WC
061 E
060
059.1 E
059 WC
058
057
056 E WC
055
054 E
053
052 E WC
051
050
049 E
048
A11
E501
A85
E60
A87
N249
E62
D723
D210
D75
D17
D763
D752
D751
D748
D55
D130
D160
D132
D952
D59
D347
D70
D761
D69
D177
D83
D84
D960
D87
D178
D88

TOUR 6 (ca. 248 km / 4 – 5 Tage)

Montreuil-Bellay – Doué-la-Fontaine – Rochemenier – Gennes – Cunault – Brissac – Corniche Angevine – Champtoceau

Freie Übernachtung:	Montreuil-Bellay, Le Puy-Notre-Dame, Doué-la-Fontaine, Concourson, Rochemenier, Cunault, Le Thoureil, Coutures, Juigne-s.-L., Brissac-Quincé, Montjean-s.-L., Liré, Champtoceau (2)
Campingplätze:	Montreuil-Bellay, Doué-la-Fontaine
Ver-/Entsorgung:	Montreuil-Bellay, Le Puy-N.D, Cunault, Concourson, Coutures, Brissac-Quincé, Liré, Champtoceau
Besichtigen:	Cht. Montreuil-Bellay, Le Puy-N.D., Zoo Doué-la-F., Rochemenier, Cunault, St.Georges-des-sept-Voies, Mühle Bourgdion, Cht. Brissac - La Bourgonnière, Champtoceau
Essen:	Montreuil-Bellay, Le Thoureil, Champtoceau

Diese Reise geht ein wenig im Zickzack durch das (erweiterte) Tal der *Loire*, weil einige Attraktionen etwas abseits liegen. Ob Sie uns überall hin begleiten, ist Ihnen – wie immer – selbst überlassen. Der Schlenker über den **Zoo von Doué-la-Fontaine** zum Beispiel ist in erster Linie für Kinder interessant, andererseits verpassen Sie **Château de Montreuil-Bellay**.

Château de Montreuil-Bellay

Statt dessen könnten Sie weiter an der hier besonders schönen *Loire* die D751 weiter verfolgen und setzen die Tour in CUNAULT fort.

Nach zwei schönen Tagen verlassen wir SAUMUR auf der schnurgeraden D347 in südlicher Richtung nach MONTREUIL-BELLAY. Die bisherige Zufahrt durch das enge ***Port du Moulin*** (Mühlentor) und Stadttor ist nun für WOMOs verboten. Wir bleiben auf der D347 und folgen – über den Ort hinaus – den Campingplatzschildern.

(053) WOMO-Campingplatz-Tipp: Les Nobis

GPS: N47° 7' 54.9" W0° 9' 33.2" rue G. Girouy **Offen:** Apr-Sep
Ausstattung/Lage: PK 1, V/E, kleines Schwimmbad, Grill; Fon 0241 523366; campinglesnobis.com, eMail contact@... / Ortsrand
Zufahrt: von D347 ausgeschildert (s. FP052)

150 m weiter erreichen wir den großen, staubigen Parkplatz am Flüsschen *Thouet* und der Ruine der **Klosterkirche *St-Pierre*** (11. Jh.) der Benediktinerabtei ***Prieure des Nobis***.

(052) WOMO-Picknickplatz: Montreuil-Bellay

GPS: N47° 7' 57.3" W0° 9' 30.8" rue G. Girouy **max. WOMOs:** 30
Ausstattung/Lage: Mülleimer, V/E (Jetons gemäß Aushang an Säule), Tische und Bänke im Park nebenan, WC an Klosterruine / Ortsrand

Achtung: Womos dürfen hier vom **15.6. bis 15.9.** nur von **19 - 10 Uhr** stehen! Tagesparkplatz: am O.T., Place du Concorde (Altstadt) oder auf dem Parkplatz vor dem südlichen Stadttor St. Jean. Der Parkplatz vor dem Schloss (Place de Ormeaux) ist meist voll mit PKW.

Zufahrt: s. Text oder A85 AS 3, D347 Richtung Saumur, nach 21 km am Ring Montreuil-Bellay, AS Centre, geradeaus 2,5 km weiter, am Kreisel links ab, Wegweiser Campingplatz folgen

Da noch Vorsaison ist, bleiben wir tagsüber auf dem Stellplatz. In dem kleinen Park nebenan kann man etwas spazieren gehen und am hinteren Ende am Ufer des hübschen Flüsschens ***Le Thouet*** verweilen.

Zur Stadt- und Burgbesichtigung steigen wir links von der Klosterruine ***Prieure des Nobis*** eine lange Treppe hinauf und stehen dann oben auf dem kleinen Marktplatz. Hier wenden wir uns nach links und betreten die **Burganlage** über eine Brücke. Auf die nächste Führung müssen wir 45 Minuten warten.

Château de Montreuil-Bellay und Altstadt

Offen: 04-06/09-11 mi-mo 10.30-12/14-18 h; 07/08 täglich 10-12.30/14-18.30 h; Eintritt: 10,00/8,00/6,00 €; Hof und Gärten 6,00 €

Hier begegnen wir wieder dem Donjon-Fachmann ***Fulco Nerra***, Graf von Anjou. Diese martialisch aussehende Burg entstand 1025 hoch auf dem Felsen durch seinen Lehensmann ***Berlay***, der sich mit den Engländern verbündete. Gut 100 Jahre später wurde die Anlage von König Philipp II. August zerstört. Danach bauten verschiedene Besitzer auf der großen Terrasse mehrere, teilweise recht romantische Gebäude: die alte, 1420 wieder aufgebaute Burg, das kleine Schloss, das ***Logis des Chanoines*** (Haus der Domherren 1460 - 1470), das ***Château Neuf*** (Neues Schloss 1485 - 1505) und die Kirche ***Collégiale Notre-Dame*** (1472 - 1484). Interessant ist die separat stehende, **mittelalterliche Küche** mit einem Mittelkamin, ähnlich wie im Kloster Fontevraud. Die Innenräume des *Château Neuf* mit bemalten **Balkendecken, Fresken, Brüsseler Gobelins** und alten Möbeln sind auch sehenswert. Berühmt wurde das Schloss auch durch die früher hier gekelterten **Weine**, die im Schlossempfang angeboten werden, nun allerdings von einem außerhalb liegenden Weingut. Wenn man schon viele Schlösser von innen angeschaut hat, kann man den Besuch auf den Burghof beschränken.

Die **Burgkirche** (*Collégiale Notre-Dame)* hingegen ist recht schlicht gehalten. Die **pittoreske Altstadt** kann mit zahlreichen Häusern aus dem 14. – 19. Jh. und anderen Sehenswürdigkeiten aufwarten. Im OT, *Place du Concorde,* erhält man einen deutsch abgefassten Stadtführer gratis. Eine der jungen Damen dort beherrscht unsere Sprache.

Château de Montreuil-Bellay

Das Restaurant *„La Grange à Dîme"*, Ecke *rue du Château/rue de la Seigneurie* (Fon 0241 509724), ist in der ***Grenier à Dîme*** (Zehntkornspeicher) aus dem 15. Jh. eingerichtet. Attraktion des Hauses ist der hölzerne Dachstuhl in Form eines umgekehrten Schiffes. Hier nehmen wir für relativ kleines Geld ein ausgezeichnetes Drei-Gang-Menü ein und nächtigen auf dem Stellplatz am *Thouet*. Zum *Baguette*-Holen am nächsten Morgen muss Gudrun – anstelle der Morgengymnastik – die Treppe zur Altstadt hinaufturnen ...
Der **Zoo** in DOUÉ-LA-FONTAINE hat in ganz Frankreich eine gewisse Berühmtheit erlangt, weil hier die Tiergehege in den für die Gegend typischen Erdhöhlen und in einem alten Steinbruch eingerichtet sind. Bevor wir jedoch hinfahren, machen wir noch einen kleinen Schlenker über die Sträßchen D88 und D87 nach LE PUY-NOTRE-DAME, weil es in dem Dörfchen eine beachtenswerte **Kirche aus dem 13. Jh.** und einen Stellplatz mit Entsorgung gibt.

(054) WOMO-Stellplatz: Le Puy-Notre-Dame

GPS: N47° 7' 26.2" W 0° 13' 56.4" place du Gate d'Argent / rue du Parc **max. WOMOs:** 5
Ausstattung/Lage: Mülleimer, V/E, Frischwasser, Bodeneinlass / Ortsmitte,
Zufahrt: s. Text oder A85 AS 3, D347 Richtung Saumur/Poitiers, Montreuil-Bellay, von Umgehungsstraße rechts auf D 88, dann auf D87, im Ort ausgeschildert.

Die für das Dorf völlig überdimensionierte ***Église Notre-Dame*** aus weißem Gestein war im Mittelalter eine bekannte **Wallfahrtstätte** für die Marienverehrung und erweckt im Inneren durch die große Höhe den Eindruck einer stattlichen Kathedrale.
Nach DOUÉ-LA-FONTAINE sind es auf der D 87 nur 12 km. Der **Zoo** („Bioparc") ist leicht zu finden, da gut ausgeschildert. Man sollte die Anfahrt so einrichten, dass man gleich morgens die Tickets kauft.

Einen halben – mit Kindern einen ganzen – Tag Zeit braucht man schon für diese originell eingerichtete Anlage, sonst ist der Besuch das hohe Eintrittsgeld nicht

wert. In der üppigen Urwaldvegetation und in großen und kleinen Höhlen sind über 500 exotische Tiere – Löwen, Tiger, Panther, Giraffen, Bären, Affen, Dromedare, Nashörner, herrlich bunte Vögel, Riesenechsen und vieles mehr – zu entdecken. Elektronisch gesteuerte Soundeffekte verstärken die optischen und akustischen Eindrücke, so dass man sich mitten in der Zauberwelt des tropischen Dschungels wähnt.

*Geöffnet: 6.2. - 13.11. 9/10-18/19 Uhr je nach Saison; Eintritt **21,00 €** (ab 11 Jahre) / **15,50 €** (3 - 10 Jahre); Tickets online buchbar: www.bioparc-zoo.fr; info@..., Fon 0241 591858. Es gibt eine Broschüre in französisch. Ausführliche Informationen im Internet erhältlich.*

Gegenüber dem Zooeingang liegt ein ausgedehnter Parkplatz mit Picknickeinrichtung, teilweise sogar überdacht. Eine Übernachtung ist möglich, aber an der belebten D960 nicht immer ruhig.

(055) WOMO-Picknickplatz: Doué-la-Fontaine

GPS: N47° 11' 28.4" W0° 17' 58.7" rue de Cholet **max. WOMOs:** 10
Ausstattung/Lage: Tische und Bänke / Ortsrand,
Zufahrt: s. Text oder A85 AS 3 D347, hinter Saumur auf D960, auf Umgehungsstraße 2. Kreisel, 1. Ausfahrt, 300 m. Wegweiser "Zoo".

Einen erheblich ruhigeren und komfortableren Platz haben wir für Sie 3,5 km südwestlich an der D960 in CONCOURSON-SUR-LAYON kurz vor den Ortsausgang entdeckt:

(056) WOMO-Picknickplatz: Concourson-sur-Layon

GPS: N47° 10' 26.2" W0° 20' 34.4" place Roger Frapreau
max. WOMOs: 6
Ausstattung/Lage: Mülleimer, Tische, Bänke, Frischwasser (kein Normanschluss), V/E, WC, Tischtennisplatte; im hinteren Bereich am Fluss ist es ruhig / Ortsrand
Zufahrt: wie (055), von der Umgehungsstraße Doué-la-Fontaine auf D960 Richtung Cholet, 3 km, auf der rechten Seite

In DOUÉ-LA-FONTAINE gibt es einen **sehr** preiswerten Campingplatz, den zu erwähnen, wir nicht vergessen wollen.

(057) WOMO-Campingplatz-Tipp: Les Rives du Douet

GPS: N47° 12' 14.4" W0° 16' 52.6" rte. de Blanchisseries **Offen:** 04-09
Ausstattung/Lage: PK 1, einfach, sauber, schattig, Fon 0241 591447; Einlass bis 20 Uhr / Ortsrand
Zufahrt: A85 AS 3, D347, nach 11 km rechts auf D960 bis Zentrum Doué-la-Fontaine, ab hier ausgeschildert

Nachdem wir in dieser Gegend schon soviel über **Höhlenwohnungen (*habitants troglodytiques*)** gehört und gelesen haben, streben wir nach ROCHEMENIER, wo es einen ganzen unterirdischen Bauernhof zu sehen gibt. Wir sind schnell wieder auf dem Umgehungsring von DOUÉ-LA-FONTAINE und lassen uns in nördlicher Richtung von Wegweisern über D761 und ein paar unnummerierten Sträßchen hingeleiten (9 km). 200 m vor dem Höhlendorf lädt ein größerer Picknick-Parkplatz zum Halten und notfalls zum Übernachten ein.

(058) WOMO-Picknickplatz: Louresse-Rochemenier

GPS: N47° 13' 56.6" W0° 17' 38.4" rue du Musée **max. WOMOs:** 8
Ausstattung/Lage: Müllcontainer, Tische, Bänke / Ortsmitte
Zufahrt: A85 AS 2, D938, nach 1,8 km auf D347 Longué-Jumelles, D79 bis Gennes, Loire queren, D69, 14 km links auf D177, WW "Village Troglodyte", ca. 200 m vor dem Höhleneingang; weitere Ortszufahrt gesperrt!

Village Troglodyte Rochemenier

Geöffnet: 02-03 u. 10/11 di-so 10-17 Uhr; 04-09 tgl. 9.30-18 Uhr; 12 - /01 geschlossen; Eintritt: 6,10/4,70/3,70 €; deutsche Broschüre käuflich.

Das Höhlendorf in *Rochemenier* liegt in einer Ebene, ist 10.000 qm groß und seit 1967 zu besichtigen: zwei alte, in ausgehöhltem Fels gelegene Bauernhöfe mit Wohnungen und Nebenräumen mit mehreren hundert bäuerlichen Werkzeugen und Möbeln, eine unterirdische Kapelle und einen Hühnerhof mit alten Geflügelrassen. Eine Höhlenwohnung wurde modern eingerichtet und soll zeigen, dass es heute noch möglich ist, derartig zu wohnen. Insgesamt sind es 20 Räume auf einem Hektar. Interessant ist auch die Kelterei, in der bis ins 20. Jh. hinein Wein hergestellt wurde. Die geernteten Trauben schütteten die Bauern zu ebener Erde in einen steinernen Trichter (*Jitte de Pressoir*), der genau über der Presse „*Casse-cou*“ liegt.

Ebenso wurde aus Wal- und Haselnüssen, Raps, Mohn, Hanf- und Kürbissamen Speiseöl gepresst. Ein Rundgang dauert 1 ¼ Stunden. Der Verwalter, *Monsieur Leray*, ist ein Sprachgenie und bietet eine Führung in Deutsch an. Man sollte sich dafür allerdings telefonisch unter 0241 591815 anmelden.

Nach dem Besuch der unterirdischen Kapelle interessiert uns natürlich die genau darüber liegende **kleine Dorfkirche**, die aus dem 13. Jh. stammen soll. Trotz der Schlichtheit gibt es ein paar hübsche Details im Altarraum. Wo wir gerade bei Kirchen sind: Unweit

Église de Cunault

von hier steht in CUNAULT eine gewaltige Klosterkirche. Auf der D69 eilen wir bis GENNES und fahren noch 2,5 km auf der D751 in Richtung SAUMUR. Der Kirchenparkplatz bietet einige schattige Fleckchen.

WOMO-Stellplätze: Cunault

(059) GPS: N47° 19' 47.7" W0° 12' 01.5"
rue Notre-Dame **max. WOMOs:** 4
Ausstattung/Lage: Mülleimer, Frischwasser, WC / Ortsmitte
Zufahrt: siehe Text oder A85 AS 2, D938, nach 1,8 km auf D347 Longué-Jumelles, D79 bis Gennes, Loire queren, D69, links D751, 2,5 km,

Stellplatz mit V/E

(059.1) GPS: N47° 19' 37.1" W0° 11' 40.8"
1.5" rue de Beauregard **max. WOMOs:** 12
Ausstattung/Lage: V/E (Kreditkarte), an den Loire-Auen / außerorts
Zufahrt: wie (59), jedoch auf D751 550 m nach Osten, beschildert

Église de Cunault

Das schon im 4. Jh. vom Heiligen Maxentiolus gegründete Kloster begann im 11. Jh. mit dem Bau dieses riesigen romanischen Gotteshauses, das erst Anfang des 13. Jh. fertiggestellt wurde. Die Größe des Kirchenschiffes ist beeindruckend. Ein erstaunlicher Perspektiveffekt lässt die ganze Kirche noch tiefer wirken, sie scheint sich vom Eingang zum Chorraum hin zu verengen. Die ersten drei **Kreuzrippengewölbe** entsprechen dem Plantagenêt-

Stil, der Rest sind **Tonnengewölbe**. Fünfzehn **Kapellen** im Chor und Chorumgang sind mit Bibelszenen, Heldenepen, Schlachten, Drachen und Ungeheuern geschmückt. Juwel der Kirche ist der bemalte **Reliquienschrein des Heiligen Maxentiolus** (13.Jh.), der aus einem Nussbaumstück geschnitzt wurde. Nicht weniger beachtenswert sind zwei Figuren aus dem 15. Jh.: die **Pieta** (Marienfigur mit ihrem vom Kreuz abgenommenen Sohn) und die Statue der **Heiligen Katharina**, die im 4. Jh. den Märtyrertod in Alexandria fand. Die Orgel hat zum Teil waagerecht stehende Pfeifen, was hierzulande ungewöhnlich ist. Im Sommer finden regelmäßig Sonntagskonzerte mit klassischer Musik statt.

Loire-Panorama bei St-Clément de Levees

Da auch unsere nächsten Ziele nach Westen führen, werden wir wieder das für seine **megalithischen Dolmen** bekannte Römerstädtchen GENNES passieren. Ein Halt lohnt kaum, denn das **Amphitheater** ist meist geschlossen und die ***Église Saint-Eusèbe***, von deren Kirchturm man einen famosen Weitblick hätte, befindet sich für längere Zeit in Restaurierung. Westlich von GENNES befindet sich der Höhepunkt der Reise durch die Höhlendörfer des Anjou - die Künstlerhöhle ***L'Hélice Terrestre de l'Orbière*** von *Jacques Warminski*. In fünfjähriger Wühlarbeit hat er in den früher bewohnten Höhlen seine eigene unterirdische Traumwelt geschaffen. Am beeindruckendsten ist die gewaltige ***L'Hélice Terrestre*** (Erdschraube), die dem Projekt ihren Namen gab. Im Sommer finden hier zahlreiche künstlerische Events mit Musikern, Tänzern und Lyrikern statt.

Diese Kuriosität ST-GEORGES-DES-SEPT-VOIES, einer Ortschaft, zu der 14 weit verstreute Weiler gehören, lohnt einen Besuch. **Anreise:** Beschilderter Abzweig von der D751, Richtung ANGERS nach etwa 6,5 km links ab auf *Chemin des Hauts Plessis* (beschildert), noch 1,3 km. Auf der Strecke kann man auch an verschiedenen Erdwohnungen anhalten und einen Blick hineinwerfen.

[**059.2:** GPS N47° 20' 57.1" W0° 18' 54.1"]

offen: 05-09 täglich 11 - 20 Uhr; 10-04 am Wochenende 14 - 18 Uhr;
Eintritt: 5,00/4,00/2,50 €; Infos: heliceterrestre.canalblog.com

Es gibt in der Nähe ein verträumtes Dörfchen an der *Loire*, von dem wir schon gehört haben: LE THOUREIL. Wir rollen auf der D751 etwas zurück und biegen nach rechts in die D156 ein. An der *Loire* geht es nach rechts zu einem angekündigten Picknickplatz, der am östlichen Ortsausgang an der D132 liegt. Upps, in letzter Sekunde bemerkt Gudrun die Höhenschranke vor unserer Womo-Nase. Pech gehabt. Zurück in der Ortsmitte müssen wir mit einem leicht schrägen Parkplatz Vorlieb nehmen. Im **Gartenrestaurant** *„Barges de Loire“* direkt am Fluss nehmen wir bei Sonnenuntergang ein leckeres und auch preiswertes Abendessen ein.

(060) WOMO-Stellplatz: Le Thoureil

GPS: N 47° 22' 16.1" W0° 16' 2.3"
Chemin de Courgain
max. WOMOs: 3
Ausstattung/Lage: Mülleimer, Restaurants / Ortsmitte
Zufahrt: s. Text oder A85 AS 1 D144 Beaufort-en-Vallée, D59/D69 Gennes, hinter Loire-Brücke rechts auf D132, 4,5 km

Wenn Sie aber jetzt Wert auf einen geraden Stellplatz mit Entsorgung legen, finden Sie ihn in COUTURES, einem Nachbarort 12 km weiter (D156, D751) bei einem Winzer.

Die Loire bei Le Thoureil

(061) WOMO-Stellplatz: Coutures

GPS: N47° 21' 45.8" W0° 21' 24.6" rue des Caves **max. WOMOs:** 10
Ausstattung/Lage: Mülleimer, V/E / Ortsmitte
Zufahrt: s. Text oder A85 AS 1 D 144 Beaufort-en- Vallée, D347 Mazé, D55; WW „France Passion" folgen. Stellplatz ist jetzt weiter oben.

Am nächsten Morgen verlassen wir LE THOUREIL in Richtung COUTURES und sehen an der D55 in LE BOURGDION eine herrliche alte **Windmühle**. Es handelt sich um den Typ der **Moulin Cavier**, also eine unterkellerte Mühle, die wahrscheinlich aus dem 16. Jahrhundert stammt. Das barocke Müllerhaus, sicher später gebaut, sieht richtig fesch aus!

Auf der D751 nähern wir uns wieder dem geliebten Strom in dem Städtchen JUIGNÉ-SUR-LOIRE. Der Parkplatz im Ort war früher einmal recht idyllisch. Nun wird er viel von Handwerksfirmen genutzt.

Le Bourgdion: alte Windmühle (Moulin Cavier)

(062) WOMO-Stellplatz: Juigné-sur-Loire

GPS: N47° 24' 29.0" W0° 28' 31.5"
Grand Rue **max. WOMOs:** 4
Ausstattung/Lage: Mülleimer, Frischwasser (mit Gefäß), WC, Tische, Bänke, Restaurant, Infotafel mit Rundwanderwegen 6 - 13 km; Fz. max. 6,5 m / Ortsmitte
Zufahrt: s. Text oder A87 AS 22, D748 nach 230 m links auf D751, im Ort links auf den Parkplatz der Mairie, gegenüber Restaurant

Wir klettern über eine bunte Randbepflanzung und gehen den schmalen Pfad hinunter zum Wasser, nicht ohne von den köstlichen Pflaumen des Pfarrers zu naschen. Das „Wasser" ist aber nicht die *Loire*, sondern ein malerischer Seitenarm ohne Abfluss. Am anderen Ufer entdeckt Gudrun ein Tier, das fast so groß wie eine Kuh ist, aber aussieht wie ein Lama mit zotteligen, langen weißen Haaren. Es badet gerade. Wir wissen bis heute nicht, was für eine Art Tier das war.

Juigné-sur-Loire: Seitenarm der Loire

Da wir schon wieder nach *Loire*-Schlössern „dürsten", geht es gleich nach dem Frühstück schon zu dem nächsten, nach BRISSAC-QUINCÉ über D751 nach 600 m links in rte. du Plessis, nach 2,3 km links in D748, 8 km den Wegweisern zum Schloss folgen. Man erreicht es auch über die sudöstliche D751 und D130/D55. Der Besucherparkplatz des Schlosses in der *rue de l'Aubance* eignet sich gut als Stellplatz.

Château de Brissac

Château de Brissac

Geöffnet: Apr-Okt Mi-Mo 10.00-12.15/14.00-18.00 Uhr; 07/08 durchg., 11-03 auf Anmeldung; *Führung: 10,00/8,50/4,50 €, Park: 5,00 €*
Das mit 48 m und sechs Etagen unverhältnismäßig **hohe Gebäude** im Gotik- und Renaissance-Stil ist mehr als ungewöhnlich. Die beiden Rundtürme mit Pechnasen sind noch von der alten Burg (1455) erhalten, erbaut von ***Pierre de Brézé***, Minister Karls VII.. Nachfolger war *1502* ***René de Cossée***, dessen Enkel *Charles* das Schloss Anfang des 17. Jh. herzoglich prachtvoll umbaute und ausstattete, aber nie vollendete, weil er darüber von dannen schied. Seine Familie ist noch heute Eigner und Bewohner dieses etwas merkwürdigen Gebäudes. Im Inneren sind viele von den über 200 Räumen mit kostbarer Ausstattung anzuschauen. Da zum Château auch Weinberge gehören, kann man im Keller den hauseigenen Wein *Anjou Village* gratis degustieren. In dem großen Park sind Schatten spendende, **alte Zedern** zu bewundern. In der geheiligten Mittagspause ist eine Besichtigung absolut nicht möglich, denn man legt sehr großen Wert auf Einhaltung der Besuchszeiten.

(063) WOMO-Stellplatz: Brissac-Quincé

GPS: N47° 21' 17.4" W0° 26' 45.4" rue dc l'Aubance **max. WOMOs:** 10
Ausstattung/Lage: Mülleimer, V/E, Tische und Bänke; Aufenthalt max. 48 Stunden; 4 € pro Nacht / Ortsmitte
Zufahrt: s. Text oder A87 AS 22, D748, 2. Stadtzufahrt, rue du 14 Juillet, nach 220 m links in rue du Cormier, nach 500 m links, Wegweiser „Château“ (P)

Die schöne Stadt ANGERS sparen wir uns für die Rückreise auf und finden über D748, A87 und D751 zur *Loire* zurück. In ROCHEFORT-SUR-LOIRE könnte man auf der D106 einen kleinen **Abstecher** zur Flussinsel ***Béhuard*** machen, wo die **Wallfahrtskirche *Notre-Dame*** aus dem 5. bzw. 15. Jh. zu bewundern ist. König Ludwig XI. hat sie wegen eines Schwurs bauen lassen, nachdem er aus Seenot gerettet war. Auf dem rechten, also gegenüber liegenden *Loire*-Ufer verläuft ein traumhaft schöner **Fahrradweg**, der schon an der *Maine*-Mündung in BOUCHEMAINE beginnt und bis MONTJEAN reicht.

Am Südufer der *Loire* erwartet uns eine attraktive Landschaft, die ***Corniche Angevine***, 4 km Steilküstenstraße D751. Von vielen **Aussichtspunkten** können wir die grandiose Flusslandschaft mit ihren vielen verästelten Wasserläufen und Inseln genießen. Ein Punkt liegt kurz vor der Ortseinfahrt von LA HAIE-LONGUE am **Fliegerdenkmal**, bzw. an der Marienkapelle. Nächste Station ist CHALONNES-SUR-LOIRE, ein hübsches Städtchen mit Bootshafen.

Corniche Angevine

Eine **fantastische Aussicht** haben wir wieder im Nachbarort MONTJEAN-SUR-LOIRE vom Parkplatz **„Panorama“** an der Kirche, die hoch über dem Strom auf einem Felssporn erbaut wurde. Mit einem Campingbus könnte man auch hier stehen bleiben. Zufahrt für WOMOs über 6 m ist nicht möglich! Aber für größere Fahrzeuge haben wir ganz in der Nähe einen Platz.

Montjean-sur-Loire: Panorama

(064) WOMO-Stellplatz: Montjean-sur-Loire

GPS: N47° 23' 18.8" W0° 51' 32.0" pl. Jeanne d'Arc **max. WOMOs:** 3
Ausstattung/Lage: Mülleimer, Superpanorama / Ortsmitte
Zufahrt: s. Text oder A11 AS 19 D15, D723, D15, im Ort Wegweiser "Panorama" folgen. Enge Auffahrt, max. 3,5 t!
Ersatz für größere Womos: Parkplatz am Wasserturm (weithin sichtbar), rue de la Chapelle. **(064.1) GPS:** N47° 23' 12.4" W0° 51' 18.2"

Unten im Ort wurde vor kurzem ein neuer Parkplatz gegenüber dem O. T. eingerichtet, eine große asphaltierte, trostlose Fläche! Weitere Attraktion des Ortes ist das Freilichtmuseum.
Diesmal weichen wir ab von der D751 und gondeln auf der wildromantischen Deichstraße D210 (nur bis 6 m) nach ST-FLORENT-LE-VIEIL. Das heimelige Städtchen mit der großen **Abteikirche** (Anf. 18. Jh.) ist auch sehenswert, allein schon wegen des großen Stellplatzes am Friedhof.

(064.2) WOMO-Stellplatz: St-Florent-le-Vieil

GPS: N47° 21' 46.3" W1° 01' 22.6" Les Coteaux **max. WOMOs:** 5
Ausstattung/Lage: Wasser, WC, Mülleimer, Freibad und Restaurant nahbei / im Ort
Zufahrt: von der Ortsmitte (D751) ca. 950 m bergauf Richtung Loire, Wegweiser „Cimetière" folgen

Ganz in der Nähe erwartet uns eine relativ unbekannte Schlosskapelle, sie soll ein wahres Schatzkästchen sein.
An der D751 taucht kurz hinter LE MARILLAIS links ein verwittertes Tor auf. Es lädt auf einem leicht zu übersehenden Hinweisschild zum Besuch von ***Château*** und ***Chapelle de la Bourgonnière*** ein, wo wir gerne einen Blick hin-

Chapelle de la Bourgonnière

Das Innere der Kapelle

einwerfen möchten. Diese Kapelle aus dem 16. Jh. – abseits

der Touristenwege – birgt unermessliche Kunstschätze. Wir erhalten von der freundlichen Schlossherrin vertrauensvoll den Schlüssel und können uns in Ruhe das kleine Gotteshaus anschauen. Mittelpunkt ist ein wunderschöner, von italienischen Künstlern geschaffener Altaraufsatz, der von kostbaren Gemälden und Statuen flankiert wird. In der Nebensaison wird man eingelassen, wenn denn jemand im Haus ist.

Geöffnet: nur im Sommer 10 – 12 und 14 – 18 Uhr; Eintritt: ca. 3,00 €

Unser Womo dürstet nach Ent- und Versorgung, so kommt uns 7 km weiter das Dorf **LIRÉ** gerade recht. Ein mustergültig eingerichteter Wohnmobilstellplatz erwartet uns an der *rue de Turmelière* am südlichen Dorfrand. Die kleine Gemeinde hat eine alte Burg, ein Schloss und die Kirche Notre-Dame (1822).

(065) WOMO-Picknickplatz: Liré

GPS: N47° 20' 29.2" W1° 10' 3.3" rue de Turmelière **max. WOMOs:** 5
Ausstattung/Lage: Mülleimer, Tische, Bänke, Frischwasser, V/E, Strom, WC, Park, Supermarkt / Ortsrand
Zufahrt: s. Text oder A11 AS 20, D923 Ancenis, auf D763 Loire queren, im Ort ausgeschildert

Es ist erst Mittag, also satteln wir wieder die 115 Pferde und kutschieren die letzten 9 km dieser Tour auf der D751 nach CHAMPTOCEAUX. An einer idealen Panoramastelle mit Schwimmbad haben die netten Stadtväter einen einwandfreien und ruhigen WOMO-Stellplatz gebaut!

(066) WOMO-Stellplatz: Champtoceaux I

GPS: N47° 20' 18.1" W1° 15' 56.0" place de Niederheimbach
max. WOMOs: 10
Ausstattung/Lage: Mülleimer, WC, V/E, Frischwasser, Strom gebührenpflichtig (3,00 €/24 Std.; 5,00 €/ 48 Std. - Jetons gibt's im Hotel Le Champalud oder O.T.), Restaurants; Aufenthalt max. 48 Std. / im Ort
Zufahrt: s. Text oder A11 AS 20, D923 Ancenis, auf D763 Loire queren, rechts auf D 751, nach 8,2 km geradeaus bergauf in den Ort fahren; WW „WOMO" und „Piscine".

Bevor wir uns häuslich niederlassen, fahren wir noch hinunter ans Wasser, ***Port de Moulin***. Hier steht am Rande eines

(067) WOMO-Picknickplatz: Champtoceaux II

GPS: N47° 20' 20.9" W1° 16' 27.0" Port de Moulin **max. WOMOs:** 5
Ausstattung/Lage: Mülleimer, WC, Frischwasser (nur mit Gefäß!), Restaurant / Ortsrand
Zufahrt: s. Text oder wie (066) , aber nach 8,2 km rechts dem Verlauf D751 folgen (also nicht den Berg hinauf!), nach 1050 m rechts ab zur Loire bzw. zum Parkplatz

großen Parkplatzes die Ruine einer mittelalterlichen Mautstelle für die *Loire*-Schifffahrt, gegenüber einem Gasthof mit Terrasse. Das allerschönste kommt aber noch: Im Hintergrund des Gasthofes wurde erst kürzlich ein neuer Picknickplatz eingerichtet. Seit kurzem ist dieser aber nicht mehr befahrbar, dafür ist gegenüber genug Platz.

Champtoceaux: Bootsanleger

Der Bootsanleger wird auch schon in der Nebensaison stark genutzt. Wir beobachten mit großem Vergnügen, wie eine Schulklasse mit vielen Kindern das Ausflugsboot entert. Hinter dem großen Platz kann man zwischen alten Brückenpfeilern am Wasser ein wenig herumklettern und erhält eine interessante Fotoposition.

Angesichts des einladenden Gasthofes hat Gudrun die Womo-Küche heute für geschlossen erklärt. Nachdem wir uns es hier zusammen mit anderen Reisemobilbesatzungen gemütlich gemacht haben, studiere ich schon einmal den Kartenaushang des Restaurants *„Port de Moulin"* und will beim Wirt gleich einen Tisch bestellen.

Denkste! Es gibt nur tagsüber Essen, was damit zusammenhängt, dass hier regelmäßig Ausflugsboote mit Touristen anlegen, die abends wieder weg sind.

Nicht mit Geld und guten Worten ist Gudrun dazu zu bewegen, ein Abendmenü zu zaubern. Restaurantessen ist nun mal angesagt! Basta. Also kurven wir den Berg wieder hinauf, erwischen gerade noch die letzte Parzelle und machen uns für

Champtoceaux: Schulklasse am Bootsanleger

Hier ist die Loire besonders wildromantisch!

das Restaurant landfein. Vorher genießen wir gleich hinter dem Stellplatz aber noch das herrliche Panorama auf der ***Promenade du Champalud***, die wie ein Balkon am Felsen klebt. Ein berauschendes Bild: Im goldglitzernden Wasser der untergehenden Sonne liegen die *Loire*-Inseln *l'Ile Neuve* und *Ile Coton*. Ein kleiner Spaziergang durch die Ruinen der alten Festung hat uns den richtigen Hunger beschert, der dann im distinguierten Hotel *„Le Champalud"* kulinarisch hochwertig, aber nicht teuer, gestillt wird. Den obligatorischen Absacker nehmen wir später gemütlich im Womo ein und haben eine ruhige Nacht.

Champtoceaux: Abendstimmung an der Loire

KARTE TOUR 7
20 km
Océan Atlantique
St-Nazaire
La Baule
Côte d'Amour
Pte du Croisic
Palmbœuf
St-Viaud
St-Brevin
St-Pere-en-Retz
Pornic
Pointe de St-Gildas
Baie de Bourgneuf
Ile de Noirmoutier
Bourgneuf-en-Retz
St-Hilaire-de-Chaléons
Machecoul
Challans
Notre-Dame-de-Monts
Nantes
Lac de Grand Lieu
Passay
St-Philbert
Les Sorinières
Le Cellier
Champtoceaux
Loire
Maine
Sèvre Nantaise
066
067
068
069
069.1
069.2
069.3
070.1
071
072
073
073.1
073.2
073.3
074
075
076.1
076.2
077
077.2
077.3
078
078.1
079.1
WC
E

TOUR 7 (ca. 228 km / 3 – 5 Tage)

Nantes – Lac de Grand-Lieu – St-Philbert – Bourgneuf-en-Retz – St-Hilaire-de-Chaléons – St-Viaud – Paimbœuf – St-Brevin – St-Nazaire

Freie Übernachtung:	Le Cellier, Nantes, Passay, St-Philbert, Bourgneuf-en-Retz, St-Hilaire-de-Chaléons, St-Viaud, Paimbœuf, St-Brevin, St-Nazaire
Campingplätze:	Nantes, Paimbœuf
Ver-/Entsorgung:	Le Cellier, St-Philbert, Bourgneuf-en-Retz, St-Hilaire-de-Chaléons, St-Viaud, Paimbœuf
Baden:	St-Viaud, St-Brevin (600 m)
Besichtigen:	Nantes, St-Nazaire
Wandern:	Passay, Bourgneuf-en-Retz
Essen:	Nantes, Passay

Schräg gegenüber von CHAMPTOCEAUX liegt das verschlafene Nest LE CELLIER, was kaum erwähnenswert wäre, hätte es nicht einen kleinen Stellplatz mit Ver- und Entsorgung. Finden Sie in CHAMPTOCEAUX keinen Platz mehr, so wäre es ratsam, auf D751C die *Loire* zu queren und auf D723/D 68 über LE CELLIER zum nächsten Fernziel NANTES zu fahren.

(068) WOMO-Stellplatz: Le Cellier

GPS: N47° 19' 11.5" W1° 20' 52.9" rue de Bel-Air **max. WOMOs:** 2

Ausstattung/Lage: Mülleimer, WC (an der Kirche), Frischwasser, Bodeneinlass / Ortsmitte - Fz. bis 6 m
Zufahrt: s. Text oder A11 AS 20 D923 Richtung Ancenis, nach 1 km rechts auf D464/D723, nach 15 km links ab auf D68 nach Le Cellier, ab Ortsmitte beschildert
Platz macht ungepflegten Eindruck

Wir aber bleiben auf der idyllischen *Loire*-Uferstraße D751. Nach 22 km, kurz hinter BOIRE COURANT, erreichen wir die Großstadtgrenze von **NANTES** (280.000 Einwohner) und landen bei AS 44 auf der Ringautobahn *(Périphérique)* N844. Wir verlassen sie bei einer der folgenden Ausfahrten, die zum Stadtzentrum („Centre“, *„Château“* oder *„Cathédrale“*) weisen.

Nantes: Château des Ducs de Bretagne

Château des Ducs de Bretagne

Geöffnet: di-so 10.30-18 h; 18.6.-31.8. tgl.10-19 Uhr; Hof 8.30 - 19/20 Uhr
Eintritt: 8,00/5,00/0 €, mit Führung 12,00/7,50/4,00 €
Die fünfeckige Burganlage (12. Jh.) mit den sieben Türmen war seit dem 13. Jh. Stammsitz der **Herzöge der Bretagne**. Das im Innenhof liegende Schloss hat Herzog Franz II. 1466 zu bauen begonnen, was die Nachfahren immer mehr vergrößerten und ausbauten. **1532** vereinigten sich hier per Edikt durch König Franz I. die Bretagne mit dem französischen Königreich, nachdem ***Anne de Bretagne*** vertragsgemäß zwei Monarchen hintereinander heiraten musste. 66 Jahre später wurde im Schloss wieder Geschichte geschrieben: **1598** setzte **Heinrich IV.** mit dem **Edikt von Nantes** den blutigen Religionskriegen (Katholiken contra Protestanten) ein vorläufiges Ende. Während der französischen Revolution (1789 - 1795) machte Nantes auf unvorstellbar grausame Weise von sich reden: Hier wurden auf Betreiben des Konventabgeordneten ***Jean-Babtiste Carrier*** mehr als 10.000 **Royalisten hingerichtet**, entweder auf der Guillotine geköpft oder in der Loire ertränkt. Letzteres geschah auf eigens für diesen Zweck umgebauten Schiffen. *Carrier* selbst wurde später für diese Gräueltaten zum Tode durch das Fallbeil verurteilt.

Wir überqueren die *Ile de Nantes* und die *Loire* auf den Brücken *Georges Clemenceau* und *A. Briand*, und wenn wir alles richtig gemacht haben, landen wir vor dem ***Château des Ducs de Bretagne*** auf einer quirligen Kreuzung. Wir lenken, leicht rechts versetzt, geradeaus und können auf dem *place de la Duchesse Anne* in den gebührenpflichtigen, schattigen Parkplatz einfahren, dessen beschrankte Zu- und Ausfahrt nur für Campingbusse geeignet ist. Größere Womos sollten direkt zu dem großen *Parkplatz Cours St-Pierre* fahren - siehe Stellplatz (069). Unweit vom Schloss bietet sich die ***Cathédrale St-Pierre et St-Paul*** zum Besuch an. Der Fußweg zum Schloss auf dem *Cours St-Pierre* beträgt gerade mal 500 Meter.

Cathédrale St-Pierre et St-Paul

Das Meisterwerk der spätgotischen Baukunst wurde zwar 1434 begonnen, aber erst am ersten Weihnachtstag 1891 von Bischof *Lecoq* eingeweiht. 1972 zerstörte ein verheerendes Feuer große Teile des Innenraums, wovon heute noch deutliche Spuren an den Säulen zeugen. Erst 1985 fand die erneute Weihe dieses gigantischen Gotteshauses statt, dessen Türme 60 m in den Himmel ragen. Das Hauptschiff ist innen 103 m lang, 38,5 m breit und mit 37,5 m exorbitant hoch, was nur durch die Verwendung weißen Kalksteins möglich war. Das **Grabmal von Bretonenherzog Franz II.** (1435 - 1488) und seinen Frauen *Marguerite de Foix* und *Marguerite de Bretagne* ist die größte Attraktion im südlichen Querschiff. Tochter ***Anne de Bretagne*** beauftragte den Bildhauer

Michel Colombe, dieses „Meisterwerk der katholischen Kunst in Frankreich" von 1502 bis 1507 aus italienischem und belgischem Marmor zu schaffen. Vier große Statuen, die die Tugenden Klugheit, Mäßigkeit, Stärke und Gerechtigkeit darstellen, sowie weitere 28 kleinere Figuren schmücken das pompöse Grabmal. Direkt darüber befindet sich das größte und höchste Glasfenster Frankreichs. Am Ende des Hauptschiffs dröhnt eine der gewaltigsten Orgeln der Nation mit über 6000 Pfeifen und 74 Registern. Auf dem Rundgang liegen noch zahlreiche mit Statuen und Gemälden reich ausgestattete Kapellen. In einer der Krypten bestaunen wir den prächtigen Kirchenschatz.

Die Parksituation in Nantes-City hat sich wie folgt verändert:
1. *Parking La Petite Hollande, bd. des Nations Unies*
2. *Parking place Viarme*
3. Parkplätze am *quai President Wilson*
4. *Camping-Car Park Nantes*

WOMO-Park- und Stellplätze: Nantes und Umgebung

(069) Parking La Petite Hollande
GPS: N47° 12' 39.3" W1° 33' 36.3"
bd. des Nations Unies **max. WOMOs:** 20
Ausstattung/Lage: keine, nur sonntags gratis, 15 m zur Burg / Ortsmitte
Zufahrt: N844 (Peripherique) AS 39 Bd. L.King, 2,5 km geradeaus, im Kreisel 1. Ausf., dann 2. Str. li.rue P. Bellamy, am Ende re.ab, noch 1 km

(069.1) Parking place Viarme
GPS: N47° 13' 15.4" W1° 33' 46.5" place Viarme **max. WOMOs:** 20
Ausstattung/Lage: keine, nur sonntags gratis, max. 3 Std. / Ortsmitte
Zufahrt: N844 (Peripherique) AS 39 Bd. Luther King, 2,5 km geradeaus, im Kreisel 1. Ausf., nach 1 km im Kreisel 1. Ausf., im 2. Kreisel 2. Ausf., nächst. Kreisel 3. Ausf., nächster Kreisel 4. Ausf., 1000 m geradeaus

(069.2) Quai President Wilson
GPS: N47° 11' 59.0" W1° 33' 50.3" rue Senégal **max. WOMOs:** 10
Ausstattung/Lage: keine, gratis / Stadtrand (Industriegebiet)
Zufahrt: N844 (Peripherique) AS 52a, D723 stadteinwärts, nach 3,9 km links, hinter der Brücke links ab, PP auf der linken Seite

(070.1) Camping-Car Park Nantes
GPS: N47° 14' 35.0" W1° 33' 27.0"
Bld. Petit Port 21 **max. WOMOs:** 15
Ausstattung/Lage: keine, gebührenplichtig (2016: 12 €/N), V/E vor dem Campingplatz, www.campingcarpark.com / Stadtrand
Zufahrt: wie Campingplatz (070)
Achtung: Kompliziertes Einfahrtsystem mit Kreditkarte!

(069.3) Les Sorinières
GPS: N47° 08' 54.4" W1° 31' 19.1"
rue des Papillons **max. WOMOs:** 6
Ausstattung/Lage: V/E gratis / außerhalb (13 km südlich vom Zentrum)
Zufahrt: N844 (Peripherique) AS 49, D137 nach 2,4 km links in D76 = rue des Papillons

(070) WOMO-Campingplatz-Tipp: Du Petit Port

GPS: N47° 14' 36,0" W1° 33' 23.0" bld. du Petit Port **Offen:** ganzjährig
Ausstattung/Lage: PK 3, Viersterneplatz, Laden, Restaurant, Hallenbad, V/E gratis; Fon 0240 744794; nantes-camping.fr; erreichbar mit Straßenbahnlinie 2 und Buslinien 51 und 25, deshalb ideal für Besichtigungstouren / Stadtrand
Zufahrt: ab Stadtmitte beschildert.
Ein sehr angenehmer, wenn auch nicht ganz billiger Platz, aber uns hat er gefallen.

Was gibt es in NANTES noch zu sehen?
Unweit der Kathedrale stellt das ***Musée des Beaux-Arts*** (Museum der Schönen Künste), *rue Clemenceau,* einige Tausend Werke von bedeutenden Künstlern (13. - 20. Jh.) aus. Hiervon erholen kann man sich bei einem Spaziergang durch den benachbarten Botanischen Garten (***Jardin des Plantes***). Verpassen sollten Sie nicht die zahlreichen **Einkaufspassagen**, von denen die schönste die ***Passage Pommeraye*** ist. Sie liegen alle in der Nähe des *place du Commerce* und des ***place Graslin***, wo man gegenüber dem wuchtigen Opernhaus von 1788 in der *„Brasserie La Cigale“* im Freien – oder auch drinnen – hervorragend speisen kann (Dreigangmenü ab 17,50 €). *Jean-Louis Trintignant* – Exehemann von *Brigitte Bardot* – hat einmal gesagt, sie sei die „schönste *Belle-Epoque-Brasserie* der Welt“.

Nantes: Passage Pommeraye

Place du Pilori (Altstadt Nantes)

Auf der ***Erdre,*** einem in NANTES in die *Loire* mündenden Nebenfluss, verkehren die ***„Bateaux Nantais“*** (komfortable Ausflugsboote oder kleine Kreufahrtschiffe), mit denen man ständig ab dem ***Quai de la Motte Rouge*** (nahe der *Ile de Versailles*) ab 10 € einfache Flussfahrten oder 60 – 100 € romantische Abendausflüge mit Dinner unternehmen kann.

Nun haben wir wieder einmal genug von der Großstadt! Da kommt uns das **Naturschutzgebiet *Grand Lieu*** im Süden gerade recht. Wir müssen nur auf die *Périphérique* (N844) kommen und an der Ausfahrt 48 auf die A83 wechseln, die wir schon nach 4 - 5 km verlassen mit der Wegweisung „ST-PHILIBERT“ (D178). 3 km weiter wieder rechts auf D11, so dass wir auf der D65 landen. In LA CHEVROLIÈRE geht es rechts auf das Sträßchen D62 nach PASSAY, wo wir bis zum Hafen (PORT-PASSAY) durchfahren und am Ende der Straße am ***Lac Grand-Lieu*** einen großen Parkplatz vorfinden.

Lac de Grand-Lieu

(071) WOMO-Wanderparkplatz: Lac de Grand-Lieu

GPS: N47° 5' 49.6" W1° 38' 17.8"
Port-Passay **max. WOMOs:** 4
Ausstattung/Lage: Mülleimer, Trimm- und Spielgeräte, Tische/Bänke, Wandertafeln (z.Z. von Vandalen zerstört) / Ortsrand
Zufahrt: s. Text

Nach einer ausgiebigen Wanderung um den paradiesisch anmutenden ***Lac de Grand-Lieu*** herum, wo wir viele in freier Wildbahn lebende Vögel wie Fischreiher und verschiedene Entenarten beobachten können, kehren wir im *„Restaurant des Pêcheurs“* ein und lassen uns für kleines Geld ein exzellentes Viergangmenü – mit Fischen aus dem See natürlich – schmecken. Bis in den späten Abend zelebriert eine Wandergruppe auf dem Rasen ein feuchtfröhliches Picknick, aber dann tritt am Ufer des großen Sees idyllische Ruhe ein und die Nacht kann kommen.

In Verfolg der D65 nach Süden wollen wir uns am nächsten Morgen den von der Gemeinde ST-PHILBERT eingerichteten Stellplatz anschauen. Es ist ein schöner Sonntagvormittag im Juni,

(072) WOMO-Picknickplatz: St-Philbert-de-Grand-Lieu

GPS: N47° 2' 42.4" W1° 38' 31.9" chemin de la Plage (Base de Loisirs) **max. WOMOs:** 5
Ausstattung/Lage: Müllcontainer, Frischwasser, Bodeneinlass, Tische, Bänke; max. 48 Std. / Ortsmitte
Zufahrt: s. Text oder A83 AS 1, D178, 1. Stadtzufahrt D65, D 117, D 65, nach 400 m rechts ab; WW "Base de Loisirs"

St-Philbert-de-Grand-Lieu: La Boulogne

und der lang gezogene Platz, eher ein Weg, ist vollgeparkt, hauptsächlich von PKW. Die Ursache für diese ungewöhnliche Situation: Nebenan läuft auf einem großen Gelände ein Volksfest mit Fahrgeschäften und Bierzelten. Also nichts wie weiter. Vorher spazieren wir noch am Ende des Stellplatzes durch den idyllischen **Park mit See**.

Auf der gut ausgebauten D117 durchqueren wir nach Westen ein flaches Polderland. Die Bevölkerung scheint hier mit Ackerbau und Viehzucht die einzige Verdienstmöglichkeit zu haben. Vor MACHECOUL wechseln wir an einem lustig dekorierten Kreisverkehr nach rechts auf die D13 in Richtung BOURGNEUF-EN-RETZ. Die kleine Gemeinde ist in touristischer Hinsicht sehr rührig und hat am O.T. einen recht brauchbaren Stellplatz eingerichtet.

(073) WOMO-Picknickplatz: Bourgneuf-en-Retz

GPS: N47° 2' 28.2" W1° 57' 22.8" route de Bouin, am O.T.
max. WOMOs: 10
Ausstattung/Lage: Müllcontainer, Frischwasser, V/E, WC, Tische, Bänke, Restaurants / Ortsrand
Zufahrt: von Nantes D751, in Port-St.-Pere links auf D758, 19 km, im Ort beschildert.

Vier verschiedene Wander- und Radwege durch das ***Marais*** (6, 10, 14 und 24 km) (Moor) werden angeboten. Die netten Damen im O.T. überreichen uns kostenlos die Karten dafür.

Nôtre-Dame-de-Monts: endloser Sandstrand

Wenn Sie jetzt Lust auf Sandstrand am Atlantik haben, so müssen Sie nicht weit fahren. In NÔTRE-DAME-DE-MONTS – 31 km südwestlich – gibt es einen schönen Badeplatz , wenige Minuten Fußweg zum Meer:

(073.1) WOMO-Badeplatz: Nôtre-Dame-de-Monts I

GPS: N46° 50' 05.8" W2° 8' 32.8" rue la Clairière **max. WOMOs:** 30
Ausstattung/Lage: Müllcontainer, V/E, Sonnenschutz für niedrige Womos, Gebühr von 20 - 8 Uhr (2016) 5,00 € / im Ort
Zufahrt: vom Kreisel D38/D82 meerwärts auf rue G. Cesbron, nach 650 m rechts auf av. A. Thibaud, nach 350 m links - beschildert

In der Ortsmitte gibt es einen weiteren Stellplatz:

(073.3) WOMO-Stellplatz: Nôtre-Dame-de-Monts II

GPS: N46° 49' 52.1" W2° 07' 47.3" rue de la Barre de Monts **max. WOMOs:** 20
Ausstattung/Lage: Müllcontainer, WC, V/E, Läden und Restaurants, Boule-Bahn, Gebühr von 20 - 8 Uhr (2016) 5,00 € / im Ort
Zufahrt: vom Kreisel D38/D82 nur 150 m nach Süden

Dieser Platz ist 1,7 km vom Strand entfernt, dafür gibt es hier eine bessere Infrastruktur: Geschäfte, Restaurants, Kneipen, das Tourismusbüro und die Kirche *Notre Dame de l'Ascension*.

Sollten im Sommer die Stellplätze überfüllt sein, so können Sie in das 24 km östlich liegende CHALLANS ausweichen:

(073.2) WOMO-Stellplatz: Challans

GPS: N46° 51' 1.4" W1° 52' 29.2"
Bld. Viaud Grand Marais
max. WOMOs: 20
Ausstattung/Lage: Müllcontainer, WC, V/E gratis, am Park / im Ort
Zufahrt: von Nôtre-Dame-de-Monts nach Osten auf der D82, D59, D753 und D205 (23,4 km). im Ort ist der Platz ausgeschildert.

Auf der ÎLE DE NOIRMOUTIER finden Sie mehrere Badeplätze, ebenso in PORNIC, 15 km nordwestlich. (siehe Band 26 „Mit dem Wohnmobil an die französische Atlantikküste - Teil 1). Aber wir bringen Sie auf der nächsten Tour auch zu einem Bad in den Atlantikwellen! Vorher durchqueren wir jedoch die ***Pays de Retz*** in nördlicher Richtung. ST-HILAIRE-DE-CHALÉONS, ein hübsches Städtchen im Nordosten, erreichen wir nach 10 km über D758 und D 80 . Auch hier gibt es einen V/E-Stellplatz in einem kleinen, erholsamen Parkgelände.

(074) WOMO-Picknickplatz: St-Hilaire-de-Chaléons

GPS: N47° 6' 14.8" W1° 52' 1.8"
rue Eloy Guitteny **max.WOMOs:** 4
Ausstattung/Lage: Müllcontainer, Frischwasser, V/E, WC (100 m), Tische, Bänke / im Ort
Zufahrt: s. Text oder von Nantes A11/N844 AS 52 auf D723, nach 6 km auf 751, nach 9 km auf D758, hinter Ste-Pazanne rechts auf D61, am Parc Eloy Guitteny

Unser nächstes Ziel soll PAIMBŒF an der breiten *Loire* sein. Wir könnten zwar die umwegigen Hauptstraßen nehmen, wollen aber gemütlich „über Land gondeln“: D61/D751/D5/D86. Wir sind durch den Ort **ST-VIAUD** schon fast durch, als wir ein Schild mit dem WOMO-Piktogramm sehen. Also folgen wir diesem und finden ein schönes Fleckchen Erde vor. Das war 2011! Leider hat sich dieses idyllische Plätzchen seit damals stark verändert. Es wurde über den ganzen See eine **Wakeboard-Anlage** (Wasserski) über fünf Pylonen gespannt, auf der Jedermann diesem Sport ab 22 € pro Stunde nachgehen kann. Der WOMO-Stellplatz liegt jetzt auf einer Wiese.

St-Viaud: Badesee und Wakeboard-Anlage

(075) WOMO-Badeplatz: St-Viaud

GPS: N47° 15' 33.8" W2° 1' 2.6" rue du Parc des Sports **max. WOMOs:** 15

Ausstattung/Lage: Freibad (eingeschränkt nutzbar, lt. Plakat bei Bewachung von 13.30 - 18.30 Uhr), Restaurant („Brasserie du Lac") / Ortsrand - Die alte V/E-Anlage ist noch vorhanden, aber durch einen Zaun versperrt.
Zufahrt: s. Text oder von St. Nazaire Loire auf D 213 queren, 1. Abf. auf D277/D77 Richtung Paimbœf, dort 1 km hinter OA rechts ab auf D86. In St-Viaud Wegweiser „Accueil Base de Loisirs"

Der See war längere Zeit für den Badebetrieb geschlossen, weil die Wakeboarder wohl Vorrang hatten. Wir nehmen an, dass aufgrund von Anwohner-Protesten das zeitlich eingeschränkte Baden erlaubt wurde. Ob Duschen und WC noch nutzbar sind, war nicht zu ermitteln.
Unser gestriges, ursprüngliches Etappenziel **PAIMBŒF** erreichen wir nach 5 km auf D86 und D723. Dieser Stellplatz ist international bekannt, aber seit kurzem praktisch verschwunden, weil an dieser Stelle eine Art Strandpromenade gebaut wurde. Das O.T. kündigte einen neuen Stellplatz an, der sich aber letztlich als Teil des örtlichen Campingplatzes „L'Estuaire" entpuppte. Etwas Neues muss her!
Die Erforschung der Kleinstadt ergab, dass man sehr wohl noch gratis stehen kann: Zum einen auf dem Super-U-Parkplatz und zum anderen vor einem abgewrackten Vergnügungspark.

Paimbœf: Le Jardin Étoile

WOMO-Stellplätze: Paimbœf

(076.2) Super-U-Parkplatz
GPS: N47° 17' 2.1" W2° 0' 58.8" rue Ferréol Prezelin **max. WOMOs:** 10
Ausstattung/Lage: Mülleimer, Einkaufszentrum, max. 3,5 t / Ortsrand
Zufahrt: von St-Viaud über D86 und D723 (4,1 km)

(076.1) Le Jardin Étoile
GPS: N47° 17' 10.0" W2° 1' 3.4" Quai Edmont Libert
max. WOMOs: 8
Ausstattung/Lage: Kletterbauten, schöne Loire-Aussicht / Ortsrand
Zufahrt: von (076.2) 270 m weiter auf D723

(076) WOMO-Campingplatz-Tipp: L' Estuaire

GPS: N47° 17' 20.2 W2° 2' 23.7" chem.de l'Estuaire **Offen:** Apr-Okt
Ausstattung/Lage: PK 1 (niedriger Pauschalpreis für Womos), schattig, Imbiss, Baguette-Service, Pool, V/E, Fon 0240 278453; campinglestuaire.fr / Ortsrand
Zufahrt: von (076.1) 1,8 km weiter nach Westen auf der D723

Die Sonne brennt vom Himmel, ein kühles Bad im Meer wäre jetzt nicht schlecht. Also entschließen wir uns, bevor wir ST-NAZAIRE in Augenschein nehmen, einen Schlenker über das Seebad ST-BREVIN zu machen. Auf der D77 sind wir in wenigen Minuten in dem Badeort. Unser bisheriger Stellplatz (077) am Kap *„Le Pointeau"* wurde für Womos praktisch gesperrt, lediglich Fahrzeuge bis 2,10 m Höhe können passieren. Als Ersatz werden vom O.T. zwei Areale genannt:

WOMO-Stellplätze: St-Brevin-les-Pins

(077) Parkplatz am Strand
(GPS: N47° 13' 57.0" W2° 10' 45.0"
bld. de l'Océan
max. WOMOs: 20
Ausstattung/Lage: Nur für Campingbusse **unter 2,10 m Höhe** / im Ort
Zufahrt: von St-Nazaire Loire queren (D213), nach 13,9 km im Kreisel 1. Ausfahrt auf Bld. de l'Océan

(077.2) Le Débarcadère
GPS: N47° 16' 5.1" W2° 10' 4.8"
place Bougainville
max. WOMOs: 12
Ausstattung/Lage: Mülleimer, Restaurant, schöne Aussicht / Ortsrand
Zufahrt: ab St-Nazaire Loire queren (D213), 1. Abf. rechts und wieder rechts

(077.3)] Am Sportplatz
GPS: N47° 14' 31.0" W2° 09' 49.0"
av. des Sports
max. WOMOs: 10
Ausstattung/Lage: WC*, Wasser*, 600 m zum Strand / im Ort
Zufahrt: im Ort Wegweisern zum „Centre Sportive“ folgen
*) am Straßenende an einem Wäldchen, allerdings nicht immer sauber.

Die drei Adressen sind nicht besonders attraktiv und eignen sich bestenfalls für eine Ortsbesichtigung und eine Nacht, weshalb wir für einen richtigen Badeurlaub einen der Campingplätze empfehlen, zum Beispiel:

(077.1) WOMO-Campingplatz-Tipp: La Courance

GPS: N47° 14' 17.1 W2° 10' 13.1" av. Maréchal Foch **Offen:** ganzjährig
Ausstattung/Lage: PK2, schattig, Restaurant, Laden, Animation, V/E, Strandzugang, überdachter Pool; campinglacourance.fr; Fon 0240 272291; / im Ort
Zufahrt: von der Route Bleue (D213) am Schild „La Courance“ abfahren

Wir wollen nicht über Nacht bleiben, fahren deshalb die Strandstraße ein paar Hundert Meter nach Süden und stoßen auf einen großen Parkplatz, der allerdings nur für PKW zugelassen ist. Direkt daneben gibt es Parkstreifen mit wenig Platz für WOMOs. Eine Holztreppe führt hinunter zum Sandstrand.
Nach der erfrischenden Badepause fädeln wir uns wieder in die vierspurige D 213 in Richtung ST- NAZAIRE ein und sehen bald die über die *Loire* weit gespannte ***Pont-de-St-Nazaire*** vor uns.

Es ist ein Wunderwerk der Brückenbaukunst von 1975 mit einer Gesamtlänge 3,4 km, davon über Wasser 2,6 km, und einer Höhe von 65 m. Im Gegensatz zu früheren Zeiten ist heute die Überfahrt gratis. Die

St-Brevin-les-Pins: südlicher Strandzugang

Pont-de-St-Nazaire

Brücke endet im Nordosten von **ST-NAZAIRE.**
Da die heutige Industriestadt im Zweiten Weltkrieg fast völlig zerstört wurde, gibt es kaum Sehenswürdigkeiten. Interessant ist der gigantische **U-Boot-Bunker**, eine Hinterlassenschaft der deutschen Besatzungstruppen von 1941. Wir ordnen uns deshalb gleich in Richtung „*Ville-Port*“ ein, bis wir vor dem gewaltigen Betonklotz von 300 x 125 m stehen.

(078) WOMO-Stellplatz: Antilles

GPS: N47° 16' 32.1" W2° 12' 14.8"
rue de la Guyane **max. WOMOs:** 7
Ausstattung/Lage: gebührenpfl. Parkplatz, Zeitbegrenzung / Stadtrand
Zufahrt: von St-Brevin über die Loire-Brücke (D213), 1. Abfahrt, im Kreisel 4. Ausfahrt, nach 500 m links ab, 4 km auf Hauptstraße bleiben

(078.1) WOMO-Stellplatz: Le Thèâtre

GPS: N47° 16' 39.5" W2° 12' 12.7"
bld. Paul Leferme
max. WOMOs: 8
Ausstattung/Lage: einfacher Besucherparkplatz für das naheliegende Theater; Übernachtung nicht zu empfehlen / Stadtrand
Zufahrt: 300 m nördlich von (078)

St-Nazaire: auf dem Betondach des U-Boot-Bunkers

Einen besonders tollen Blick hat man von einer **Aussichtsplattform** auf dem Dach der Bunkeranlage. Es gibt zwei Möglichkeiten, hinaufzukommen: Entweder steigt man über die Fußgängerbrücke, die hinter dem Supermarkt beginnt, hinauf, oder man benutzt den Aufzug neben dem O.T.. Auf dem meterdicken Betondach ist in zwei breiten Nischen eine **Ausstellung** von Bildern und Texten über die gesamte Geschichte des Hafens und der Stadt arrangiert. Östlich des Hafenbeckens schaut man auf die überdachte U-Boot-Schleuse, in der man das 1950 gebaute Unterseeboot ***„Espadon“*** von

St-Nazaire: Unterseeboot

außen (gratis) und innen (8 - 10 €) 30 Minuten lang besichtigen kann. Eine zweistündige Führung durch die große Schiffswerft der Superlative (***Les Chantiers de l'Atlantique***) erleichtert Ihren Geldbeutel um ca. 12 €. Das Gleiche gilt für einen angeleiteten Gang durch das **Airbus-Werk**. Man kann alles im O.T. buchen. Das schöne Wetter drängt uns eher ans Wasser.
Wir fahren am Atlantikufer den *Bld. de Verdun* in westlicher Richtung entlang und finden unseren alten, wunderschönen Badeplatz – direkt am Meer – geschlossen vor. Hier hat die Stadt rundherum Holzpfähle als Barriere einschlagen lassen. Also Schluss mit lustig! Unmittelbar am Strand ist nichts zu finden! Eine lange Mole, auf der in regelmäßigen Abständen Angelgerätschaften fest montiert sind, führt in die Bucht hinaus. Von hier aus können wir tief in die *Loire*-Mündung schauen. Der Wasserqualität am Badestrand trauen wir nicht so recht, denn die Stadt lebt primär von der Industrie, und da sollen schon mal ungesunde Einleitungen erfolgen. Aber wir dürfen hier eh nicht halten! Wir suchen weiter und werden im Nordosten (1,2 km) bzw. im Westen (11,2 km) der Stadt fündig:

(079) WOMO-Stellplatz: St-Nazaire (Port de Méan)

GPS: N47° 17' 56.9" W2° 11' 0.8" bld de Apprentis **max. WOMOs:** 6
Ausstattung/Lage: Parkplatz; Geschäfte in der Nähe / Stadtrand
Zufahrt: D213, 1. Ausf. hinter der Pont de St-Nazaire, im Kreisel 5. Ausf., im nächsten Kreisel 1. Ausf. auf Bld de Apprentis, dann im Kreisel 1. Ausfahrt, nach 40 m rechts ab, nach 130 m rechts ab (= 1,2 km)
Alternative: **[079.1)** N47° 16' 40.2" W2° 15' 33.8"]Base Nautique Bois Joalland, rte. de Quelmer; **Zufahrt**: Loire-Brücke D213, nach 7,5 km auf D492 im Kreisel links ab, nach 500 m rechts ab, See halb umrunden.

St-Nazaire: Stadtstrand - für WOMOs unerreichbar

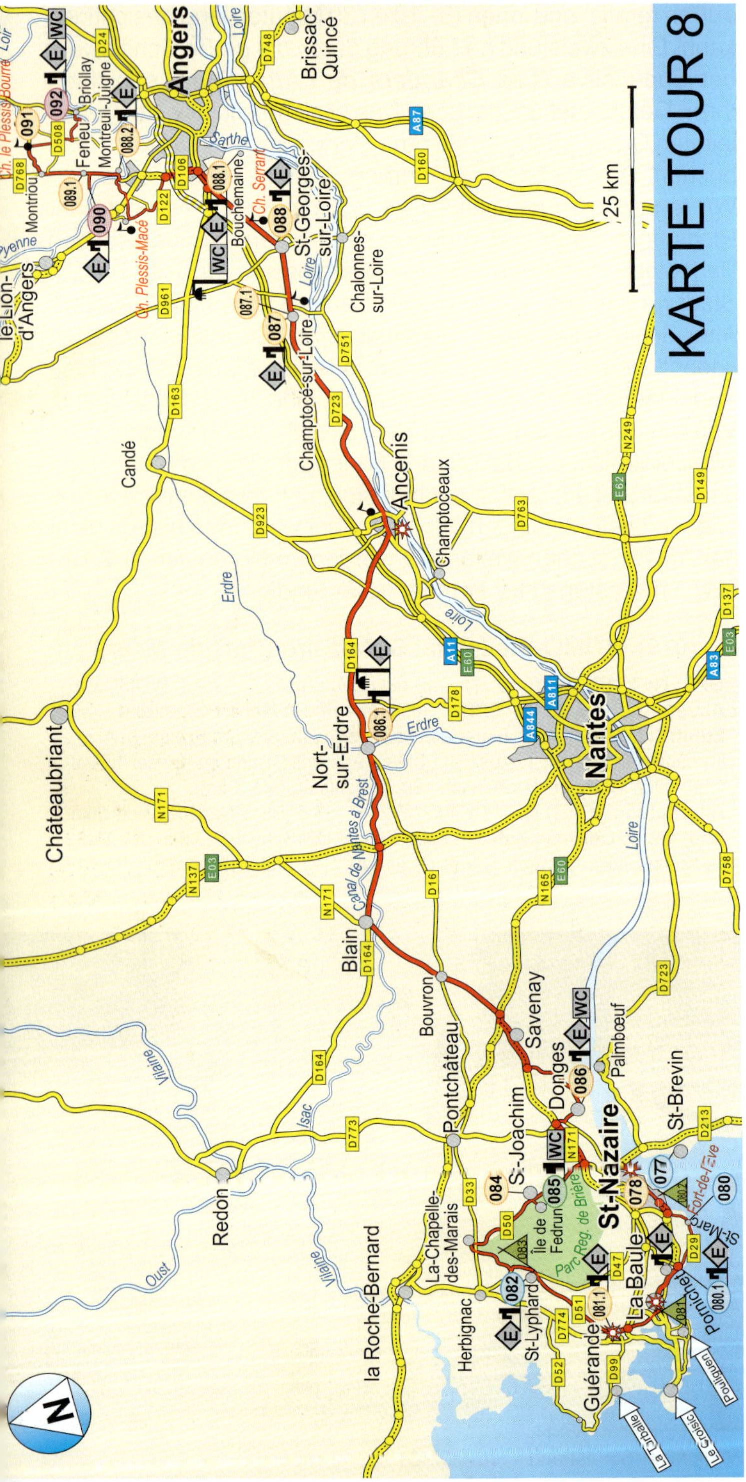
KARTE TOUR 8
25 km
Angers
Nantes
St-Nazaire
Le Lion-d'Angers
Montriou
Feneu
Briollay
Montreuil-Juigné
Bouchemaine
St-Georges-sur-Loire
Chalonnes-sur-Loire
Brissac-Quincé
Ch. le Plessis-Bourré
Ch. Plessis-Macé
Ch. Serrant
Champtocé-sur-Loire
Candé
Ancenis
Champtoceaux
Châteaubriant
Nort-sur-Erdre
Canal de Nantes à Brest
Blain
Bouvron
Savenay
Donges
Palmbœuf
St-Brevin
Redon
Pontchâteau
St-Joachim
La-Chapelle-des-Marais
Île de Fedrun
Parc Reg. de Brière
la Roche-Bernard
Herbignac
St-Lyphard
Guérande
La Baule
Pornichet
St-Marc
Fort-de-l'Ève
La Turballe
Le Croisic
Pouliguen
Loire
Erdre
Sarthe
Vilaine
Oust
Isac
Loir
Oudon
A11
A87
A811
A844
A83
E60
E62
E03
N249
N171
N137
N165
D164
D923
D963
D137
D149
D758
D723
D213
D751
D160
D748
D24
D508
D768
D106
D122
D961
D163
D178
D16
D773
D33
D50
D47
D51
D774
D52
D99
D29
091
092
088.2
089.1
090
088.1
088
087.1
087
086.1
086
085
084
083
082
081.1
081
080
080.1
080.2
078
077
WC
E

TOUR 8 (ca. 306 km / 4 – 6 Tage)

La Baule – St-Lyphard – Donges – Nort-sur-Erdre – Champtocé – St-Georges – Briollay

Freie Übernachtung:	Fort-de-l'Eve, Pornichet, St-Lyphard, St-Joachim, Île de Fedrun, Donges, Nort-sur-E., Champtocé, St-Georges, Feneu, Le Plessis-B., Briollay, Montreuil-Juigné, Bouchemaine
Campingplätze:	St-Marc, La Baule, St-Lyphard
Ver-/Entsorgung:	St-Marc, Guérande, St-Lyphard, Donges, Champtocé, St-Georges, Feneu, Briollay, Montreuil-Juigné, Bouchemaine
Baden:	St-Marc, Pornichet, La Baule, St-Lyphard
Besichtigen:	La Baule, Île de Fedrun, Châteaux de Serrant, de Plessis-Macé und Le Plessis-Bourré
Wandern:	St-Lyphard, La Chapelle-des-Marais, Île de Fedrun
Essen:	Île de Fedrun

Eigentlich müssten wir, um beim Thema zu bleiben, jetzt unsere Reise auf der rechten *Loire*-Seite nach Osten fortsetzen, aber nördlich von ST-NAZAIRE liegt eine wunderschöne Moorlandschaft: der ***Parc Naturel Régional de Brière***. Den wollen wir noch genießen, wobei wir vorher noch einige der mondänen Badeorte am Atlantik „mitnehmen" möchten. Unser Kollege Jürgen Engel hat im WOMO-Band 10 „Bretagne" diese schöne Gegend auch beschrieben. (Unsere Wege kreuzen sich allerdings nur an einer Stelle, der *Île de Fedrun*.)

St-Marc: Plage de la Courance

Wir klappern also westlich von ST-NAZAIRE die Küstenregion ab und finden auch einige hübsche Badeplätze, aber nicht allzu berauschende Womo-Quartiere. Auf der urbanen Uferstraße passieren wir das amerikanische **Soldatendenkmal** aus dem Ersten Weltkrieg und ein paar triste Strandabschnitte. Dann geraten wir über enge Vorstadtstraßen in VILLE-ÈS-MARTIN auf die vierspurige D92, aber leider in verkehrter Richtung, weil Linksabbiegen überall verboten ist. Wir raten daher, rechtzeitig der Wegweisung „LA BAULE" zu folgen. Am westlichen Ende der Bebauung nehmen wir im Kreisverkehr die Ausfahrt nach ST-MARC und kommen auf die D292, in deren Nähe etliche Sandbuchten liegen. Der erste brauchbare Strand kommt schon nach knapp 2 km: der ***Plage de la Courance*** mit einem großen Wiesenparkplatz. Zu früh gefreut! Eine Höhenschranke behindert uns wieder einmal an der Einfahrt. Wir rollen auf der Straße etwa 300 m bergab weiter und sehen vor einer kleinen Grünanlage einen Eckparkplatz ohne Einschränkungen. Laut Ortsschild befinden wir uns in FORT-DE-L'EVE (ST-MARC) .

(080) WOMO-Badeplatz: Fort-de-l'Eve (St-Marc)

GPS: N47° 14' 28.1" W2° 16' 23.8" route de la Courance
max. WOMOs: 4 - 5.
Ausstattung/Lage: Papierkorb, schattig / im Ort
Zufahrt: s. Text oder St-Nazaire 213, links auf D492, dann auf D292, 1 km nach Osten

Im Hochsommer dürfte dieser Platz für eine Übernachtung nur im Notfall taugen, denn der abendliche Autoverkehr auf der D292 wird sehr stören. Wir brechen nach der Badepause also wieder auf und verfolgen das Küstensträßchen in Richtung LA BAULE. Für Reisemobile gibt es kaum Parkmöglichkeiten. Wir wollen schon Gas geben, bis uns 2 km hinter ST-MARC ein Womo-Piktogramm auf eine V/E-Station hinweist. Hier ist neuerdings ein **Übernachtungsplatz** eingerichtet worden.

(080.1) WOMO-Badeplatz: St-Marc/Pornichet

GPS: N 47° 14' 13.3" W2° 18' 0.5" route de l'Océan **max. WOMOs:** 15
Ausstattung/Lage: V/E gratis, Wasser/Strom je 4 €, 200 m zum Sandstrand, auch FKK / außerorts
Zufahrt: St-Nazaire D 213, links auf D492, dann auf D292 Richtung Pornichet, Womo-Piktogramm folgen, Straße nach Pointe de Chémoulin.

La Baule: Breiter Sandstrand des mondänen Bades

An der D292 sahen wir kurz vor ST-MARC den **Campingplatz** „*De l'Eve*", der uns allerdings etwas teuer vorkam, PK3, offen von April - Oktober [**080.2**] N47° 14' 29.8" W2° 16' 02.4".

Der eher bürgerlich anmutende Badeort PORNICHET ist eine Art Vorort für das mondäne Seebad LA BAULE. Die Strandpromenade wird immer breiter, die Anzahl der großen Hotels, teilweise mit extravaganter, kühner Architektur, nimmt zu. Auf der Meeresseite trennt eine Betonmauer die Straße vom weitläufigen Sandstrand. Hier mit dem Womo einen Straßenparkplatz zu erwischen, ist wirklich Glücksache.

Wir finden tatsächlich einen und schälen uns bei 50 °C Innentemperatur aus der Kleidung, um in die erfrischenden Fluten des Atlantik zu steigen. An dem freien Strand sind in regelmäßigen Abständen Toiletten und Duschen vorhanden. Man darf es dort nicht so genau nehmen, wenn auch die vierbeinigen Lieblinge der französischen Hundenarren unter dem Brausestrahl geschrubbt werden. So ein Badenachmittag ist doch etwas Schönes! Ehe wir uns versehen, neigt sich der Tag seinem Ende zu, aber wir haben eigentlich keine Lust, in das heiße Womo wieder einzusteigen, nur bleiben können wir hier nicht! Oder sollen wir auf einen der vier örtlichen, meist teuren Campingplätze gehen? Keiner liegt direkt am Sandstrand, aber wenn Sie hier unbedingt bleiben wollen, nennen wir diesen Platz, der auf uns einen guten Eindruck macht:

(081) WOMO-Campingplatz-Tipp: La Baule (La Roseraie)

GPS: N47° 17' 54.0" W2° 21' 26.0" av. Jean Sohier **Offen:** April - Sept.
Ausstattung/Lage: PK 4, Viersterneplatz, Laden (Jun-Aug); Gaststätte (Jun-Sep); Pool; Ver- und Entsorgung; Golfplatz 3 km; Strand 3 km. Fon 0240 604666; laroseraie.com; camping@laroseraie.com / Ortsrand
Zufahrt: von St-Nazaire D213 AS La Baule/Escoublac, ausgeschildert

Wenn Sie jetzt Ihren Urlaub am Meer verlängern wollen, so finden Sie an der Küste in Richtung Norden einige Bade- und Stellplätze: LE POULIGEN (Am Hafen), LE CROISIC*, GUÉRANDE*, LA TURBALLE*, PIRIAC-SUR-MER*. (* siehe Jürgen Engel, WOMO-Reihe, Band 10)
Unser nächstes Ziel ist jedoch der ***Parc Naturel Régional de Brière***, der in nordöstlicher Richtung beginnt. Wir verlassen LA BAULE auf der D92 nach GUÉRANDE. Sollten Sie jetzt dringend entsorgen müssen, so gibt es in der mittelalterlichen Stadt einen Platz mit V/E an der Stadtgrenze (av. de la Brière/D51) für 25 Womos [**081.1**] N47° 20' 00" W2° 25' 13". Wir brechen auf der D51 - nach Nordosten - ST-LYPHARD auf.
Dort, vor dem Ortseingang, wenden wir uns nach rechts auf die D47 in Richtung HERBIGNAC. Nach ein paar hundert Metern weist ein Schild nach rechts auf den Campingplatz *„Les Brières du Bourg"* hin. Vor diesem liegt der offizielle Wohnmobilstellplatz der Gemeinde, der aber kürzlich stark verkleinert wurde.

(082) WOMO-Badeplatz: St-Lyphard

GPS: N47° 23' 50.1" W2° 18' 05.4" an D47 **max. WOMOs:** 4
Ausstattung/Lage: Müllcontainer, V/E (zeitweilig außer Betrieb), Baden im See, schattig / außerorts
Zufahrt: s. Text oder St-Nazaire auf D213, nach 4,5 km rechts auf D392 bis Brais, dann D47, 14 km, Wegweiser „Camping Les Brières du Bourg". Wochenende meiden!

Die Rezeption des Campingplatzes ist heute am Samstag nicht geöffnet, obwohl wir bei einem Rundgang über den recht ordentlichen Platz etliche Gäste antreffen. Wir erfahren später, dass eine Lichtschranke den Schlagbaum aktiviert, wenn man mit einem Fahrzeug ganz dicht davor hält.

(083) WOMO-Campingplatz-Tipp: Les Brières du Bourg

GPS: N47° 23' 50.1" W2° 18" 05.4" an D47 **Offen:** 1.4.-15.11.
Ausstattung/Lage: PK1, einfach, Fon 0240/914313; Büro nur mo-fr geöffnet, in der Hauptsaison öfter / außerorts.
Zufahrt: wie (082)
...ung: In der Nähe wurde der CP „Fleur de Brière" eröffnet.

St-Lyphard: Badesee am Stellplatz

Wir bleiben aber auf dem Vorplatz, was wir noch bereuen sollen. Denn auf dem Rasen am Freibad lagert am späten Abend eine Gruppe Jugendlicher, die Unmengen Dosenbier in sich hineinschütten. Ihnen scheint es nicht zu gefallen, dass sie hier am Wochenende nachts nicht allein sind und Wohnmobile herumstehen. Die Halbwüchsigen veranstalten mit aufheulenden Mopedmotoren bis tief in die Nacht Wettrennen auf dem Schotterweg quer durch den Stellplatz und führen unter Staubfontänen idiotische Kunststückchen vor. Wenn wir von Anfang an auf den Campingplatz gegangen wären, hätten wir es erheblich ruhiger gehabt. Aber wer soll das ahnen?

St-Lyphard: Gemeindehaus

Am nächsten Morgen liegt tiefe Stille über der Landschaft, und ein Bad in dem kleinen See erfrischt ungemein. Auf einem kurzen Spaziergang lässt sich schon die unendliche Weite der ***Brière***, des großen Moors, erahnen. Wir machen noch einen kleinen Abstecher in den hübschen Ort, um im O.T. Wanderkarten zu holen. Aber hier wird erst um 10.30 Uhr geöffnet; so lange wollen wir nicht warten. Die Ortsbesichtigung lässt uns einige reizende, alte Häuser und eine der regional üblichen Kirchen bewundern. Im nächsten Ort an dem Sträßchen D51,

Kirche St-Lyphard

LA CHAPELLE-DES-MARAIS (8 km), befand sich früher das touristische Hauptquartier des Naturparks. Das wurde nach ST-LYPHARD verlegt, *Place d l'Église*. Statt dessen hat sich das hier Restaurant *"Le Penlys"* niedergelassen. Im O.T. erhält man eine große Übersichtskarte, in der auf vorbildliche Weise alle Möglichkeiten, die für Urlauber von Interesse sind, beschrieben werden. Für eine geringe Gebühr erwarben wir vier Karten mit Wanderbeschreibungen auf Französisch. Wenn Sie eine dieser Touren machen wollen, so wäre es besser, Sie würden sich hier die entsprechenden Blätter besorgen.

Wanderungen im Naturpark Brière

1) Circuit de la Galvandais - Rundwanderung 7 km – 1 ½ Stunden
Start und Ziel: *Maison des Traditions* ; Markierung: **blau**
Der gut gekennzeichnete Weg führt im Uhrzeigersinn durch den nördlichen Zipfel des Moors und streift die umliegenden Weiler *La Surbinais, Le Herbé* (Picknick), *La Jô* und *Tréland*. Umleitungen für überschwemmungsgefährdete Wege sind vorgesehen.

2) Circuit de Petit Marais –Rundwanderung 8 km, 2 Stunden
Start und Ziel: *Maison des Traditions*; Markierung: **gelb**
Hier wandern wir nach Westen im Uhrzeigersinn durch das „Kleine Moor" (*Petit Marais*) über *Mayun,* ein typisches *Brière*-Dorf mit reetgedeckten Häusern, wo wir – etwas abseits vom Wanderweg – ein Picknick in der *Rue du Lisie* abhalten können.

3) ***Circuit de Grand Marais*** – Rundwanderung 14 km, 4 Stunden
Start und Ziel: *Maison des Traditions*; Markierung: **grün-weiß**
Die Halbtagswanderung beginnt wie 2) über Mayun, schwenkt aber vor dem Dorf – an der D 51 – nach Süden und führt an dem *Brière*-Randkanal entlang. Wir streifen die Inseln *Camer* und *Camérun*, zwischen denen ein Picknickplatz zur Rast einlädt. Dann kreuzen wir die D 50 und kommen über einen hoffentlich nicht überschwemmten Pfad zur *Rue du Bossis*, auf der es nach Norden zum Ziel weitergeht.

4) Circuit entre Landes et Marais - Rundwanderung 21 km, 5 ½ Std.
Start und Ziel: *Maison des Traditions*; Markierung: **violett**
Diese Tageswanderung durch den Nordteil der Brière ist eine Addition der drei oben beschriebenen Touren.

Die für die ***Brière*** charakteristischen **Kahnfahrten** werden an vielen Plätzen angeboten, häufiger auf der ***Île de Fédrun***. Das ist eine von sieben Inseln, die von Sumpf und Wasser umgeben, aber durch schmale Straßen mit dem „Festland" verbunden sind. Also steuern wir als nächstes diese Insel über die D50 an, die nur für Fahrzeuge **bis 3,5 t** zugelassen ist. (Keine Alternative!) In ST-JOACHIM, einem schmucken Dorf mit einer großen Kirche, müssen wir eine Zwangspause einlegen, denn eine große Hochzeitsgesellschaft – scheinbar die gesamte Bevölkerung, denn so lang ist die Prozession – schreitet gemächlich zum Gotteshaus. Derweil sind wir nicht untätig und machen einen passablen Stellplatz aus.

(084) WOMO-Stellplatz: St-Joachim

GPS: N47° 23' 10.0" W2° 12' 13.4" rue Joliot Curie **max. WOMOs:** 5

Ausstattung/Lage: Kebab-Imbiss* Supermarkt / Ortsmitte
Zufahrt: jetzt wieder von der Hauptstraße, Ausfahrt nur nach hinten, zur Rue du Lony (Parallelstraße zur Hauptstraße); oder von St-Naziere N171 Richtung Nantes, nach 4 km bei Montoir-de-Bretagne links auf D50, 7,5 km, dann wie vor
* statt Restaurant „Le Chef de Mazin“

Am südlichen Ortsausgang zeigt ein unauffälliger Wegweiser rechts zur ***Île de Fédrun***. Nach zwei Brückchen landen wir gut 1000 m weiter auf einem großen, geschotterten Parkplatz, offenbar der einzige auf der Insel. An der Einfahrt steht ein Häuschen, in dem zwei WCs untergebracht sind, offen nur im Sommer .

(085) WOMO-Wanderparkplatz: Île de Fédrun

GPS: N47° 22' 27.8" W2° 12' 35.9" Lieu-Dit Fédrun **max. WOMOs:** 12
Ausstattung/Lage: Mülleimer, WC, Frischwasser, Tische und Bänke, Telefonzelle, Restaurant (Nähe) / Ortsmitte
Zufahrt: s. Text;

Île de Fédrun

Wir erhalten im O. T. von einem freundlichen jungen Mann eine kleine Wanderkarte, die uns zu einem einstündigen Rundgang über die Insel animiert. Wir beginnen am Parkplatz entgegen dem Uhrzeigersinn, also nach Norden. Die Dorfbewohner haben fast überall in rührender Weise das Bild des traditionellen *Brière*-Dorfes erhalten. Wir sehen wunderschöne, aber auch skurrile, reetgedeckte Häuser, hübsche Gärten und immer wieder zum Moor führende Wege, an deren Ende meist Kähne an dem Ringkanal vor Anker liegen. Eine Kahnfahrt kostet etwa 11 € pro Person, wobei sich aber immer eine Gruppe von 3 - 4 Besuchern zusammenfinden muss. Hinreißende Ausblicke auf die idyllische Wasser- und Moorlandschaft tun sich an vielen Stellen auf. Unterwegs lädt das feine Restaurant *„La Mare aux Oiseaux“* zum Menü auf der Terrasse ein, gehobenes Preisniveau. Im Norden der Insel werden in der *La Claire* Austern gezüchtet. Ungefähr auf dem halben Rundweg können wir im ***Musée de la Mariée*** die für die Brière typischen **Brautkronen** aus Orangenblüten bewundern. Ein Stückchen weiter steht die ***Chaumière Brièronne***, ein typisches Bauernhaus, zur Besichtigung. An

der Südspitze können wir in der Ferne die Loirebrücke von *St-Nazaire* mit ihren rot-weißen Pylonen sehen. Nach der Wanderung bei stechender Nachmittagssonne lassen wir uns ermattet in dem kleinen Restaurant *„La Hutte Brièronne"* auf der Terrasse nieder und genießen bei einem für die Gegend typischen Aalgericht (*L'Anguille au vert*) den herrlichen Blick auf Wasser und Moor. Auch preiswerte Crêpes und Galettes sind erhältlich. Wenn der Wirt das zahlreiche Federvieh auf dem Wasser mit alten Baguettes füttert, beteiligen sich auch die Gäste.

Die Nacht auf dem Stellplatz verläuft ruhig, und am nächsten Morgen zieht es uns wieder an die *Loire*. Also rauschen wir auf der D50 südwärts und fädeln uns in die vierspurige N171 nach Osten ein, um sie bei der nächsten Ausfahrt DONGES zu verlassen (D100). Wir durchqueren den kleinen Ort und finden am Ende der Hauptstraße einen Stellplatz vor. Die Einfahrt ist irritierend: WOMOs müssen <u>neben</u> der Höhenschranke hinein.

(086) WOMO-Stellplatz: Donges

GPS: N47° 19' 10.1" W2° 4' 49.5"
rue de Stade **max. WOMOs:** 8
Ausstattung/Lage: Müllcontainer, V/E, Strom, alles gratis, WC, Spielgeräte, Bänke, Fußball, Tennis, Boulehalle, Freibad; max. 48 Std. / Ortsrand
Zufahrt: s. Text oder St. Nazaire N171 Richtung Nantes, AS Donges, D100, im Ort beschildert

Die bestens ausgestattete Anlage hat einen kleinen Schönheitsfehler: An der *Loire* in Höhe von DONGES ist eine große ELF-Raffinerie etabliert und bläst bei südlichen Winden Benzingeruch herüber. Man kann nicht alles haben!
Wir verlassen den Ort auf der D100 und sind bald wieder auf der Schnellstraße N171 in Richtung NANTES. Nach 35 km biegen wir in BLAIN rechts in die D164 ein, um nach 20 km in dem beschaulichen Städtchen NORT-SUR-ERDRE einzulaufen, wo es einen idyllischen Stellplatz am Jachthafen gibt.

(086.1) WOMO-Stellplatz: Nort-sur-Erdre

GPS: N47° 26' 15.1" W1° 29' 40.4"
rue des Orionnais **max. WOMOs:** 20
Ausstattung/Lage: Müllcontainer, V/E 2 €, max. 24 Std. / Ortsrand
Zufahrt: St. Nazaire N171, in Blain, auf D164, 20 km, WW Base Nautique

Heute machen wir einen Sprung von 53 km nach Osten: Auf der D164 über ANCENIS (**Burgruine, Renaissanceschloss, Kirchen aus dem 16. Jh.**) und D923/D723 nach CHAMPTOCÉ-SUR-LOIRE. Hier erwartet uns ein gut ausgestatteter Stellplatz.

WOMO-Stellplätze: Champtocé-sur-Loire

[**087**]: N47° 24' 40.8" W0° 52' 10.5" rue de la Hutte **max. WOMOs:** 10

Ausstattung/Lage: Müllcontainer, V/E / Ortsmitte - max. 48 Std.
Zufahrt: A11 AS 19, D15/D723, im Ort WW "Complexe Sportif" folgen
Schönere Alternative: unterhalb der Burgruine (rechtes Foto)
[**087.1**]: N47° 24' 45.6" W0° 51' 36.8" Moulin de Champtocé
max. WOMOs: 3 **Ausstattung/Lage:** keine / Ortsrand
Zufahrt: wie oben, am östl. Ortsende, am Restaurant "La Table de Moulin"

Gespannt sind wir auf das wunderschöne Renaissanceschloss ***Château de Serrant*** in der Nähe von ST-GEORGES-SUR-LOIRE. Hierfür müssen wir nur 6,5 km auf der D723 weiterfahren. Bevor wir aber das Schlossgelände entern, werden wir durch das WOMO-Piktogramm auf einen weiteren Reisemobilstellplatz hingewiesen.

(088) WOMO-Stellplatz: St-Georges-sur-Loire

GPS: N47° 24' 21.6" W0° 45' 46.2"
rue de la Villette **max. WOMOs:**12
place Mancha-Réal
Ausstattung/Lage: V/E gratis, Frischwasser, Bodeneinlass / im Ort
Zufahrt: A11 AS19 D15 Richtung Champtocé, nach 4 km links auf D723, im Ort WW „Aire de Stationnement“

Der mustergültige Stellplatz liegt auf einem ruhigen Terrain und ist meist schon früh am Tag besetzt. Ganz in der Nähe ist ein kleiner See, der *Étang d'Arrouet*, an dem wir einen schönen Abendspaziergang machen können.
Vorher wollen wir aber noch zum Schloss. Zurück zur D723 in Richtung ANGERS, nach ein paar hundert Metern biegen wir rechts in ein schmales Sträßchen zum Schloss ein.

Château de Serrant

Geöffnet: Feb - Nov; Führungen: 9,45/10-11.30, 14.15-17.15 Uhr, Mai bis Oktober durchgehend; Eintritt: (geführt)10,00/8,50/6,50 €; (freier Rundgang Parterre, Kapelle und Garten) 7,00/7,00/4,00 €

Das von Wasser umgebene und in allen Teilen klassische Renaissanceschloss wurde 1546 von ***Charles de Brie*** aus weißem Tuffstein (Vorderseite) und braunem Schiefer (Rückseite) begonnen.

Schon bald haben es nacheinander die Adelsfamilien *de Rohan, de Montbazon, Bautru, de Vaubrun* und *Walsh* (Irland) gekauft, die im Laufe der Jahrhunderte die kostbare Inneneinrichtung zusammentrugen. Ab 1830 gehört der Feudalsitz dem ***Duc de la Trémoille***, und ein Nachkomme, der ***Prince de Ligne***, wohnt heute noch mit Familie darin. Durch die prunkvoll ausstaffierten Gemächer des Palastes wird man von einem fachkundigen, französisch sprechenden Denkmalspfleger geführt, der mit Argusaugen darüber wacht, dass niemand die Kunstschätze fotografiert oder filmt.

Ich wurde des öfteren wegen heimlicher Shots verwarnt... Alle Räume werden in Dunkelheit gehalten und erst beim Eintreffen der Besucher durch Fensteröffnung beleuchtet. Die zahlreichen Salons und Kemenaten sind mit erlesenen und teilweise unersetzlichen Kunstgegenständen, wie **Brüsseler Wandteppichen, Stilmöbeln, Gemälden, Büsten und Statuen** ausgestattet. Hervorzuheben wäre der berühmte **Kabinettschrank** aus schwarzem Edelholz mit seinen vielen inneren Fächern, Säulchen und Schnitzereien. Highlight ist eindeutig mit über 12.000 Bänden die riesige, mehrstöckige **Bibliothek.**

Château de Serrant: Vorderseite

Auch die **Schlossküche** glänzt mit vielen historischen Töpfen, Pfannen und Kochutensilien.

In der **Schlosskapelle** (17. Jh.) bewundern wir ein schneeweißes **Marmormausoleum** für den *Marquis de Vaubrun.*

Einmal im Besitz einer Eintrittskarte sollte man nicht den **hinreißenden Blick auf die Rückseite** des Prachtbaus, der sich im Wasser des Teiches spiegelt, versäumen, wohingegen die „Gratisansicht" der Vorderseite nicht so berauschend ist.

Bevor wir das schöne ANGERS in Angriff nehmen, besuchen wir noch einige interessante Objekte in der Umgebung. Da wäre als erstes **Château du Plessis-Macé**, von der mittelalterlichen Burg umgeben nordwestlich von ANGERS. Von der D723 gibt es 3 km von *Château de Serrant* entfernt einen Abzweig auf die schmale D105, die direkt zu diesem Schloss führt. Besser, man bleibt auf der D723, um nach 11 km auf die Schnellstraße D106/D775 zu wechseln. 3,5 km nördlich biegt man nach links auf die D122 und in LA MEIGNANNE auf die D105 bis PLESSIS-MACÉ.

Château du Plessis-Macé

Château du Plessis-Macé

Geöffnet: 6.4.-31.5./1.9.-1.11. mi-sa-so 13.30 -18 Uhr; Jul/Aug 10.30-18.30 Uhr; Eintritt: geführt 8,00/5,00/4,00 €; ungeführt 5,00/5,00/4,00 €
Von der Festung aus dem 11. Jh. sind noch wuchtige Türme und dicke Mauern vorhanden. Im Burghof baute ***Louis de Beaumont***, ein Protegé Ludwigs XI., Mitte des 15. Jh. ein Renaissanceschlösschen mit spätgotischem Einschlag aus weißem Tuffstein und fast schwarzem Schiefer. Die Besichtigung der Säle und Gemächer sowie der Kapelle ist in einer Stunde vorbei. Kaum lohnend! Hauptsächlich im Juni jeden Jahres werden Konzerte und Seminare abgehalten. Dann werden Besuche nicht zugelassen. Informationen: www.chateau-plessis-mace.fr

Auf dem Weg zum nächsten *Plessis-Château* kommen wir über das Dorf FENEU, wo es einen großen Parkplatz und einen hübschen Picknickplatz (1,4 km außerhalb) gibt. Über D103 und D768 sind wir in einer Viertelstunde in der Ortsmitte. Die V/E-Anlage bei der Mairie (089) wurde dicht gemacht. Hinter der alten Kirche sind noch große Parkflächen:

(089.1) WOMO-Stellplatz: Feneu

GPS: N47° 34' 18.0" W0° 35' 40.3" rue de la Cure **max. WOMOs:** 10
Ausstattung/Lage: LKW-Parkplatz, Geschäfte, Restaurant / Ortsmitte
Zufahrt: von Plessis-Macé auf D103 nach Osten, nach Querung der Mayenne links auf D768 (9,7 km), Ortsmitte

Der eigentliche WOMO-Stellplatz ist aber im 1,2 km entfernten Port Albert, südwestlich von FENEU.

(090) WOMO-Picknickplatz: Port Albert (Feneu)

GPS: N47° 33' 58.4" W0° 36' 34.3" chemin de Port Albert **max. WOMOs:** 6
Ausstattung/Lage: V/E, WC, Mülleimer, Tisch/Bänke, Boulebahn, schattig, Restaurant, max. 72 Std. / außerorts
Zufahrt: s. Text; auf D191 nach Westn, 1400 m von der Ortsmitte, Picknick-Wegweiser

Am Ufer der *Mayenne* ist es sehr ruhig, ein paar Angler sind zu sehen. Rechts um die Ecke liegt ein kleines Restaurant direkt am Fluss.

Château du Plessis-Bourré

Um zum ***Château du Plessis-Bourré*** zu gelangen, müssen wir wieder zurück nach FENEU und 4,5 km auf der D768 nach Norden brummen, um dann nach rechts den Schildern zum Schloss zu folgen. Die einsame Landstraße davor erweckt den Eindruck, als befänden wir uns noch im 15. Jahrhundert.

Château du Plessis-Bourré

Geöffnet: 13.2.-31.3. und 1.10.-1.11. 14-18 Uhr; 1.4.-15.7. und September 10-12/14-18 Uhr; 16.7.-31.8. 10-18 h durchgehend
Eintritt 10,00/8,00/6,00 €; Park- und Außenbesichtigung 5,00 €

Wieder einmal ein königlicher Finanzminister baute hier, fast gleichzeitig mit dem *Château de Langeais*, von 1468 bis 1473 ein prachtvolles Schloss. Es war der überaus reiche **Geheime Rat *Jean Bourré,*** Kassenwart von Ludwig XI. Der von Teichwasser umgebene Bau war mit seinen dicken Türmen und Mauern eine sichere Festung, dass man sich fragen muss, ob *Monsieur Bourré* hier die gesamten Staatsfinanzen aufbewahrte. Der größtenteils mittelalterlich-gotische Stil geht langsam über zur Renaissance. Den Eingang erreicht man nur über eine lange Steinbrücke über den Wassergraben. Dann gelangt man in den Wirtschaftshof, der später im Barockstil hinzugefügt wurde. Im Inneren macht die martialisch aussehende Burg einen erheblich verspielteren Eindruck. Von den gut ausgestatteten Räumen bleibt die hinreißende Kassettendecke mit allegorischen Malereien aus dem 15. Jh. im ***Salle des Gardes*** (Saal der Wachen) besonders in Erinnerung. Wegen der teils frivolen Darstellungen (Keuschheit und Wollust) wurde das Kunstwerk 1750 aus Scham verborgen. Die Bilder aus Astrologie und Alchemie sollte man genau betrachten. Im Stil Ludwigs XV. ist der große Salon mit herrlichen Wandschnitzereien zu bewundern. Auch die Außenbereiche der Schlossanlage sind romantisch und sehenswert.

Blick durch das Burgtor

(091) WOMO-Stellplatz: Le Plessis-Bourré

GPS: N47° 36' 4.7" W0° 32' 32.6" an D508 **max. WOMOs:** 2
Ausstattung/Lage: schattig / außerorts, Parkstreifen vor dem Schloss.
Zufahrt: s. Text; oder: A 11 AS 14, D 52 bis Briollay, links ab auf D 109, nach 5 km rechts auf D109, Wegweiser "Château le Plessis-Bourré"

Die Sonne steht schon verdächtig tief. Sollen wir hier bleiben? Es ist überhaupt kein Problem, auf der Straße vor dem *Château* über Nacht zu stehen. Hier fährt selten ein Auto vorbei, wenn die nicht allzu zahlreichen Touristen abgezogen sind.
Aber wir bleiben nicht hier, denn wir kennen noch ein idyllisches Plätzchen in BRIOLLAY, knappe 10 km entfernt, über D508, D108, D107 und D109 kommen wir hin.

(092) WOMO-Picknickplatz: Briollay

GPS: N47° 34' 3.2" W0° 30' 24.6" Grande Rue **max. WOMOs:** 13
Ausstattung/Lage: V/E (Jetons), Bodeneinlass, Müllcontainer, Tische/Bänke, Grill, Waschtisch, WC, schattig / Ortsrand, am Sarthe-Ufer
Zufahrt: s. Text oder A11 AS 14, D 52 , in Briollay hinter dem Kreisel 1. Straße links, beschildert. Auf dem alten Platz kann man auch stehen.

Der alte Stellplatz

Die Gemeindeväter von BRIOLLAY haben es mit uns Womo-Fahrern weiterhin sehr gut gemeint, denn der Picknickplatz wurde 2011 direkt daneben professionell erweitert. Die Copilotin kann sich nicht entschließen, ein Abendmahl zuzubereiten. Also machen wir uns landfein und gehen auf Restaurantsuche. Aber alles, was wir vorfinden, ist ein **Country-Festival** der einheimischen Jugend, die auf dem Dorfplatz zünftig in Westernkluft nach dem Rythmus von Hillbillymusik Volkstänze vorführt. Ein Heidenspektakel! Aber zu Essen gibt es weit und breit nichts, weil die Köche wohl alle beim Tanzvergnügen sind. Wenn nicht gefeiert wird, könnte man speisen im *„Le Fournil de Briolley“* und im *„L'Arret Public au Bord de l'Eau“*, beide nicht weit vom Stellplatz.

Also wandern wir durch die in gelbes Licht getauchten *Sarthe*-Auen zum Stellplatz zurück. Jetzt müssen doch Pfannen und Töpfe herausgeholt und die eine oder andere Konserve geöffnet werden. Mit einem *Médoc*-Rotwein wird diese – nahezu seltene – Aktion begleitet.
Die ***Sarthe***, ein recht ansehnlicher Nebenfluss der *Loire* bzw. *Maine*, fließt träge in Sichtweite vorbei, dazwischen Überlaufbecken, die von zahlreichen Anglern genutzt werden. Auf der weitläufigen Uferwiese, ausgestattet mit Tischen, Bänken und Grillstellen, lagern noch einige Familien und Jugendgruppen gemütlich beim Picknick. Der Sonnenuntergang über den Wasserflächen ist so romantisch, dass er schon kitschig erscheint.
Auf der geplanten Fahrt in den Süden von ANGERS haben wir noch zwei schöne Plätze entdeckt.Wir wollen natürlich nicht, dass Sie hier zickzack fahren. Sie haben aber mehr Auswahl.

(088.2) WOMO-Stellplatz: Montreuil-Juigné

GPS: N47° 32' 28.8" W0° 36' 56.2" rue St-Jean-Baptiste

max. WOMOs: 8
Ausstattung/Lage: V/E (gratis), Restaurants, schattig, ruhig, max. 72 Std. / außerorts, Parkstreifen vor dem Schloss.
Zufahrt: von Briolley auf D109 nach Osten 5,1 km, links ab auf D107 wechseln, nach 5,2 km rechts auf D103, 3,3 km im Kreisverkehr 1. Ausfahrt auf D768, 600 m weiter rechts ab auf D103, noch 180 m

Für Kanufahrer: Direkt vor dem Stellplatz liegt der *„Club Canoë-Kayak Montreul-Juigné“*, in dem man sich Kanus ab 8,00 € ausleihen kann. Details im Internet unter www.cckmj.org.

(088.1) Komm. WOMO-Stellplatz: Bouchemaine

GPS: N47° 25' 8" W0° 36' 39.0" rue de Chevrière 25 **max. WOMOs:** 45

Ausstattung/Lage: gut ausgebaut, am Maine-Ufer, von März bis November gebührenpflichtig (2016: 8,00 - 11,00 €/24 Std. incl.V/E/ Strom, Geschirrwaschbecken; Wasser 2,25 €/100 l; Picknicktische, schattig, ruhig; von Dezember bis Februar gratis; Restaurant im Dorf; V/E extern 2,25 € / Ortsrand
Zufahrt: von Montreuil-Juigné auf D768/D106/D323/D102E/D111 ca. 16 km nach Süden, in Bouchemaine im Kreisverkehr 1. Ausfahrt, noch 260 m

Bouchemaine: Abenidylle an der Maine

Am Eingang des Womostellplatzes steht eine Art Parkhaus-Automat, in den man die Anzahl der geplanten Tage eingeben muss, um dann in einer Summe im Voraus zu bezahlen. Wenn etwas nicht klappt, kann man folgende Nummer anrufen: 0241 311075, 0241 311040, 0241 222153 oder 0241 222000. Web: www.ville-bouchemaine.fr; eMail fanny.grosbois@ville-bouchemaine.fr.

Ein kleiner Vorgeschmack auf ANGERS gefällig?

Angers: Stadtpanorama mit Kathedrale St-Maurice

KARTE TOUR 9
25 km
Beaugency
Mer
Muides-sur-Loire
Montlivault
Chambord
Huisseau-Cosson
Vineuil
Blois
Roches
Ch. Talcy
Ch. Menars
Herbault
Onzain
Chaumont-sur-Loire
Amboise
Vendôme
Montoire-sur-le-Loir
Château-Renault
Tours
La Chartre-sur-le-Loir
Louestault
Beaumont
Neuvy-le-Roi
Neuillé-Pont-Pierre
le Grand-Lucé
St-Vincent-du-Lorouër
St-Pierre-du-Lorouër
Jupilles
Forêt de Bercé
Château-du-Loir
Mayet
Pontvallain
Le Lude
La Flèche
Marcilly
St-Laurent-de-Lin
Channay
Rillé
Lac Rillé
Gizeux
Vernantes
Le Guédéniau
Mouliherne
Baugé
Ch. Montgeoffroy
Mazé
Angers
Briollay
La Daguenière
Sablé-sur-Sarthe
Sarthe
Loir
Loire
Cher
Indre
Authion
N

TOUR 9 (ca. 385 km / 4 – 5 Tage)

Angers – Mazé – Baugé – Lac Rillé – Le Lude – Fôret de Bercé – Chaumont – Blois – Beaugency

Freie Übernachtung:	Angers, La Dagueniére, Baugé, Le Guédeniau, Mouliherne, Le Lude, Fôret de Bercé , Neuillé-Pont-Pierre, Ozain, Chaumont-sur-Loire, Blois, Beaugency, Meung
Campingplätze:	Angers, Baugé, Lac Rillé, Chaumont, Blois
Ver-/Entsorgung:	Angers, Le Guédeniau, Mouliherne, Le Lude, Neuillé-Pont-Pierre, Beaugency, Meung
Baden:	Lac Rillé
Besichtigen:	Angers, Mazé, Baugé, Le Lude, Chaumont-sur-Loire, Blois, Beaugency
Wandern:	Lac Rillé, Fôret de Bercé
Essen:	Angers, Sources de l'Hermitière, Blois

Von BRIOLLAY ist es nicht weit nach **ANGERS**, Hauptstadt des Departements *Maine-et-Loire* (49) – früher Machtzentrum der Grafschaft *Anjou*. Der Stellplatz an der *Cale de la Savate* wurde geschlossen. Als Ersatz bietet die Stadt eine **V/E-Anlage** neben einem eingezäunten Busparkplatz an, den Womo-Fahrer auch nutzen können, wenn sie im Besitz eines „City Pass" sind. Dieser kostet 14 € (24 Std.), 23 € (48 Std.) oder 29 € (72 Std.) und berechtigt außerdem zum freien Eintritt in 20 Sehenswürdigkeiten. Ein zweiter großer Stadtparkplatz liegt 1500 m (Luftlinie) entfernt und ist auch für Womos zugelassen.

WOMO-Stellplätze: Angers

[**093**]: N47° 27' 59.1" W0° 33' 57.4" bld. O.Couffon **max. WOMOs:** 20
Ausstattung/Lage: V/E mit Bodeneinlass (gratis), Einlass mit PIN, den man beim O.T. beim Kauf eines City Pass erhält; Hotline 0241 235000; kostenloses Parken auch am Straßenrand möglich / im Ort
Zufahrt: A11 AS 15 (St-Serge) auf voie des Berges, vor der 3. Maine-Brücke rechts abfahren (Château), links auf bld. Gen. de Gaulle, nach 300 m links halten, place de l'Academie durchfahren, av. de la Blancheraie, 3. Straße rechts

[**093.1**]: N47° 28' 36.3" W0° 33' 27.0" bld. Arago 6 **max. WOMOs:** 40
Ausstattung/Lage: WC, reservierte Plätze für Wohnmobile / im Ort
Zufahrt: wie (093), jedoch vor der 1. Maine-Brücke rechts ab, Maine überqueren, sofort rechts ab und wieder links, nach 300 m links

Angers

Öffnungszeiten und Eintrittspreise s. S. 151! Wir empfehlen, sich beim O.T. hinter der Burg einen kostenlosen Stadtplan zu holen.

Angers ist für uns die schönste Großstadt an der Loire, weil sie so vielseitig ist. Als **Universitätsstadt** leben hier sehr viele junge Leute, und dementsprechend existiert eine locker-leichte **Kneipenszene** in der Altstadt. Dann gibt es – auch in der City – zahlreiche Grünflächen und **Parks**, wovon die größten der ***Parc de Balzac*** und der ***Parc de Loisirs du Lac de Maine*** mit einem riesigen Wassersportzentrum und Campingplatz sind. Der ***Jardin des Plantes*** (Botanischer Garten) am nordöstlichen Rand der Altstadt lädt zu einer erholsamen Pause während des Stadtrundganges ein. Zum dritten gibt es in dieser Stadt viel zu besichtigen.

Gut einen halben Tag benötigt man für die malerische **Altstadt** mit pittoresken **Fachwerkhäusern,** der ***Cathédrale St-Maurice***, dem ***Hôtel du Croissant***, dem ***Hôtel Pincé***, der ***Maison d'Adam***, dem ***Musée des Beaux Arts*** (Museum der schönen Künste), ***Hôtel du Departement*** (früheres Kloster), ***Place du Ralliement*** und der ***Église St-Serge***, und etwas abseits, am Nordufer der Maine das Teppichmuseum ***„Musée J.-Lurçat et de la Tapisserie contemporaine"***.

Angers: Maison d'Adam

Die ***Cathédrale St-Maurice*** wurde im 12. und 13. Jh. im gotischen Stil erbaut; den dritten Turm in der Mitte hat man erst im 16. Jh., also in der Renaissance, hinzugefügt, so dass sich eine eigenwillige Mischung ergibt. Das **Portal** ist mit vielen Figuren noch recht gut erhalten. Im Inneren brillieren die wunderschönen **Glasfenster**, von denen einige noch aus dem 12. und 13. Jh. stammen. Das ***Hôtel du Croissant*** in der *Rue Aignan* hat weder etwas mit dem Be-

herbergungs- noch Bäckereigewerbe zu tun. Es handelt sich um das Palais eines Ritterordens aus dem 15. Jahrhundert.

Im ***Hôtel Pincé,*** ein Stadtpalast vom Anfang des 16. Jh., kann man heute Werke des einheimischen Malers ***Turpin de Crissé*** sowie Keramiken aus Ostasien und Griechenland bewundern.

Hochaltar in St-Maurice

Der place de Ste-Croix – hinter der Kathedrale – wird dominiert von der ***Maison d'Adam***, einem pittoresken Fachwerkhaus aus dem 15. Jh., geschmückt mit zahlreichen Schnitzereien. Ganz in der Nähe befindet sich die ***Galerie David d'Angers***, in der die Werke des Bildhauers ausgestellt sind. Nebenan kann man sich im ***Musée des Beaux Arts*** an der Kunst mehrerer Jahrhunderte ergötzen.

Größtes Highlight der Stadt ist natürlich die **Festung von Angers** mit dem **Logis Royal,** dem **Tour de Moulin,** der umlaufenden **Mauer** und - last but not least - mit der Ausstellung der Wandteppiche der Apokalypse ***(Château d'Angers et Tenture de l'Apocalypse).*** Die gewaltige Festung mit ihren 17 Türmen wurde im 9. Jh. von keinem Geringeren als ***Fulco Nerra*** ursprünglich erbaut, von **Ludwig IX.** („dem Heiligen") 1228 - 1238 weiter gestaltet. Während der Religionskriege (1562 - 1598) entging die Burg nur durch einen raffinierten Trick des damaligen Gouverneurs der völli-

Rundfenster in St-Maurice

Festung von Angers mit Park

gen Zerstörung. Auf dem großen Burghof sind das ***Logis Royal***, das ***Châtelet*** (Schlösschen von 1450), die **Kapelle** (1410) und das **Gouverneurshaus** (18. Jh.) zu sehen. Über eine Treppe gelangt man eine Etage tiefer in das in der Neuzeit erbaute Museum, das die kostbarsten und ältesten Teppiche Europas enthält, die ***Tenture de l'Apocalypse*** (Teppichzyklus der Apokalypse). Der endlos

Châtelet und Kapelle

lange Ausstellungsraum ist wegen des unersetzlichen Inhalts stets abgedunkelt und genau temperiert. Das 1382 vollendete textile Sakralkunstwerk von **Robert Poinçon** bzw. **Hennequin von Brügge** war ursprünglich 130 m lang und 6 m hoch. Erhalten sind

Angers: Im Innenhof der Festung

Die ältesten Teppiche Europas: Tenture de l'Apocalypse

davon noch 103 m in einer Höhe von 4,50 m, bestehend aus 70 Einzelbildern, die das letzte Buch der Bibel (Johannes) illustrieren soll.
Den Besuch der Burg können wir ausdrücklich empfehlen!

Öffnungszeiten und Eintrittspreise:
***Château:** 09-04 10-17.30 Uhr; 05-08 8,50/6,50/0 €; EU-Bürger von 18-25 gratis; Audioguide + 4,50 €; deutschsprachiger Besuchsführer gratis.*
***Cathédrale St-Marice und Égilse St-Serge:** täglich - gratis*
***Hôtel Pincé:** 22.9.-30.4. di-so 10-18 h; 2.5.-20.9. tgl. 10-18 h; EP 6,00/4,00/0 €
***Musée J. Lurçat:** wie vor;* EP 4,00/3,00/0 €

Nach dem Stadtrundgang und dem Besuch der Burg sind wir geschafft, denn das Außenthermometer zeigt 30 °C an. Also lassen wir uns in einem der vielen Straßencafés rund um den *place Ste. Croix* unter einem riesigen Sonnenschirm erst einmal von innen befeuchten. An der Kathedrale, also am *place Freppel*, kann man im **Restaurant** „*La Ferme*" gut und günstig essen, bei warmem Wetter auch auf der schönen Terrasse.
Die Stellplätze in der Stadt sind uns doch zu unwirtlich, weshalb wir am frühen Abend den Standort wechseln:

(094) WOMO-Campingplatz-Tipp: Angers (Lac de Maine)

GPS: N47° 27' 16.2" W0° 35' 46.8" av. du Lac de Maine **Offen:** 25.3. - 10.10.
Ausstattung/Lage: Viersterneplatz, PK2, schattig, Pool*, Gaststätte*, Laden*; V/E, WLAN; Fon 0241 730503, eMail camping@lacdemaine.fr, web: camping-angers.fr / Stadtrand *nur im Juli/August geöfffnet
Zufahrt: ab Stadtmitte ausgeschildert

Vor dem Campingplatz gibt es einen asphaltierten Parkplatz für Reisemobile, auf dem man aber nicht übernachten sollte.
Am nächsten Morgen müssen wir unsere Vorräte auffüllen, was wir bei einem deutschen Discounter in der *avenue du Général Patton* tun. Die nette Dame an der Campingrezeption erklärt uns den kurzen Weg in Deutsch.
Es gibt im Südosten von ANGERS noch einen ruhigen, naturbelassenen Stellplatz direkt an der Loire bei LA DAGUENIÉRE.

(094.1) WOMO-Picknickplatz: La Dagueniére

GPS: N47° 25' 2.8" W0° 26' 15.9" an der D952
max. WOMOs: 5
Ausstattung/Lage: Wasser, WC, Grill, Tische/Bänke, herrlicher Loire-Blick / außerorts
Zufahrt: A87 AS 21, D4 2 km, rechts auf D952 Richtung La Ménitré, ca. 5 km auf Uferstraße, rechts über kleine Brücke **(max. 3,5 t),** auf einer Wiese und geschottertem Untergrund

Château de Montgeoffroy bei Mazé

Château de Montgeoffroy

Offen: mi-so 18.-31.3. + 1.9.-6.11. 10-12/14-17 Uhr; 1.4.-14.6. tgl. 10-12/14-17 Uhr; 15.6.-31.8. tgl 10-18 Uhr; Eintritt: Château/Park 11,00/ 10,00/6,00 €; Château 7,00/6,00/5,00 €; Park/Farm 5,00/3,00/0 €
Auf den Überbleibseln bzw. Ruinen des Landsitzes aus dem 16. Jahrhundert – ursprünglicher Besitzer *Geoffroy* ***de Châteaubriand*** – wurde 1773 - 1775 von Marschall *Louis-Georges Érasme* ***de Contades*** das heute vorhandene Schloss im Stil Ludwig XV. nach den Plänen des Pariser Architekten *Nicolas* ***Barré*** erbaut. Erhalten blieben von dem „Altbau" lediglich die beiden Rundtürme, der kleine Hof mit Wassergräben und die Kapelle auf der rechten Seite. Hochinteressant ist die kostbare Innenausstattung: individuell angefertigte Möblierung, Decken- und Wandvertäfelungen, die aber nicht den Eindruck, sich in einem Museum zu befinden, zulassen. Alles wirkt nicht nur bewohnt, sondern wird auch noch von der Familie *de Contades* bewohnt. Nach dem Tod des Erbauers 1793 verhinderten in der Nachrevolutionszeit die Bewohner des Dorfes Mazé, dass das elegante Schloss geplündert wurde. Die 1543 errichtete **Kapelle *Ste-Catherine*** sollte man keineswegs bei dem Besuch auslassen, denn allein das herrliche Glasfenster ist eine Reise wert. Auch die **Stallungen** auf der anderen Seite des Hofes mit vielen Ausstellungsstücken wie Kutschen, Sätteln, Steigbügeln, Geschirren, Peitschen und Gerten sind nebst alter Sattlerei beachtenswert. Die reichhaltig ausgestattete **Schlossküche** mit über 250 Kupfer- und Zinngefäßen lässt das Herz eines jeden Hobbykochs höher schlagen.
Anreise von Angers: D347 in Richtung Tours, nach 13,5 km auf D61, von da ab ausgeschildert.

Wir befinden uns in einer mit Eichen und Kastanien bewaldeten Landschaft, dem ***Baugeois***; dessen Zentrum ist das Städtchen BAUGÉ, nicht weit von unserem Standort MAZÉ. Über die D61 sind wir in 20 Minuten dort und finden vor dem Schloss auf dem riesigen Parkplatz unter Schatten spendenden Kastanien vorerst eine Bleibe und stellen fest, dass auch Übernachten möglich ist.

Château de Baugé

Offen: 6.-21.2. mi-so 14-17 h; 2.4.-12.6.u. 5.9.-6.11. tgl. 14-17 h; 13.6.-4.9. tgl. 10-17 h; Eintritt (Schloss oder Apotheke) je 7,00/5,50/3,00 €: Kombi-Ticket 11,50/9,50/4,50 €

Das Schloss, 1452 von ***Roi René d'Anjou*** im Stil der Frührenaissance erbaut, sieht von außen recht dekorativ aus, birgt aber im Inneren neben dem *Office de Tourisme* (Stadtplan holen!) und einer mit vielen historischen Bildern und einem schönen Palmengewölbe geschmückten Wendeltreppe ein Museum für Waffen, Münzen und Steingut. Damit die Besucher sich angesichts des hohen Eintrittspreises nicht düpiert fühlen, präsentiert man im Obergeschoss eine einstündige, aber gut gemachte Multimediaschau, in der ausschließlich in Französisch die ganze Geschichte der *Grande Nation* dargestellt wird. In der Zwischenetage trägt ein Pferd aus Pappmaschee eine bunte Ritterpuppe. Der zweistündige (teure) Besuch lohnt sich kaum.

(095) WOMO-Stellplatz: Baugé

GPS: N47° 32' 25.4 W0° 6' 6.7" place de l'Europe **max. WOMOs:** 10
Ausstattung/Lage: Abfalleimer, Restaurant / Ortsmitte
Zufahrt: s. Text oder A85 AS 2, D938, 15 km, WW "Château"

Also machen wir – mit dem Stadtplan in der Hand – einen Bummel durchs Städtle. Wirklich sehenswert in BAUGÉ ist das mit Edelsteinen und Perlen verzierte ***La Vraie Croix d'Anjou*** (Das wahre Kreuz von Anjou*),* das ein Kreuzfahrer 1241 aus Jerusalem, angeblich als Stück des Kreuzes Christi, mitbrachte und von den Herzögen des Anjou hoch verehrt wurde. In der ***Chapelle des Filles-du-Cœr-de-Marie*** im *Hospice de la Girouardière* könnten wir es bewundern, wenn nicht gerade Dienstag wäre. Unser Versuch, die Mutter Oberin von unserer Informationspflicht gegenüber den deutschen WOMO-Buch-Lesern zu überzeugen, misslingt, denn sie sagt (auf französisch) „dienstags nie!" Das mit zwei Querbalken versehene Kreuz kennt man auch als „Kreuz von Lothringen".

Geöffnet: mi - mo 14.30 - 16.15 Uhr; Eintritt: frei, aber Spende erwünscht

Auch unser nächstes Besichtigungsunterfangen geht schief: Die **historische Apotheke** von 1675 hat montags/dienstags Ruhetag, aber angemeldete Gruppen sind immer willkommen.

Geöffnet: mi - so 10 - 12.30 / 14 - 18 Uhr (im Sommer); Eintritt: s. S. 153

Endlich haben wir Glück. Die alte ***Église St-Laurent*** ist offen! Ein kurzer Besuch lohnt wirklich, denn das Gotteshaus stammt aus dem Jahr 1593 und verfügt über eine gewaltige Orgel und eine Reihe schöner Fenster.

Auf dem Wege zu unserem nächsten Etappenziel streifen wir den örtlichen Campingplatz, der einen guten Eindruck macht.

(096) WOMO-Campingplatz-Tipp: Pont des Fées

GPS: N47° 32' 21.8" W0° 5' 47.5" Chem. du Pont des Fées **Offen:** 1.4. - 15.9.
Ausstattung/Lage: PK1, Pool; Tennis, WLAN; Fon 0241 891479 / Ortsrand
Zufahrt: ab Ortsmitte ausgeschildert - eMail: camping@ville-bauge.fr
Neben dem Campingplatz: Womo-Stellplatz mit V/E-Anlage (CB)!

Eigentlich wollten wir von hier aus zum *Château le Lude* fahren. Aber ein größerer Schlenker nach Süden lässt uns vorher zwei schöne Landschaften genießen: ***Forêt de Chandelais,*** ein wunderschöner Eichenwald, und den *Lac de Rillé*, mit dem wir uns noch ausführlich befassen.

Le Guédéniau: Dorfweiher

Die Verlängerung des *Chemin du Pont des Fées* heißt D58, die uns direkt in das Waldgebiet führt. Die schmale, wunderschöne Landstraße wird von hohen Eichenbäumen überdacht.
Bald (7,5 km) sind wir in LE GUÉDÉNIAU, einem hübschen, verschlafenem Dorf am Waldesrand mi einem liebevoll angelegter Stellplatz mit vielen Einrichtungen in idyllischer Lage.

(097) WOMO-Picknickplatz: Le Guédéniau

GPS: N47° 29' 38.0" W0° 2' 42.7
L'Avoir en Crémaillère
max. WOMOs: 20
Ausstattung/Lage: V/E gratis, Bodeneinlass, WC, Tische, Bänke, Picknickhütte, Grill, Restaurant „Le Brocard“ / Ortsrand
Zufahrt: A85 AS 2, D 938, Richtung Baugé, nach 6 km rechts auf D62, D186, im Ort rechts ab auf D58, kurz vor dem Ortsausgang

Hier können wir eine Weile bleiben! An dem entzückenden Dorfweiher mit einer kleinen Blumeninsel in der Mitte sitzt ein Knabe und angelt. Welch ein friedliches Bild!
Das nächste Ziel MOULIHER-NE erreichen wir schne[...] die D58, aber über D[...]

D62 ist die Fahrstrecke schöner und abwechslungsreicher. Gerade haben wir wieder den Nullmeridian, diesmal aber von West nach Ost, überschritten. In MOULIHERNE gibt es zwei gute Stellplätze und das Restaurant *"Le Manureva"* (098.1).

WOMO-Stellplätze: Mouliherne

(098) GPS: N47° 28' 8.7" E0° 01' 01.3" rue de l'Eglise **max. WOMOs:** 10
Ausstattung/Lage: WC, Frischwasser / im Ort
Zufahrt: A85 AS 2, D938, D79, im Ort beschildert (P), an der Kirche
(098.1) GPS: N47° 27' 56.7" E0° 0' 50.6" place des Anc. Combattants **max. WOMOs:** 8 **Ausstattung/Lage:** V/E gratis / Ortsrand
Zufahrt: wie (098), Gabelung D79/D62

Die wuchtige Dorfkirche *St-Germain* aus dem 11. Jh. ziert ein *„Clocher tors“*, der für diese Gegend typische gedrehte Spitzturm. Diese seltene Turmart trifft man auch in LE VIEIL-BAUGÉ, FONTAINE-GUÉRIN, PONTIGNÉ und FOUGERÉ an. Auch in Deutschland gibt es solche Türme, zum Beispiel am Stadttor in Duderstadt.
Unser letztes Bad im Freien ist nun schon einige Tage her und so zieht es uns zum ***Lac de Rillé***, oder – wie er richtig heißt – ***Lac de Pincemaille***. Also geht es weiter auf D62, ab der Departementsgrenze „D49“, nach Osten. Vor dem Parkplatz zum Freizeit- und Wassersportzentrum hat wieder einmal der Höhenschrankenteufel zugeschlagen. Selbst für die Zeit eines Bades im See gibt es so gut wie keinen Parkraum.
Also wenden wir, sehen nach 400 m ein Campingplatzschild.

(099.1) WOMO-Campingplatz-Tipp: Huttopia Rillé

GPS: N47° 27' 29.8" E0° 13' 09.4" an D49 **Offen:** 4.5. - 17.10.
Ausstattung/Lage: PK 3, Seebad, Café/Pizzeria, Baguette-Service; Fon 0247 246297, Web: france.huttopia.com/de/hutopia-rille/ außerorts
Zufahrt: A85 AS 7, D952, in Langeais auf D57 bis Rillé, D49 3 km
Besonderheit: E&V-Anlage mit großem Parkplatz vor dem Camp. Sonderpreis für Übernachtung „Etapo Camping-Car“.

Man muss doch hier irgendwo frei stehen können! Beharrlich rollen wir 300 m auf der D49 zurück und finden seeseitig einen befahrbaren Damm, der das Gewässer durchschneidet. Auf dem Wegweiser steht *„Planches à Voile“* (Windsurfing). Hinter dem Damm liegt nach unser Erinnerung scharf rechts eine *Crêperie*, dahinter ein Minigolfplatz und etwas Parkraum. **Das war einmal!** Inzwischen hat hier jemand ein eingezäuntes

Lac de Rillé (Pincemaille): Abendstimmung.

Privatgelände daraus gemacht und eine Höhenschranke montiert. Seitlich davor könnte man vielleicht noch mit einem Fahrzeug stehen. Da es schon dunkel wird, müssen wir hier bleiben.

(099) WOMO-Stellplatz: Lac de Rillé

GPS: N47° 27' 42.6" E0° 13' 28.7"
Petit Pincemaille
max. WOMOs: 1
Ausstattung/Lage: Bademöglichkeit / außerorts
Zufahrt: wie (99.1), 300 m rechts

Es handelt sich um einen Stausee des Flüsschens *Lathan*. Wir erfahren, dass im August das Wasser abgelassen wird und dabei riesige Sumpfflächen entstehen, die für viele Brutvögel dann eine natürliche Speisekammer darstellen. Nachdem wir uns eingerichtet haben, erkunden wir erst einmal die Gegend. Wir entdecken den **Waldlehrpfad** und studieren die zahlreichen Hinweise über Fauna und Flora des Sees. Unseren Vorsatz, nach dem Spaziergang bei 30 °C ein Bad im See zu nehmen, können wir nicht einhalten, denn der Himmel hat sich total verdunkelt und ein mächtiges Gewitter schlägt uns gewaltige Wassermengen um die Ohren. Es will gar nicht aufhören zu regnen. Das Wetter beruhigt sich schließlich, und ein herrlicher Sonnenuntergang entschädigt uns für das ertragene Ungemach. Die Nacht in der Einsamkeit verläuft störungsfrei.
Hier finden wir nicht so tolle Wanderwege, weshalb wir dem See Adieu sagen und weiter nach Norden zum ***Forêt de Bercé*** reisen. Auf halber Strecke liegt das *Château du Lude*, wo wir natürlich reinschauen müssen, denn uns plagen fast schon

Château de Gizeux

„Château-Entzugserscheinungen“. Wer es mit Schlössern und Burgen besonders eilig hat, der könnte gut vom *Lac Rillé* aus das ***Château de Gizeux*** besuchen, was einen Umweg von 17 km in südlicher Richtung über die D749 ausmacht. Aber es lohnt kaum, was wir auf früheren Reisen erfahren mussten.

Wir rollen über das Dammsträßchen zurück zur D49, biegen rechts ab; nach 4,2 km auf der D49/D62 geht es rechts auf D86/ D141 nach NOYANT, wo wir auf die breite D767, später D307, wechseln. Nach 15 km erreichen wir das mittelalterliche Städtchen LE LUDE. Rechts sehen eine lange Mauer, die den Schlosspark umschließt, und schwenken halblinks in den *bld. Paul Doumer,* einem etwas kuriosen Schild (Wohnanhänger!), später einem Womo-Piktogramm folgend. Am *place du 8 Mai* gehen wir halbrechts auf den *bld. Fisson*, der auf der *place du Mail* endet, wo ein großer, asphaltierter Parkplatz mit Entsorgungsanlage und WC auf uns wartet.

(100) WOMO-Stellplatz: Le Lude

GPS: N47° 38' 51.0" E0° 9' 12.1" place du Mail
max. WOMOs:10
Ausstattung/Lage: Müllcontainer, Münz-WC,V/E (vom 13.5 - 19.9. nicht in Betrieb, Hinweis auf Campingplatz), Café / Ortsmitte
Zufahrt: s. Text oder A85 AS 3, D767 Richtung Noyant, weiter D307, im Ort beschildert

Der Platz ist zwar nach praktischen Gesichtspunkten in Ordnung, aber nicht sonderlich attraktiv, zumal hier auch LKW und viele PKW parken und die Hauptstraße D307 vorbei führt. Aber für einen Schlossbesuch langt er allemal, denn der Fußweg ist nur kurz. Nachdem wir uns an der Eckkneipe gestärkt haben, stiefeln wir los. Wir wundern uns schon über starkes Gedränge am Eingang und stellen fest, dass an diesem Wochenende ein traditioneller Gärtner- und Pflanzenmarkt (*Week-end des Jardiniers*) mit Preisverleihung in dem Schlosspark stattfindet.

Château du Lude

Geöffnet: 1.4.-30.9. Park 10 - 12.30 / 14 - 18; Führungen: 14 - 18 Uhr
Eintritt: Schloss und Park 8,50/7,50/4,50 €; nur Park 6,00/5,50/3,00 €
Es vermittelt – den dicken Wehrmauern, Türmen und Wassergräben zufolge – den Eindruck einer großen Festung. Beim genauen Hinsehen entdeckt man aber ein Mixtur aus drei Stilarten: Ludwig XVI., Renaissance und Gotik. Der Ursprung liegt wieder einmal bei den **Grafen von Anjou**, die hier an der Grenze ihres Herrschaftsbereichs am Ufer des *Loir* im 10. Jh. eine Festung errichteten. Sie wurde in den folgenden drei Jahrhunderten von Feind und Freund mehrmals erobert und zurückerobert. ***Jehan de Daillon,*** Kammerherr Ludwigs XI., erwarb 1457 die Burg. Sein Nachkomme ***Jaques***, ein Waffenbruder Franz' I., schließlich ließ in der zweiten Hälfte des 15. Jh. die Burg von italienischen Handwerkern in ein komfortables Schloss umwandeln. 1751 wurde es von ***Joseph Duvelaer*** erworben und restauriert. Erbin war seine Nichte, die ***Marquise de la Vieuville***.

Das große Anwesen ist heute in Besitz der Grafenfamilie ***de Nicolaÿ***, die es auch bewohnt. Teile des Inneren kann man besichtigen. Die Säle und Zimmer sind in den einzelnen Epochen, anfangend im 15. Jh., stilvoll eingerichtet, besonders prunkvoll diejenigen aus der Zeit Ludwigs XVI.; in den **Speisesalons** sind die Tische fürstlich gedeckt, als erwarte man noch am selben Tag die Gäste. Besonders sehenswert sind Wandmalereien bzw. **Fresken** aus dem 16. Jh. in der kleinen Kapelle am Schlafzimmer (18. Jh.), die Petrarcas „I Trionfi" und biblische Themen darstellen. In einem Rundturm kann man mittels Wendeltreppe zum (trockenen) Burggraben hinuntersteigen. Auch ein Besuch in der original erhaltenen **Schlossküche**

Le Lude: Gärtnerfestival

im Tiefgeschoss ist lohnend und nahrhaft. Bei dem heutigen Gärtnerfestival backen hier nette junge Damen Unmengen von leckeren Pfannkuchen, die wir auch probieren können. In den Sommermonaten finden hier die weithin bekannten Abende ***„Son et Lumière“*** (Klang und Licht) mit Konzerten klassischer Musik und tollen Beleuchtungseffekten statt.

Unweit des Schlosses an der *route du Mans* (D305) liegt der örtliche, sehr preiswerte **Campingplatz**, offen 2.4.-30.9., PK 1, [**100.1**] N47° 39' 03.8" E0° 09' 45.7", Pool, Spa, Fon 0243 946770, www.camping-lelude.com.

Ein kurzer Bummel durch die kleine, aber feine Altstadt rundet den Besuch in LE LUDE ab, so dass wir über die D307 in Richtung PONTVALLEIN entschwinden.

In dem ehemals riesigen Waldgebiet ***Forêt de Bercé*** von 54 qkm Größe wurden unter Ludwig XIV. Eichenwälder eigens für den Schiffsbau angelegt und dann in großem Umfang für Masten und Planken geplündert. Heute werden die edlen Bäume erst in einem Alter von über 200 Jahren gefällt.

Nach 14 km geht's rechts ab auf die D13, die uns direkt zum nächsten Wanderplatz leitet. Nach Überquerung der breiten D338 geht nach 2000 m eine schmale Straße nach links ab, und es öffnet sich ein kleiner Platz *„Rond des Forges“* mit einem uraltem Wegekreuz in der Mitte. **Ab hier kommen nur noch**

Forêt de Bercé : Fontaine de la Coudre

Campingbusse halbwegs weiter. Am besten fährt man nun mit dem Fahrrad weiter (Radwegkarten gratis im O.T. in JUPILLES). Wir rollen geradeaus weiter, um in den nächsten Weg rechts abzubiegen, dem Schild ***„Fontaine de la Coudre“*** folgend. Wenig später finden wir die *Dinan*-Quelle, die eher wie ein verwunschener Teich aussieht. Wandertafeln weisen uns den Weg durch den schönsten Eichenwald Frankreichs.

(101) WOMO-Wanderparkplatz: Fontaine de la Coudre

GPS: N47° 47' 38.9" E0° 22' 18.3"
max. WOMOs: 3
Ausstattung/Lage: Tische, Bänke, Wandertafel / außerorts
Zufahrt: s. Text oder A28 AS 25 D338 Richtung Château-du-Loir, nach 6 km links auf D 13, 2 km
Achtung! Ihr Navi führt Sie hier in die Irre! Handnavigation ist angesagt, siehe oben.

Der Weitwanderweg GR 36 führt hier von Nord nach Süd vorbei. Schnurgerade Wege und geteerte Sträßchen gehen nach Westen ab. Auf den mit Holzschildern gekennzeichneten Routen können sich Wanderfreaks austoben. Ein Schild weist auf die ***„Chêne Boppe“*** (Rieseneiche) oder ***„Futaie des Clos“*** (eingefriedete Baumgruppe) hin.

Man kann auch hin**fahren** (max. 3,5 t), was wir dann auch „schweren Herzens“ tun. Die nicht immer gut sichtbaren Holzschilder muss man natürlich strikt beachten, und so kommen wir nach kurzer Fahrt zu den Monsterbäumen. Ein bekiester Parkplatz an der D63 bietet reichlich Stellfläche.

(102) WOMO-Wanderparkplatz: Futaie des Clos

GPS: N47° 47' 14.8" E0° 29' 42.3"
max. WOMOs: 5
Ausstattung/Lage: Müllcontainer, Tische, Bänke / außerorts
Zufahrt: s. Text oder A28 AS 26 Château - du-Loir, D63 Richtung St-Pierre-du-Lorouër. Auch für Fahrzeuge über 3,5 t.

Alle Eichen sind nummeriert. Das größte Exemplar dieser Baumgruppe ist mit **44 m kirchturmhoch**, verfügt über einen **Umfang von 3,04 m** und soll aus dem **Jahre 1650** stammen. Auf einem Holzschild wird davor gewarnt, bei Sturm ein Fahrzeug in der Nähe abzustellen.
Wir befolgen den Rat und ziehen uns auf D63 und D304 zum nächsten Ort, ST-VINCENT DU LOROUËR, zurück, wo wir spontan am Rande eines Erholungsparks einen schönen Schlafplatz finden.

(103) WOMO-Stellplatz: St-Vincent du Lorouër

GPS: N47° 49' 36.7" E0° 29' 28.0"
Square Jean Moulin **max. WOMOs:** 4
Ausstattung/Lage: Mülleimer, Tische, Bänke, Fitnessparcours, Boulebahn, Restaurant / Ortsmitte
Zufahrt: wie (102), weiter auf D63, in St-Pierre-u-L. links auf D404, neben der Feuerwehr, Wegweiser „Aire Naturelle“

Die ***Source de l'Hermitière*** ist die Quelle eines Baches, der in die *Veuve*, ein Nebenfluss des *Loir*, mündet und liegt in der Schlucht zwischen der *Fontaine de la Coudre* und JUPILLES. An der Quelle können sich hungrige Wanderer in dem urigen Restaurant *L'Hermitière* stärken, das teilweise vom Stamm eines 400 Jahre alten Birnbaums gestützt wird. Nur hat es nicht immer geöffnet, weshalb man sich besser vorher telefonisch unter 0243 448445 absichern sollte. (Menü 18 - 39 €)

Montoire-sur-le-Loir: Flussidylle

Nach ein paar Tagen in dem prächtigen Waldgebiet zieht es uns wieder **zurück an die *Loire***. Unser nächstes Ziel soll das prächtige *Château de Chaumont* hoch über dem Fluss sein.
Die schnellere Strecke geht über die A28 (bis TOURS) und A10 bis AS 18, D31 UND D952.
Die schönere über MONTOIRE-SUR-LE-LOIR und HERBAULT (D304, D305, D917, D108, D107 und D 1), führt sie doch eine Weile an dem **idyllischen *Loir*** (Nebenfluss der *Loire*) entlang. Das sehenswerte Städtchen MONTOIRE hat allerhand historische Bauwerke zu bieten: eine **Burgruine** (9. Jh.), die ***Chapel-le-Saint-Gilles*** mit wertvollen **Fresken** und Figuren aus dem 12. Jh. sowie malerische **Renaissancehäuser**. Einen Reisemobilstellplatz findet man mitten im Ort:

(103.1) WOMO-Picknickplatz: Montoire-sur-le-Loir

GPS: N47° 45' 20.0" E0° 51' 48.0" place des Patis **max. WOMOs:** 20
Ausstattung/Lage: Wasser, WC, Bodeneinlass, Tische, Bänke / im Ort
Zufahrt: von St-Vincent du Lorouër 13,2 km auf D304, links ab auf D305, nach 7,4 km rechts ab auf D917, nach 11,9 km im Kreisel 2. Ausfahrt, dann rechts ab, noch 900 m
Alternativ **Super-U-Parkplatz: (103.2) GPS:** N47° 45' 20.8" E0° 51' 41.1", bld. Jean Mermoz
max. WOMOs: 15 **Ausstattung/Lage:** keine / im Ort
Zufahrt: 950 m auf av. Gambetta (D917), dann rechts, 400 m

Hier läuft gerade ein großes Volksfest mit Jahrmarkt, so dass es etwas umständlich ist, alle Punkte zu erreichen.

Unsere fast gleichlange Route führt auf D304, D9, D124, D29 über BEAUMONT-LA-RONCE und CHÂTEAU-RENAULT (D766) und auf D65 und D1 nach CHAUMONT-SUR-LOIRE. Sollten noch Ver- und Entsorgungsbedarf bestehen, so empfehlen wir einen Abstecher über NEUILLÉ-PONT-PIERRE.

(104) WOMO-Stellplatz: Neuillé-Pont-Pierre

GPS: N47° 32' 51.7" E0° 33' 7.5" rue de Paris
max. WOMOs: 10
Ausstattung/Lage: V/E gratis, Strom, WC, Mülleimer, Frischwasser, für Übernachtung etwas zu unruhig; Platz ist laut / Ortsmitte
Aufenthalt max. 24 Std.
Zufahrt: A28 AS 27, D766, 3 km, vor der Kreuzung mit D938 links

Chaumont-sur-Loire: trockener Fluss

Nach dem kleinen Umweg landen wir bei strömendem Regen in CHÂTEAU-RENAULT. Von dieser Stadt hatten wir uns etwas mehr versprochen. Die frühere Metropole des Gerbereihandwerks bietet nur noch ein Museum, das ***Musée du Cuir et de la Tannerie***, zur Besichtigung an. Hoch auf dem Berg steht das **Schloss** aus dem 17. Jh., wo heute das Rathaus untergebracht ist. Der schöne Blick von oben auf die Stadt ist wohl das einzig Sehenswerte, wenn es nicht gerade wie heute regnet.
Also geht die Fahrt nach CHAUMONT-SUR-LOIRE, das wir in einer halben Stunde erreichen. Vor der *Loire*-Brücke gibt es in ONZAIN in Ufernähe (D1) einen kleinen Picknickplatz, auf den mit einem Womo-Piktogramm hingewiesen wird.

(105) WOMO-Picknickplatz: Onzain (Chaumont)

GPS: N47° 29' 15.1" E1° 11' 18.7" av. du General de Gaulle
max. WOMOs: 10
Ausstattung/Lage: WC, Tische, Bänke / Ortsrand - 2,7 km zum Schloss
Zufahrt: von (104) Neuillé-Pont-Pierre 28 km auf D766, links auf D910, nach 2,4 km im Kreisel 2. Ausfahrt auf N10, nach 8,2 km links auf D73, nach 2,9 km rechts auf D74/D274, nach 1,6 km weiter auf D13/D1 nach 12,9 km, rechts (gesamt 59 km)

Wir überqueren die Loire und biegen hinter der Brücke scharf rechts auf die altbekannte D751 ab und dann gleich wieder rechts zur breiten Flussaue. Über uns auf dem Felssporn thront das ***Château de Chaumont***, angesichts der hier besonders schönen *Loire* mit sandigen Inseln ein grandioser Anblick. (siehe oben) Mit wenigen zeitlichen Ausnahmen ist auf der Uferstraße das Parken für Womos strikt verboten.

Château de Chaumont-sur-Loire

Geöffnet: 21.4.-2.11. 10 - 17/20 Uhr (je nach Saison); Eintritt: Schloss 12,00/7,00/4,00 € Gartenschau 14,00/8,50/5,00 €; Kombiticket 18,00/ 11,50/6,00 €; Multimedia-Führer für das Schloss 4,00 €.

Der Fußweg zum Château hinauf kann einen Untrainierten ganz schön aus der Puste bringen. Es gibt auch eine recht umwegige Autostraße für die weniger sportlichen WOMO-Fahrer! Auf dem Berg erwartet uns zunächst ein großer gepflegter Park, auf dem einige Familien und Grüppchen zum Picknick, dem Nationalsport der Franzosen, lagern. Es gibt drei Dinge zu besuchen: den großen Park, das Schloss und die internationale Gartenschau. Man muss sich gut überlegen, welche Tickets man kauft, sonst wird's ein teurer Spaß.

Stachelschwein-Wappen

Auf den Resten einer mehrfach zerstörten Festung aus dem 10. Jh. ließen **Pierre d'Amboise** und seine Nachfahren 1465 - 1510 das Schloss in der heute erhaltenen Form im gotischen Wehrbautenstil wieder aufbauen. Die als grausam bekannte **Katharina von Medici**, Witwe Heinrichs II., kaufte 1560 die Edelherberge mit dem Hintergedanken, diese der verhassten Mätresse ihres verstorbenen Mannes, ***Di-***

Die wunderschönen Gärten des Château de Chaumont-sur-Loire

ane de Poitiers, zum zwangsweisen Tausch mit dem unvergleichlichen *Château de Chenonceau* anzubieten. *Diane* hat aber kaum auf dem Schloss gewohnt, sondern zog ihr Pariser Domizil vor. Astrologen, Schriftsteller und Gelehrte lebten in den folgenden Jahrhunderten gerne in den königlich eingerichteten Räumen, die in der Folgezeit verschiedenen Adligen gehörten. Seit 1938 hält der französische Staat die Hand darauf. Zwölf im Stil der damaligen Zeit zum Teil prächtig eingerichtete historische Räume sind anzuschauen. In einem der Räume kann man einen **Kamin** aus dem 15. Jh. bewundern, der ein Stachelschwein, das Wappentier Ludwigs XII. (1498 - 1515), zeigt. Wenn man wieder aus dem Inneren des Schlosses herauskommt, kann man von der Terrasse aus einen großartigen Panoramablick über die *Loire* genießen. Die ***Écuries*** (Stallungen) liegen 50 m weiter und sind im Eintrittspreis enthalten. Die historischen Ställe sowie die Kutschensammlung sind ganz hübsch, aber mehr etwas für Liebhaber..

Nun zur **internationalen Gartenschau:**

Geöffnet: 30.4.-16.10 9.30 Uhr bis abends - Preise s. S. 165
Auf dem Schlossgelände befindet sich die berühmte Gartenbauschule ***Conservatoire international des Parcs et Jardins et du Paysage***, die jedes Jahr von neuem zahlreiche Künstler und Gartenbauer beauftragt, eine Parzelle möglichst originell und einzigartig zu gestalten. Neben den teilweise exotischen Pflanzen und Blumen findet man überraschend merkwürdig **tierische Skulpturen** und auch Gegenstände des täglichen Lebens, wie zum Beispiel 2006 ein **Krankenhausbett** über einem Teich mit Seerosen oder bizarr bemalte Stegbretter. Jedes Jahr werden neue Objekte zur Ausstellung erfunden. Es ist schon ein tolles Erlebnis! Wenn Sie wählen müssen, so empfehlen wir die „verrückte" Gartenschau; ein halber Tag geht aber drauf.

Die Loire bei Candé - 5 km flussaufwärts

Hier die übrigen Möglichkeiten, mit dem Wohnmobil zu bleiben:

(105.1) WOMO-Camping-platz-Tipp: Chaumont-sur-Loire

GPS: N47° 29' 5.4" E1° 11' 40.1" Prom. de Trouillas
Offen: 27.4. - 30.9.
Ausstattung/Lage: PK1, V/E, Sandstrand, Fon 0254 209173 / Ortsrand
Zufahrt: unter der Loirebrücke auf Uferstraße 200 m nach Osten

(105.2) WOMO-Stellplatz: Chaumont-sur-Loire

GPS: N47° 28' 30.6" E1° 10' 57.7" rue des Argillons/Queneau
max. WOMOs: 10 oder mehr
Ausstattung/Lage: Busparkplatz Rampe du Château/ Ortsrand
Zufahrt: von D751 450 bergauf auf rue de l'Aumone, links auf rue des Argillons, nach 350 m rechts, sofort wieder rechts, 140 m (1,2 km)
Achtung! In der Hochsaison ist hier wegen der Busse evtl. Platzmangel. Dann muss man auf die anderen Plätze ausweichen.

Der nächste Tag gehört der Königsstadt **BLOIS**, die über die D952 nach nur 17 km erreicht werden kann. Wir wählen aber mit der D751 die schönere Variante und biegen in CANDÉ-SUR-BEUVRON nach links in die schmale D173 ab, um dicht an der *Loire* die **herrliche Uferlandschaft** zu genießen, vorausgesetzt Ihr Fahrzeug hat ein zulässiges Gesamtgewicht bis 3,5 t. In der dicht am Berg gebauten Stadt BLOIS gibt es wenig Raum für Wohnmobile. Zentral liegt immer noch der lange Parkplatz am rechten *Loire*-Ufer, Platz mit V/E ist 1100 m weiter weg. Alles ist natürlich abhängig von der Saison Ihres Besuches.

Blois: Loire-Panorama

WOMO-Stellplätze in Blois

[106]: N47° 35' 16.5" E1° 20' 21.2" promenade du Mail
max. WOMOs: 20 - nur vom 1.10. - 31.3. benutzbar
Ausstattung/Lage: Mülleimer, unruhig durch Parkplatzsucher; kostenpflichtig mo-sa 9 - 12 / 14 - 18 Uhr, Fahrz. bis max. 6 m / im Ort
Zufahrt: A10 AS 17, „Centre“, Parkplatz am rechten Loireufer

[106.1]: N47° 35' 10.8" E1° 19' 32.8" rue Jean Moulin
max. WOMOs: 40
Ausstattung/Lage: WC, V/E (Bodeneinlass), 7,00 €/24 Std. / im Ort
Zufahrt: A10 AS 17, „Centre“, Womo-und Bus-P2-Schildern folgen. Man sollte möglichst bis 18 Uhr eintreffen. Später geht die Schranke manchmal nicht hoch.

[106.2]: N47° 34' 50.1" E1° 19' 36.8" Quai du Foix 45 / Promenade Edmond Mounin **max. WOMOs:** 20
Ausstattung/Lage: Mülleimer, unruhig durch Parkplatzsucher; kostenpflichtig mo-sa 9 - 12 / 14 - 18 Uhr, Fz. bis max. 6 m / im Ort
Zufahrt: A10 AS 17, „Centre“, Parkplatz am rechten Loireufer, nach Südwesten

Für die Besichtigung dieser geschichtsträchtigen Stadt muss man mindestens einen halben, besser einen ganzen Tag einplanen. Wir starten unseren Rundgang am Parkplatz und kraxeln bergauf zur ***Cathédrale St-Louis***, als höchstes Wahrzeichen der Stadt weithin sichtbar. Am schnellsten kommt man über Treppen hinauf, aber es geht auch gemütlicher über serpentinenartige Gassen nach oben. Die Ursprünge der Kirche liegen bereits im 6. Jahrhundert durch eine Kapelle, die dem Apostel Petrus gewidmet war. Von der kleinen Kapelle ist heute nur nochdie **Krypta** erhalten. 1132 wurde hier eine romanische Kirche erbaut, die aber Anfang des 16. Jahrhundert durch einen Renaissance-Koloss ersetzt wurde. Im Laufe der Jahrhunderte gab es Zerstörung und Wiederaufbau in verschiedenen Stilrichtungen: Renaissance bei Turm und Fassade, Gotik beim Kirchenschiff. Im zweiten Weltkrieg wurde ein großer Teil der herrlichen Glasfenster, die 1860 eingestzt waren, zerstört. Erst im Jahr 2000 wurden sie durch holländische und französische Künster ersetzt.

Blois: Cathédrale St-Louis

Château Royal de Blois

Geöffnet: ganzjährig 9-18/19 Uhr (je nach Saison);Eintritt: 10,00/7,50/ 5,00 €; Aufpreis in Hauptsaison und für div. Shows. Ein kostenloser Besichtigungsprospekt ist in Deutsch erhältlich.

In den Mauern dieses Schlosses wurde jahrhundertelang französische Geschichte – glorreiche als auch grausame – geschrieben, die wir auf dem knappen Raum dieses Buches nicht schildern können.

Vier Stilarten kennzeichnen die monumentalen Bauten, nämlich die **Gotik** aus dem 13. Jh. (Generalständesaal, links), die **Spätgotik** - *Gothique flamboyant* - von 1498 - 1503 (Flügel Ludwigs XII.), die **Renaissance**

Château Royal de Blois: Innenhof

von 1515 - 1524 (**Flügel Franz' I.**) und der **Klassizismus** 1635 - 1638 (Gaston d'Orléans). Viel königliche Prominenz gab sich hier im Laufe der Jahrhunderte die Tür-

klinke in die Hand: **Ludwig XII.** und ***Anne de Bretagne***, **Heinrich II.** und **Katharina von Medici**, **Franz II.** und **Maria Stuart**, **Heinrich IV.** und **Maria von Medici**, **Heinrich III.** und **Ludwig XIII.** Es gibt prächtige

Säle und Gemächer, eine Kapelle und Türme zu sehen. Absolutes Highlight ist der **berühmte Treppenturm** im Renaissanceflügel von Franz I. Der Besuch der Schlossanlage, sowohl von innen als auch von außen, ist für *Loire*-Reisende ein Muss.

Ein Blick ins eher schlichte Innere der Kathedrale erfreut uns durch sehr schöne Fenster im Altarraum. Schräg dahinter finden wir den ehemaligen **Bischofspalast**, in dem heute das Rathaus *Hôtel de Ville* untergebracht ist. Ein paar Schritte nach Osten öffnen sich die ***Jardins de l'Évêché***, von wo wir einen fulminanten Blick auf die *Loire* und das Umland genießen.

Wir schlendern zurück nach Westen, vorbei an dem schönen Fachwerkhaus ***Maison des Acrobates*** am *place St-Louis*, dem ***Hôtel d'Alluye***, dem ***Hôtel de la Chancellerie***, beides prächtige Palais aus dem 16 Jh., bis wir an einer Grünanlage zu Füßen des Königlichen Schlosses ankommen. Am nördlichen Rand des ***Jardin Augustin Thierry*** sehen wir zwischen den Bäumen die Türme der **Kirche St-Vincent**. Über Treppen gelangen wir nach oben zum Eingang des Burghofes.

Liebhaber der Zauberkunst finden am nordöstlichen Zipfel des *place du Château* ein sehenswertes Museum, die ***Maison de la***

Magie Robert-Houdin. Von dem Schlossplatz wandern wir bergab zum ***Couvent des Jacobins***, das heute je ein Museum für sakrale Kunst und Naturgeschichte beherbergt. Daneben werfen wir noch einen Blick auf und in die ***Église Saint-Nicolas***, die ehemalige Benediktinerkirche ***Saint-Laumer*** aus dem 12. Jh., deren Altarraum einige schöne Figuren und Bilder zeigt.

Jetzt sind wir wieder am Ufer der *Loire* und haben uns einen ganz schönen Hunger erlaufen. Auf der anderen Seite des Flusses, hinter der Brücke rechts, am *Quai Villebois-Mareuil*, lassen wir uns in der Veranda des **Restaurants** *„Le Bistrot du Cuisinier"* zum Abendessen nieder, wo wir zwar sehr gut, aber doch etwas teuer gegessen haben. Im Michelinführer ist dieses Lokal unter der Rubrik „Gut & Preiswert" erwähnt.

Einen Campingplatz kann die Stadt BLOIS 3,4 km außerhalb anbieten, und zwar am Wassersportzentrum ***Lac de Loire*** in der Nähe von VINEUIL auf der linken *Loire*-Seite, direkt an der D951, auf der wir sowieso nach Nordosten weiter reisen wollen. Diesmal schauen wir uns den langgezogenen Saisoncampingplatz etwas genauer an und können ihn nur empfehlen, sowohl von der Ausstattung, dem Preis und der schönen Lage her.

(107) WOMO-Campingplatz-Tipp: Onlycamp Val de Blois

GPS: N47° 36' 24.7" E1° 22' 39.3" an D951 **Offen:** 25.3. - 16.10.
Ausstattung/Lage: gut, PK 2, Freibad, Fon 0254 788205; onlycamp.fr; contact@campingvaldeblois.fr. / außerorts
Zufahrt: A 10 AS 17 D952A nach 1,8 km im Kreisel 3. Ausfahrt auf D174, nach 2,6 km rechts ab und links auf D 951, Beschilderung „Lac de Loire"

An der Uferstraße D951 entdecken wir dicht an den Auen einen tiefer gelegenen, kleinen Parkplatz, gegenüber ist das **Schloss der Madame de Pompadour** von Mènars zu sehen.

(108) WOMO-Stellplatz: Aire de Vision de Menars

GPS: N47° 37' 59.4" E1° 24' 47.1" an D951 **max. WOMOs:** 2
Ausstattung/Lage: Mülleimer, Aussichtspunkt „Aire de Visions de Menars“, für Übernachtung nur im Notfall geeignet / außerorts
Zufahrt: s. Text oder A10 AS16 (Mer), Loire auf D12 queren, sofort rechts ab auf D 951, 11 km - Parkplatz ist nur von Osten anzufahren!

In MUIDES-SUR-LOIRE biegen wir nach links auf die D 112 nach MER, um dort auf der D15 nach TALCY zu gelangen. Hier erwartet uns ein hübsches Renaissance-Schlösschen aus dem 13. Jh., das ein Vetter von Katharina von Medici 1520 erworben hat. Das ***Château de Talcy*** wurde in letzten Jahren aufwändig, vermutlich mit EU-Mitteln, renoviert.

Geöffnet: ganzjährig 9.30/10 -12.30 und 14-17/18 Uhr: Eintritt: 5,50/4,50/0 €*
** Kinder bis 18 und EU-Jugend bis 25 J.*

Wir haben jetzt einen ganz schönen Schlenker nach Norden gemacht, denn unser nächstes Ziel soll BEAUGENCY sein. Um nicht dieselbe Strecke zurückzufahren, nehmen wir jetzt die D15/D917. Nach knapp 20 km sind wir auf dem schön gelegenen Stellplatz direkt an der *Loire*, der nur einen Fehler hat: Weil er sehr bekannt ist, drängen sich hier fast immer die Womos.

(109) WOMO-Stellplatz: Beaugency

GPS: N47° 46' 45.8" E1° 38' 14.3" av.de Chambord **max. WOMOs:** 20
Ausstattung/Lage: Mülleimer, V/E (CB), WC (nur vom 1.5.-31.8.), Boulebahn / Ortsrand
Zufahrt: s. Text oder A10 AS 15 (Meung), D2152 Richtung Blois, nach 8,3 km links auf D925 (av.de Chambord), in der Rechtskurve geradeaus fahren. (Das frühere Womo-Piktogramm fehlt nun.)

Bei unserer letzten Besichtigung war der Platz wegen der Sturzgefahr hoher Bäume von der Stadt geschlossen worden. Es sieht so aus, als würde der beliebte Stellplatz geschlossen bleiben, denn die Verwaltung gab uns eine unklare Antwort auf unsere Rückfrage: Man wisse nichts Genaues...
Ein Bummel durch die Altstadt von BEAUGENCY lohnt sich immer, denn es gibt folgendes zu sehen: ***Église Notre-Dame***

Alte Loirebrücke in Beaugency

(romanische Kirche mit Glockenspiel, 12. Jh.), ***Donjon*** (11. Jh.), ***Tour de l'Horloge*** (Stadttor, 12. Jh.), **Rathaus** (*Hôtel de Ville*, schöne Wandteppiche), ***Château Dunois*** (mit dem *Musée Daniel Vannier*, Stilmöbel), ***Tour du Diable***, ***Tour St-Firmin*** und ***Maison des Templiers*** (Templerhaus). Ein Besuch des Rathauses ist für Liebhaber von kostbaren Wandbehängen interessant, viertelstündige Führungen für ca. 2 €.

Der Campingplatz Val de Flux auf der anderen Loireseite ist ok. Wir haben aber in 8 km entfernten MEUNG Ersatz gefunden.

(109.3) WOMO-Campingplatz-Tipp: Val de Flux

GPS: N47° 46' 36.4" E1° 38' 35.1" rte de Lailly (D19) **Offen:** 3.4. - 15.9.
Ausstattung/Lage: PK1, Bar, Schnellrestaurant, WLAN gratis, Laden; Waschmaschine; V/E (extern 3 €), Fon 0238 445039 / außerorts
Zufahrt: Loire auf der Steinbrücke überqueren, 2. Straße links (1,2 km)

(109.4) WOMO-Stellplatz: Meung-sur-Loire

GPS: N47° 49' 23.2" E1° 41' 54.5" chemin de Grèves **max. WOMOs:** 12
Ausstattung/Lage: V/E (Karte), Wasser/Strom (je 2 €), gegenüber Schwimmbad, 500 m zum Zentrum, Loire-Blick, max. 48 Std. / Ortsrand
Zufahrt: von Beaugency 5,6 km auf D2152, rechts ab, nach 500 m links auf rue Abbé Pasty/chemin de la Fontaine, nach 1300 m rechts

KARTE TOUR 10

TOUR 10 (ca. 300 km / 3 – 4 Tage)

Orléans – Châteauneuf-sur-Loire – Bellegarde – Etang de la Vallée – Paris

Freie Übernachtung:	Cléry-St-André, St-Denis-en-Val, Combreux, Bellegarde, Paris(2)
Campingplätze:	Orléans, Olivet, Châteauneuf-sur-Loire, Combreux, Bellegarde, Paris (2)
Ver-/Entsorgung:	St-Denis-en-Val, Chécy, A6/Achères-la-Fôret, A5b/Réau
Baden:	St-Denis-en-Val, Etang de la Vallée
Besichtigen:	Cléry-St-A., Orléans, Châteauneuf-s.L., St-Benoît-sur-Loire, Bellegarde, Fontainebleau, Vaux-le-V.
Essen:	Etang de la Vallée, Bellegarde

Auf dieser Tour verlassen wir langsam das Tal der *Loire* in Richtung PARIS, wo uns naturgemäß ein Riesenprogramm erwartet. Vorher müssen wir aber noch Station in ORLÉANS machen, denn diese Stadt ist wie keine an der Geschichte und Entwicklung der Region beteiligt. Da wir keine Anhänger der französischen Autobahnen sind, queren wir in BEAUGENCY die *Loire* auf der prächtigen alten Brücke (D925), links auf D19, wechseln nach 4,1 km nach links auf die wohlbekannte D951. (Wenn Sie keine Kirchen mehr sehen mögen, so bleiben Sie auf der rechten Loireseite und verfolgen die D2152 bis ORLÉANS; dort treffen Sie wieder auf unsere ursprüngliche Route.)
Im zweiten Ort, CLÉRY-ST-ANDRÉ, sollte man einen kurzen Zwischenstopp einlegen, denn hier steht eine sehr bekannte und große **Wallfahrtskirche.**

Basilique de Notre-Dame-de-Cléry

Das Gotteshaus stammt ursprünglich aus dem 13. Jh., wurde aber 1428 von den Engländern zerstört und von König **Ludwig XI.** aufgrund eines Schwurs im Hundertjährigen Krieg noch im selben Jahrhundert größtenteils wieder aufgebaut. Sein Nachfolger **Karl VIII.** brachte den Bau zum Abschluss. **Ludwig XI.** ließ sich hier mit seiner Gattin, **Charlotte von Savoyen**, in der Gruft im Kirchenschiff begraben, daneben das (leere) Prachtgrab. Kurioserweise werden die beiden einbalsamierten Köpfe in einem gläsernen Schrein aufbewahrt. Sehr eindrucksvoll ist die ***Chapelle St-Jaques*** mit vielen bemalten Holzstatuen aus dem 16. und 17. Jh. sowie das kunstvoll geschnitzte Chorgestühl.

Auch ein Blick in die **Sakristei** ist lohnenswert. Jedes Jahr findet Anfang September eine Wallfahrt statt. Die Basilika liegt übrigens auf dem **Jakobsweg nach Santiago de Compostela** (Nordspanien).

An der rechten Seite der Basilika bietet sich ein **Parkplatz** an, der von dicken Bäumen beschattet wird. Wenn nicht gerade Hauptsaison ist, kann man sicher hier im Womo bis 6 m Länge übernachten. [**109.1:** N47° 49' 11.0" E1° 45' 19.1"]. Größere Fahrzeuge finden auf der selben Straße *(rue Louis 11)* 150 m weiter in Richtung „*Stade*" in der rechts auf einer befestigten Wiese einen ruhigen und schattigen Platz, teilweise ebenfalls von Bäumen gesäumt.

[**109.2:**
N47° 49' 06.8" E1 45' 22.1"]

Auf der D951 erreichen wir schnell **ORLÉANS**, die Hauptstadt der ***Region Centre***. Da die Großstadt (203.000 Einwohner) zum größten Teil auf der rechten *Loire*-Seite liegt, müssen wir den Fluss überqueren. 13,3 km nach Cléry-St-André entern wir die Loirebrücke ***Pont de l'Europe***, um sofort links in den *Quai de la Madeleine* (D2152) abzubiegen, auf dem wir 2,9 km bleiben und uns nach links wenden. 400 m weiter wieder rechts, dann links und rechts. Hier finden wir einen von der Gemeinde LA CHAPELLE ST-MESMIN auf dem Gelände eines ehemaligen Campingplatzes neu eingerichteten **WOMO-Stellplatz** für mindestens 25 Fahrzeuge mit allen Einrichtungen:

(111.1) Komm. WOMO-Stellplatz: La-Chapelle-St-Mesmin

GPS: N47° 53' 07" E1° 50' 23" chem. de Fourneaux
max. WOMOs: 25
Ausstattung/Lage: V/E, Strom, herrliche Lage am Loire-Ufer (Naturschutzgebiet); WLAN gratis, Minigolf, Boule, Wanderwege, Fon 0238 223079, web: ville-lachapellesaintmesmin.fr; contact.mairie@ville-lachapellesaintmesmin.fr; Tarif 2016 4,00-5,00 €/N (incl. V/E/Strom), 650 m Bus Nr. 2 / Ortsrand
Zufahrt: s. Text

Nur 2,7 km östlich von hier gibt den ersten Campingplatz:

WOMO-Campingplatz-Tipps: Raum Orléans

St-Jean-de-la-Ruelle [110] GPS: N47° 53' 42.2" E1° 51' 43.7" rue de la Roche **Offen:** nur Juli/Aug **Ausstattung/Lage:** PK 1, mäßig, Fon 0238 793342 sports@ville-saintjeandelaruelle.fr / im Ort
Zufahrt: s. Text oder A 10 auf A 71, AS 1 („Centre"), im Kreisel 3. Ausfahrt auf av. G. Pompidou, links auf D2152, sofort wieder rechts ab

Alternativplatz in (9,5 km südlich):
Olivet (110.1) GPS: N47° 51' 21.4" E1° 55' 31.2" rue du Pont Bouchet **Offen:** 2.4. - 30.9. **Ausstattung/Lage:** PK 1, neues Sanitär, Fon 0238 635394;camping-olivet.org / Ortsrand
Zufahrt: A71 AS 2 D2271, nach 4,6 km Kreisverkehr, ab hier beschildert oder: Loire queren, D2020 AS Olivet-Centre, nach 7 km rechts ab, WW Campingplatz folgen; max. 3,5 t

Von der Uferstraße (D2152) biegen wir an der *Pont du Marechal Joffre* nach Norden in den *bld. Jean Jaurés* ab, übergehend in den *bld. Rocheplatte*. Wir halten uns halb rechts und stoßen nach zwei Kreiseln auf den breiten *Boulevard Alexandre Martin*, der zwischen den Fahrbahnen einen 300 m langen Parkplatz beherbergt. Hier finden Fahrzeuge bis 5,5 m Länge zunächst ein kostenloses Tagesquartier. Am *Quai Barentin* (D2152) gibt's für eine Stadtbesichtigung auch ein paar Parkplätze.

(111) WOMO-Parkplatz: Orléans (Zentrum)

GPS: N47° 54' 16.2" E1° 54' 51.8" bld. Alex. Martin **max. WOMOs:** 20
Ausstattung/Lage: keine, unruhig, nur im Notfall über Nacht / Ortsmitte
Zufahrt: s. Text oder A71 AS 1 auf D2152 Richtung Centre, an der Pont Mrechal Joffre links ab auf *bld. Jean Jaurés/bld. Rocheplatte,* 300 m
Ver- und Entsorgung: am besten auf dem Stellplatz (111.1), oder auf den CPs (110) und (110.1), s. oben.

Orléans: Cathédrale Ste-Croix

Unser Stellplatz liegt ideal für einen Stadtrundgang. Von Juni bis September kann man eine Dreiviertelstunde bequem für ca. 4 € mit dem Touristenbähnchen rundfahren, Startpunkt ist der *Platz* vor der Kathedrale. Wir gehen 5 - 10 Minuten zu Fuß, denn die ***Cathédrale Ste-Croix*** ist nicht weit entfernt. Auf dem Weg kommen wir am ***Campo Santo*** vorbei, ein von Bogengängen umsäumter Garten, der früher als Friedhof diente. Hinter der Kathedrale ist ein Busparkplatz, wo auch einige Wohnmobile stehen. Aber der Platz ist recht eng und gefällt uns als Stellplatz nicht. Da das O.T. direkt links neben dem Gotteshaus liegt, holen wir uns erst einmal einen bunten Stadtplan.

Cathédrale Ste-Croix

Dieser Monumentalbau hat eine jahrhundertelange und teilweise leidvolle Gestehungsphase hinter sich: Auf dem Grundriss einer mittelalterlichen Kirche, in der der Karpetinger Robert der Fromme 987 gesalbt wurde, begann man im 13. Jh. mit dem Bau, und bevor der Dom fertig war, haben ihn die Hugenotten 1568 zum Teil wieder zerstört. König **Heinrich IV.** (1589 - 1610) ließ ihn 1601 zum Dank an die Stadt Orléans im gotischen Stil wieder aufrichten, d. h. nicht ganz, denn es musste noch bis 1829 am Dom fleißig gearbeitet werden, bis er als fertig bezeichnet werden konnte. Die Hauptfassade besteht aus drei Vorhallen, zu denen insgesamt fünf Portale führen, alle mit exzellenter Steinmetzarbeit verziert. Der gewaltige Innenraum besticht durch seine Höhe und Schlichtheit. Von einzelnen Kapellen ist die schönste am Chorscheitel mit einer marmornen weißen Marienstatue. Das **Chorgestühl** wurde Anfang des 17. Jh. von erstklassigen Meistern aus Holz geschnitzt. Die farbigen Glasfenster erzählen das Wirken der **Heiligen Johanna** *(Jeanne d'Arc)*, die riesige Rosette im Giebel des Querschiffs im Norden ist ein Gedicht.

Cathédrale Ste-Croix: Chorgestühl

Offen: 05-09 9.15 - 18 Uhr, 10-04 9.15-12/14-18 Uhr

Krypta und Kirchenschatz ist nicht immer zugänglich.

Jeanne d'Arc

Musée des Beaux-Art (Museum der Schönen Künste)

Geöffnet: dienstags - samstags 10 - 18/20 Uhr, sonntags 13 - 18 Uhr

Eintritt:4,00/2,00/0 € – 1. Sonntag im Monat gratis

Das Institut direkt neben dem Dom ist eines der wichtigsten Kunstmuseen Frankreichs. Die Sammlungen enthalten Kunstwerke vom 15. bis 20. Jh., angefangen bei *Le Corrège* und ***Vélazques*** über *Deruet*, *Chardin* und *Nain* bis *Delacroix*, *Cogniet*, ***Courbet***, *Boutet de Montvel*, ***Gauguin*** *und Hélion*. Kunstliebhaber können hier einen ganzen Tag verbringen.

Das andere große Museum der Stadt, das ***Musée historique et archéologique,*** liegt am entgegengesetzten Ende der prächtigen ***rue Jeanne d'Arc*** in einer Seitengasse, ist aber nicht so sehr interessant. Die Prachtstraße führt von der Kathedrale weg in westlicher Richtung und endet auf dem *place du Général de Gaulle*, wo wir die ***Maison de Jeanne d'Arc,*** ein rekonstruiertes Fachwerkhaus aus dem 15. Jh. finden. Geboten werden hier gegen Eintrittsgeld eine Multimediashow über das tapfere Bauernmädchen *Jeanne*, von dem überall in der Stadt Statuen und Bildnisse aller Art zu anzutreffen sind. Auf dem ***Place du Martroi*** lassen wir uns in einem Straßencafé nieder und erholen uns bei einem Getränk.

Maison de J. d'Arc

Wir studieren noch den Stadtplan und entdecken im Osten von ORLÉANS an der ***Ile de Charlemagne*** eine ***„Base de Loisirs"***, worunter meist ein Naherholungsgebiet mit Schwimmbad, Sportstätten, Picknickanlagen und dergleichen zu verstehen ist. Das Objekt der Begierde ist nicht weit, und so brummen wir mit dem WOMO

St-Denis-en-Val (Orléans): Loire-Freibad „Base de Loisirs“

in diese Richtung. Die *Loire* wird auf der Brücke *René Thinat überquert*, hinter der wir die 1. Ausfahrt rechts nehmen und uns dann nach links wenden. Wegweiser zeigen ***„Base de Loisirs“*** an, und in wenigen Minuten sind wir vor Ort. Der größte Teil der Parkplätze kann von Reisemobilen nicht angefahren werden, weil dicke Findlinge nur PKW durchlassen. Auf dem restlichen Parkplatz sind sogar für Womos einige Parzellen reserviert, die aber nur ca. 6,5 m lang sind. vor Jahren hat die Gemeinde eine V/E-Säule mit Münzeinwurf aufgestellt, was zur Folge hatte, dass ein paar kleine Halunken selbige brutal aufgebrochen haben. Hoffentlich wird bald die Anlage repariert oder eine neue installiert, denn es gibt in der Tat in ORLÉANS keine andere.

(112) WOMO-Badeplatz: St-Denis-en-Val

GPS: N47° 53' 41.0" E1° 56' 19.5" rue de la Levée **max. WOMOs:** 6

Ausstattung/Lage: V/E, Mülleimer, WC, Duschen (im Strandbad), Picknicktische, Spielplatz, Kiosk, Beachvolleyball, Boulebahn, Tischtennis / Ortsrand, Base de Loisirs de l'Ile Charlemagne (gratis)

Zufahrt: s. Text oder A71 AS 1 im Kreisel 3. Ausfahrt, links auf D2152, rechts auf Pont George, hinter Loire 1. Ausfahrt, WW „Base de Loisirs“

Das Freibad mit herrlichem Sandstrand liegt an einem See neben der *Loire*, von der dieser offenbar gespeist wird. Den Rest des Nachmittags verbringen wir bei 27° C mit Schwimmen und Sonnenbaden. Endlich! Wir sind die letzten Besucher, die das bewachte Strandbad verlassen, und die begehrten Parkplätze um uns herum leeren sich ziemlich schnell.

Auf der anderen *Loire*-Seite gibt's einen Stellplatz in CHÉCY:

(113) WOMO-Stellplatz: Chécy

GPS: N47° 53' 8.4" E2° 1' 41.7"
chemin du Port **max. WOMOs:** 5
Ausstattung/Lage: V/E (Jetons), schöne Lage an der Loire / außerorts
Zufahrt: A71 AS 1, D2152 nach Osten, nach 7,8 km im Kreisel 1. Ausfahrt auf D960, nach 6 km in Chécy rechts ab zur Loire, WW „Camping“
Der **Campingplatz** (112.1) „Les Patures“ nebenan (PK1) ist Mai – Sept. offen.

Von hier aus kommen wir auf der D960 über ST-DENIS-DE-L'HÔTEL zu unserem nächsten Ziel: CHÂTEAUNEUF-SUR-LOIRE (15,7 km).
Ohne den Schlenker über CHÉCY bleiben Sie jetzt auf der linken *Loire*-Seite und fahren die Deichstraße gut 2 km weiter bis zu einer Gabelung. Links führt eine sehr schmale, aber romantische Straße 8 km nach SANDILLON, für Womos eigentlich nicht zu empfehlen, und rechts – besser für größere Fahrzeuge – über ST-DENIS-EN-VAL zur D 951. Hier geht es komfortabel weiter über SANDILLON UND JARGEAU nach **CHÂTEAUNEUF-SUR-LOIRE**. Das ist ein hübsches, altes Städtchen mit einigen weniger bedeutenden Sehenswürdigkeiten. Wir finden in der Ortsmitte einen Tagesplatz in einer offenen alten **Markthalle**. An Markttagen sucht man sich einen anderen Parkplatz oder nimmt den Campingplatz gegenüber.

Châteauneuf-sur-Loire: Flusspanorama

(113.1) WOMO-Campingplatz-Tipp: La Maltournée

GPS: N47° 51' 23.8" E2° 13' 46.4" rte de la Plage **Offen:** 25.3. - 31.10.
Ausstattung/Lage: PK1, V/E (extern 4,80 €), Womo-Sonderpreis 8,00 €, Wifi, Fon 0632 114113; camping-chateauneufsurloire.com / Ortsrand
Zufahrt: auf der anderen Loire-Seite, ab Ortsmitte ausgeschildert.

Châteauneuf-sur-Loire:Schlosspark

Von dem einst prächtigen Schloss nach Versailles-Vorbild aus dem 17. Jh. sind nur noch der gefällige **Park** und einige Nebengebäude übrig geblieben, nachdem ein Immobilienhai aus ORLÉANS – die gab es damals auch schon! – das Hauptgebäude Anfang des 19. Jh. abreißen ließ. Wer sich für die *Loire*-Schifffahrt erwärmen kann, der findet hier im ***Musée de la Marine de Loire*** eine große Sammlung zu diesem Thema. Von der ***Église St-Martial***, einer einst gotischen Kirche, ist außer dem Marmorprunkgrab nicht mehr viel erhalten.
Unsere Reise soll nun nach Nordosten in Richtung PARIS führen. Wenn Sie auf Tour 2 nicht die Gelegenheit des Besuchs der Wallfahrtskirche von ST-BENOÎT-SUR-LOIRE genutzt haben, so ergibt sich hier eine neue, denn der Ort ist nur 11 km entfernt (D60). Auf halber Strecke passieren wir eine wunderschöne **vorromanische Kirche** in GERMIGNY-DES-PRÉS, die im Jahre 806 dem Heiligen Theodulf geweiht wurde und mit herrlichen byzantinischen Mosaiken aus dem 9. Jh. glänzt.
Vor der Basilika von **ST-BENOÎT-SUR-LOIRE** liegt ein großer **Parkplatz** für 75 Fahrzeuge, auf den auch Womos bis ca. 6 m bzw. 3,5 t passen. [**113.2:** N47° 48' 36.2" E2° 18' 10.7"]

Basilika des Klosters *Fleury, St-Benoît-sur-Loire*

Der Benediktinerorden wurde 520 n. Chr. vom **hl. Benedikt** im Kloster von Montecassino bei Neapel gegründet. 580 zerstörten Langobarden die fromme Stätte. Die Mönche flohen und ließen die sterblichen Überreste des Heiligen in den Trümmern zurück. 630 kamen Benediktiner aus Orléans nach *Fleury* und bauten das Kloster auf.
672 holten sie die Reliquien des hei-

ligen Benedikts nach *Fleury*.
Schließlich baute der **Abt *Gauzlin*** 1020 den heute noch gut erhaltenen **Portalturm** im romanischen Stil, das Kirchenschiff folgte zwischen 1067 und 1218. In der Französischen Revolution wurde das Kloster 1790 stark zerstört. Die Mönche jagte man brutal davon.

Basilika des Klosters *Fleury*

Erst 1944 lebte der Orden hier wieder auf.
Besonders interessant sind die Figurenkapitelle aus dem 11. Jh. und der gestaffelte Chor in den beiden Altarräumen. Das Gestühl wurde 1413 von Künstlern aus Orléans geschaffen. In der Krypta können die Reliquien des **hl. Benedikt** besichtigt werden. Das nördliche Seitenschiff ist im gotischen Stil erbaut worden und war früher einmal der Haupteingang zur Klosterkirche. Der Kapetinger-König **Philipp I.** (1060 – 1108) fand hier im 13. Jh. seine letzte Ruhestätte.

Auf dem Klostervorplatz fällt uns ein sehr eigentümlich gewachsener Baum auf, der natürlich auf die Platte gebannt werden muss.
Da uns das Wetter mit Wärme und viel Sonne verwöhnt, statten wir noch dem **Seengebiet *Etang de la Vallée*** einen Besuch ab. Wir verlassen ST-BENOÎT-SUR-LOIRE auf der D148 in nördlicher Richtung und stoßen auf die D 952 , in die wir nach links einbiegen und nach 8 km an der Überführung der kreuzenden D2060 geradeaus weiterfahren. (Sollten Sie versehentlich auf die vierspurige D2060 geraten sein, so können Sie nach 10,8 km am Wegweiser *Etang de la Vallée* nach links abbiegen.) Auf D10 und D9 kommen wir nach 13 km in dem verstreut liegenden Örtchen COMBREUX an, wo wir uns nach dem Schild „Camping“ oder *Etang de la Vallée* richten.
Auf dem riesigen Parkplatz vor dem Strandbad kann man gut sein Nachtquartier bereiten. In der Hauptsaison wird empfohlen, den eingezäunten Teil abends zu verlassen, weil ab und an WOMO-Gegner die Einfahrtschranke schließen. Wir haben hier schon häufig auf der Durchreise übernachtet und hatten nie

Etang de la Vallée (bei Combreux)

Probleme. An heißen Sommerwochenenden kann schon mal geräuschvoll gefeiert werden, aber wo gibt es das nicht?

(114) WOMO-Badeplatz: Etang de la Vallée

GPS: N47° 57' 33.3" E2° 16' 59.6" route de Vallée **max. WOMOs:** 12
Ausstattung/Lage: Mülleimer, Frischwasser, Picknickmöbel, Strandbad, Duschen*, WC*, Imbiss*, Restaurant* / außerorts
* Ostern bis Spätsommer
Zufahrt: A10 AS 14 D2701/D2060, nach 33 km auf D10/D9, 13 km, WW Etang de la Vallée / Camping

Der Badenachmittag fällt heute so lang aus, dass keine Zeit mehr fürs Kochen bleibt. Wir testen das einfache Seerestaurant und sind recht zufrieden, denn das Preisleistungsverhältnis stimmt. Der grandiose Sonnenuntergang wird gratis geliefert. Die Waldlandschaft mit dem großen Flachsee, ideal für Familien mit Kleinkindern, ist so schön, dass man auch längere Zeit hier verbringen kann, z. B. auf dem Campingplatz.

(115) WOMO-Campingplatz-Tipp: Etang de la Vallée

GPS: N47° 57' 30.5" E2° 16' 53.3" route de Vallée **Offen:** ganzjährig
Ausstattung/Lage: PK 1, einfache, saubere Anlage, Aktivangebote; Fon 0238 554760; contact@campingetangdelavallee.com / außerorts
Zufahrt: wie (114)

Bevor wir weiter in Richtung Hauptstadt düsen, schauen wir noch in BELLEGARDE herein, denn es ist für uns kein Umweg.

Château de Bellegarde und das Städtchen

Das rot-weiße Schloss mit vielen Zinnen, Türmchen und Nebengebäuden spiegelt sich im Wasser von Teichen und Gräben. In dem umgebenden Park flanieren Familien mit Kindern, für die es reichlich Spielgeräte gibt. Der quadratische Bergfried wurde von ***Nicolas Braque***, Kassenwart von Karl V., im 14. Jh. errichtet. (Es kann kein Zufall sein, dass sehr viele königliche Finanzminister sich prunkvolle Schlösser bauen konnten!) Das Rathaus – ***Hôtel de Ville*** – mit herrlichen Wandtäfelungen kann dienstags/donnerstags 13.30 – 16 Uhr besichtigt werden. Auch das Innere der ***Église Notre-Dame*** aus dem 12. Jh. (Romanik) mit vielen alten Statuen und Gemälden ist mehr als einen Blick wert.

Noch vor wenigen Jahren quälte sich der Schwerlastverkehr auf der alten N 60 (heute D2160) durch dieses sehenswerte Burgstädtchen. Dank der neuen Umgehungsstraße D2060 ist es hier nun richtig beschaulich geworden. Im Zentrum kann man auf Parkflächen im Wohnmobil übernachten.

(116) WOMO-Stellplatz: Bellegarde

GPS: N47° 59' 16.3" E2° 26' 31.7
allée de la Fontaine **max. WOMOs:** 2
Ausstattung/Lage: Mülleimer, Spielplatz, Restaurants / Ortsmitte
Zufahrt: A77 AS 18, D2060, nach 2,4 km rechts auf D2160 (alte N 60), 16 km. wahlweise am Schloss, an der Kirche, am Busparkplatz oder am Salle des Fêtes

Wem die Plätze im Zentrum nicht ruhig genug sind, der kann auf den kleinen, sehr hübsch gelegenen Campingplatz in der Nähe des Schlosses ausweichen.

(117) WOMO-Campingplatz-Tipp: Le Camping du Donjon

GPS: N47° 59' 0.6" E2° 26' 27.3" allée du Château **Offen:** Juni - Sept.
Ausstattung/Lage: PK 1 einfach, sauber; Fon 0238 902537 / Ortsmitte
Zufahrt: wie (116), im Zentrum augeschildert (600 m)

Den Weg in die Hauptstadt, der wir die Tour 11 zur Gänze gewidmet haben, können wir schnell und direkt oder mit Besichtigungsstopps nehmen. Wir haben letzteres (noch) nicht gemacht, können Ihnen aber ein paar Anregungen geben.
Auf D2160, A77, A6 und D607 gelangen wir nach 71 km zum berühmten ***Château de Fontainebleau*** (UNESCO-Weltkulturerbe), das von einem wildromantischen Waldgebiet, dem ***Forêt de Fontainebleau***, umgeben ist.
Geöffnet mi - mo Okt - Mrz 9.30 - 17; Apr-Sep 9.30 - 18 Uhr. Eintritt: 11,00/ 9,00/0 € (Säle, Gemächer, Napoleon-Museum); China-Museum 3,00 €; www.musee-chateau-fontainebleau.fr; *) bis 26 Jahre aus EU-Ländern*

Der nächste **Campingplatz** liegt 16 km südöstlich der Stadt im *Parc du Gué* in LA GENEVRAYE. **Ver- und Entsorgen** können Sie westlich von FONTAINEBLEAU auf der A 6-Raststätte bei ACHÈRES-LA-FÔRET zwischen AS 14 und 13.
Haben Sie immer noch Lust auf Prachtschlösser? Dann kommen Sie am ***Château de Vaux-le-Vicomte*** auf der D606 bei MELUN fast vorbei, welches so pompös sein soll, dass es seinerzeit König Ludwig XIV. die Tränen des Neids in die Augen trieb und ihn zum Bau von *Versailles* animierte. Auch diese Edelherberge wurde wieder von einem Finanzminister für sich gebaut. Irgendwann werden wir das Schloss auch besuchen.
Geöffnet: täglich Mitte März bis Anfang Dezember 10 - 18 Uhr
Eintritt: 15,50/13,50/0 €; Candlelight-Besuch 20-23 Uhr: 19,50/17,50 €
Audioguide 3,00 €; Kostüm leihen 4,00 € www.vaux-le-vicomte.com.

Gedanklich sind wir schon in der Hauptstadt der Franzosen, obwohl noch 57 km zurückgelegt werden müssen! Wir sind auf der **D605**, die vom Ring um MELUN nach Norden abzweigt. Am nächsten Kreuz wird sie zur Autobahn **A5b**. Direkt dahinter, bei RÉAU, liegt vor der AS 13 eine Raststätte mit Shell-Station, wo eine **Entsorgungsanlage** gratis benutzt werden kann.
Kurz danach geht die Autobahn in die **N104** über, die nach 21 km auf die **A 4** stößt, wo wir uns in Richtung **PARIS** einordnen. Nach 12,3 km verlassen wir die A4 an der AS *Joinville*, halten uns rechts und stoßen nach 500 m auf die *av. du Tremblay*, die uns zum ***Château de Vincennes*** führt (3,6 km). Hierhin werden wir aber später nur zur Schlossbesichtigung kommen.

Freie Stellplätze gibt es seit einiger Zeit im Stadtbereich Paris überhaupt **nicht** mehr, da die Sicherheitsbehörden wegen der Terrorgefahr offenbar alle bisherigen Möglichkeiten rigoros gesperrt haben. Wir empfehlen daher dringend, für einen Parisbesuch ausschließlich die Campingplätze zu nutzen!
Für alle Ziele, von denen je zwei genau entgegengesetzt vom Stadtkern liegen, bleiben wir jetzt auf der A4.
Zum Campingplatz in CHAMPIGNY-SUR-MARNE verlassen wir die Autobahn nach 9,5 km bei AS 5 (NOGENT/CHAMPIGNY), biegen links ab in den *bld. de Stalingrad*, nach 1000 m rechts in die *av. de Général de Gaulle* und nach 1200 m rechts der Camping-Beschilderung in den *bld. de Polangis* folgen, dann noch ca. 1500 m.

(118) WOMO-Campingplatz-Tipp: Paris-Est

GPS: N48° 49' 45.4" E2° 28' 35.8" bld. des Alliés **Offen:** 9.1. -22.12.
Ausstattung/Lage: PK 4, etwas laut, da neben der A4 / 10 km von Paris Bus zur RER-Station, ab dort 15 Min. bis Paris-Centre; Fon 0143 974397, Web: campingchampigny.paris; eMail: campingparisest@homair.com; Reservierungsgebühr 10 € wird nicht angerechtnet! V/E extern 7,70 - 9,80 €
Zufahrt: A4/E50 AS Joinville, rechts halten, nach 500 m rechts ab, nach 900 m links auf Pont de Joinville, 600 m im Kreisel 5. Ausfahrt in av. Foch, nach 700 m rechts, 4. Straße links, A4 unterqueren, rechts halten

Den ehemalige Stellplatz in VINCENNES [N48° 50' 24.4" E2° 26' 8.6"] anzufahren, ist ziemlich sinnlos, denn man kann so gut wie nirgends halten, geschweige denn parken. Es ist auch fast nicht mehr möglich, einen Blick auf das Gelände der Nationalgarde zu werfen; denn wenn man sich verbotswidrig mit dem WOMO „heranschleicht“, wird man sehr schnell verjagt, denn die Angst vor Anschlägen ist groß. Wir haben Fotos gemacht:

Paris-Vincennes: Appell der Nationalgarde

Schauen wir auf das Schloss, dann befindet sich hinter uns die Kaserne der **Nationalgarde**, von Polizisten streng bewacht. Möchten Sie jedoch lieber im Westen von PARIS residieren, so geht es auf der A 4 weiter bis zur ***Peripherique*** (Stadtautobahnring), wo wir an der ***Porte de Bercy*** in Richtung Osten (Hauptrichtung BORDEAUX, LYON o. ä.) einbiegen. Wenn Sie in die verkehrte Richtung abzweigen, ist es auch nicht schlimm, denn Sie kommen auf der *Peripherique* immer zum Ziel, und ein Umweg ist es kaum! Wir fahren an der ***Porte Maillot*** ab, ca. 16 bzw. 18 km seit der A4. Oben ist ein großer Kreisverkehr, den wir so lange umrunden, bis wir den unauffälligen Wegweiser zum Campingplatz an der Westseite entdecken und ihm durch den ***Bois de Boulogne*** folgen.

(120) WOMO-Campingplatz-Tipp: Indigo Bois de Boulogne

GPS: N48° 52' 6.8" E2° 14' 4.8" 2, allée du Bord de l'Eau **Offen:** ganzjährig
Ausstattung/Lage: PK 4, mittel, nicht ganz ruhig, Restaurant (Ostern bis September), Laden ; Shuttlebus (Apr-Okt) zur Metro-station Porte Maillot; Bus 244 Haltestelle „Camping Les Moulins" an der route de Suresnes (500 m Fußweg); Fon 0145 243000, 243031 und 243081; Fax 244295; info@camping-indigo.com; camping-indigo.com/de/camping-indigo-paris; man spricht an der Rezeption meist auch deutsch. Reservierungsgebühr (2016: 23,00 €) wird nicht angerechnet / Stadtrand
Zufahrt: s. Text; oder: A13 AS 2 (nur Ausfahrt „Bois de Boulogne"), zum Seine-Ufer, auf Quai du 4 Septembre und allée du Bord de l'Eau nach Norden, ca. 2,7 km

Das Camping-Restaurant haben wir ausprobiert und waren im Prinzip zufrieden. Die Preise liegen im Mittel von PARIS. Der deutsche Rezeptionist empfielt, für Ostern, Pfingsten und Juli/ August unbedingt reservieren zu lassen, ansonsten erwischt man einen engen Behelfsplatz am Ende des Geländes oder wird wegen Überfüllung ganz abgewiesen.
Die Preise hier (2016: 25,30 - 38,30 €/Nacht ohne Strom) sind recht saftig, die Hygiene, vor allem an der V/E-Anlage, lässt gelegentlich zu wünschen übrig, was aber meist die Camper selbst zu verantworten haben.
Es werden im Stadtbereich von PARIS Parkplätze für WOMOs angeboten, z. B. http://www.interparking-france.com/fr-FR/find-parking/ParkingWurtzTrucks/ in der 10, *rue Wurtz*, 75013 PARIS, die aber sehr hohe Gebühren erfordern, z. Teil bis 35,00 € für 24 Stunden. Da muss man schon ziemlich verzweifelt sein, wenn man hier sein Gefährt abstellen will.
Wir wandern vom Campingplatz aus die *allée du Bord de l'Eau* ca. 650 m nach Süden und bemerken einige Parkplätze für die Rennbahn (*Hippodrome de Longchamp)* an der Seine, die aber alle für WOMOs total verrammelt sind.
Ganz in der Nähe liegt das Restaurantschiff „*Le Galion*“ vor Anker. Davor existiert ein Gästeparkplatz, der offenbar auch mit WOMOs angefahren werden kann. Wir haben bei unserem Besuch 2016 dort nicht gespeist bzw. ausprobiert, ob eine Übernachtung toleriert wird. Wohl eher nicht.
Adresse: 10 Allée du bord de l'eau, 75016 PARIS; Telefon 01 44 14 2000; www.restaurantlegalion.com; Menüs ab 35 €.

Paris - Bois de Boulogne: Restaurantschiff „*Le Galion*“

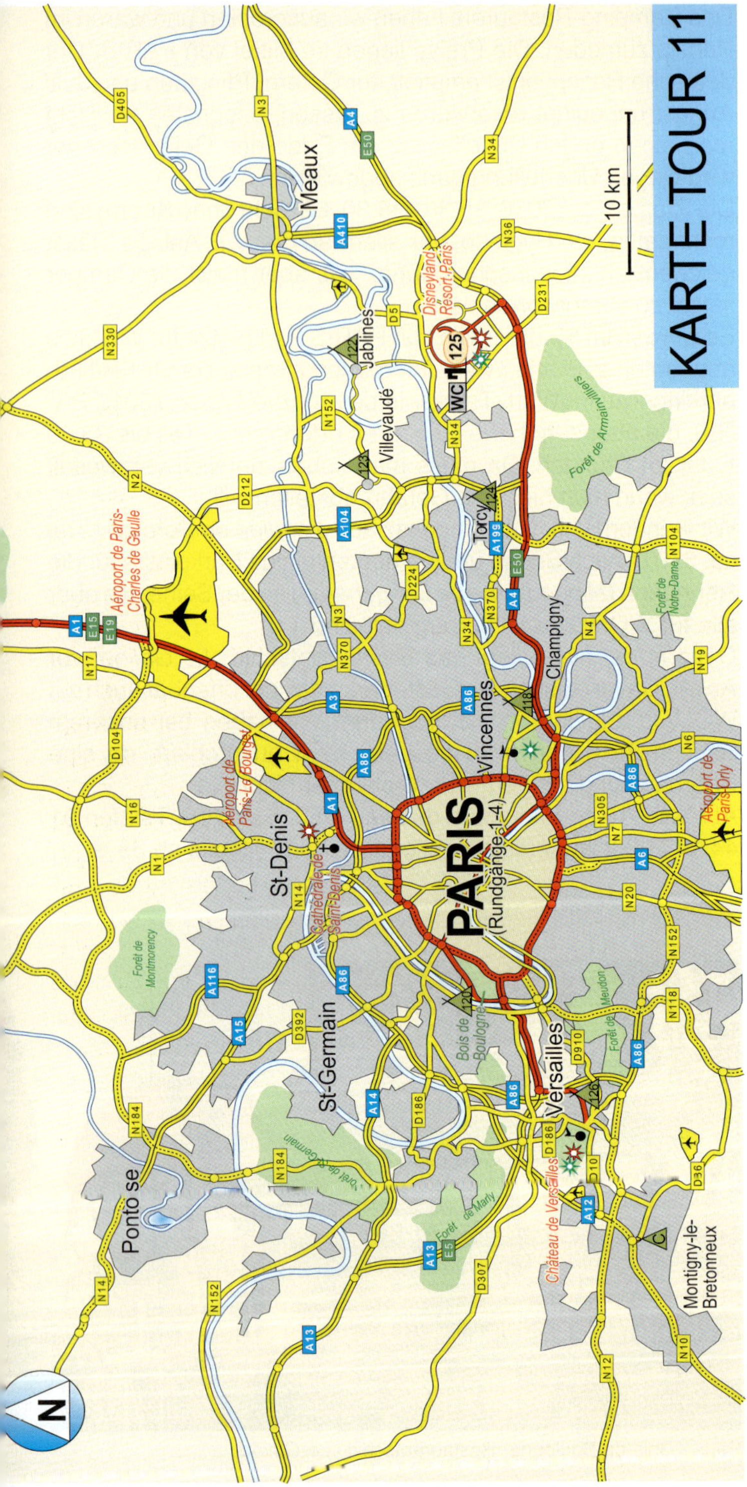
KARTE TOUR 11
10 km
Meaux
Jablines
Villevaudé
Disneyland Résort Paris
125
WC
122
123
124
Torcy
Forêt de Armainvilliers
Forêt de Notre-Dame
Champigny
Vincennes
118
PARIS
(Rundgänge 1-4)
Aéroport de Paris-Charles de Gaulle
Aéroport de Paris-Le Bourget
Aéroport de Paris-Orly
St-Denis
Cathédrale de Saint-Denis
Forêt de Montmorency
St-Germain
Forêt de St-Germain
Bois de Boulogne
120
Forêt de Meudon
Versailles
126
Château de Versailles
Forêt de Marly
Pontoise
Montigny-le-Bretonneux
A1
A3
A4
A6
A12
A13
A14
A15
A86
A104
A116
A199
A410
E5
E15
E19
E50
N1
N2
N3
N4
N6
N7
N10
N12
N14
N16
N17
N19
N20
N34
N36
N104
N118
N152
N184
N305
N330
N370
D5
D10
D36
D104
D186
D212
D224
D231
D307
D392
D405
D910

TOUR 11 (ca. 162 km / 6 - 10 Tage)

Paris – Disneyland – Jablines – Villevaudé – Versailles – Villiers-sur-Orge – Parc Astérix

Freie Übernachtung:	Disneyland (gebührenpfl.)
Campingplätze:	Jablines, Montjay-la-Tour, Villiers-sur-Orge
Ver-/Entsorgung:	nur auf den Campingplätzen (auch extern)
Baden:	Jablines
Besichtigen:	Paris (Vier Rundgänge); Château Vincennes, Disneyland, Château Versailles, Parc Astérix

Wo soll man in der Weltmetropole PARIS anfangen und wo aufhören?

Nähere Informationen zu den möglichen **Standorten**:

In Tour 10 haben wir Sie an zwei Plätze herangeführt. Wir selbst haben den **Campingplatz im *Bois de Boulogne* (120)** vorgezogen, obwohl dieser – je nach Saison – ein recht teures Vergnügen ist. Der Platz liegt direkt an der Seine und ist relativ ruhig. Den Krach machen im Sommer möglicherweise die Gäste, wenn sie aus dem Pariser Nachtleben heimkehren. Der Vorteil ist, dass von April bis Oktober vor dem Tor ein **Zubringerbus** zur Métrostation *Porte Maillot* abfährt (eifache Fahrt 2,00 € oder 10er-Karten für 17,00 €).

Paris-West: Porte Maillot

Zum nächsten **Linienbus (244)** zur *Porte Maillot* muss man auf einem Trampelpfad durch den Park ca. 500 m zur *Haltestelle „Camping Les Moulins“, rte. de Suresnes*, laufen.

An der Rezeption werden Sie meist von Daniel, einem freund-

lichen jungen Mann, auf Deutsch empfangen. Der Platz ist naturgemäß zu den touristischen Superzeiten wie Ostern, Pfingsten, Juli und August sehr stark frequentiert, so dass eine Reservierung anzuraten ist. Diese kostet allerdings 23 € (online preiswerter) und wird nicht angerechnet.

Am entgegengesetzten Stadtrand, also im Osten, haben wir uns den Platz ***Camping Paris-Est* (118)** in CHAMPIGNY-SUR-MARNE angesehen. Er macht einen ordentlicheren Eindruck und ist etwas preiswerter als der am *Bois de Boulogne*. Die beiden Plätze gehören nicht mehr der gleichen Firma. Die Lage ist etwas problematischer, weil direkt daneben die stark befahrene Autobahn A4 läuft, kurz vor dem Abzweig zur A86. Auf der anderen Seite liegt die *Marne*, ein Nebenfluss der *Seine*. Die Fahrzeit zum Zentrum (Bus und RER – Zone 3) beträgt bei gutem Anschluss eine halbe Stunde, also etwas länger als vom *Bois de Boulogne*. Dafür ist ***Disneyland*** deutlich näher.

Vincennes: Métrostation

Das ***Château de Vincennes***, vor dem unser früherer Stellplatz liegt, ist gut mit der Metro zu erreichen. Das neuntürmige Schloss sollte man sich unbedingt ansehen, denn es verfügt über den höchsten Donjon weit und breit. Nur mit dem Parken ist es hier – auch für PKWs – schlecht. Vielleicht wird das in absehbarer Zeit geregelt.

Paris: Château de Vincennes

Château de Vincennes

Geöffnet: Mai - Sep 10 - 18 Uhr; Okt - Apr 10 - 17 Uhr

Eintritt mit Führung (45 - 75 min): 8,50/6,50/0 €* – * EU-Bürger bis 26 J.

Château de Vincennes: Portal

Mittelalterliche Baukunst trifft man in Paris sonst kaum mehr an, hier ist noch viel davon erhalten geblieben. Allerdings muss man eine Mischung mit dem Barock akzeptieren. Aus einem kleinen Jagdschloss im königlichen Wald ließ **Philipp II. August (1180 - 1223)** eine starke Festung bauen, die zeitweise auch als Regierungssitz diente. Hiervon ist vor allem der mächtige **Donjon** noch gut erhalten bzw. wird derzeit restauriert. Ab 1652 wurde die Burg zum Staatsgefängnis erklärt, in welchem hauptsächlich die Monarchiegegner und u. a. die betrügerischen Finanzminister eingekerkert wurden. Später aber wohnten wieder Mitglieder der königlichen Familie in den prunkvoll eingerichteten Nebengebäuden wie dem ***Pavillon de la Reine***. Sehenswert ist die aus dem 16. Jh. stammende ***Chapelle Royale***, die eine gewisse Ähnlichkeit mit der gotischen Sainte-Chapelle in Paris aufweist.

Der dazugehörige ***Bois de Vincennes*** mit Seen, Picknickanlagen und Reitpfaden ist das östliche Gegenstück zum *Bois de Boulogne* und wird von den Pariser Familien gerne als Erholungsgebiet genützt.

Der Botanische Garten ***Parc Floral*** ist ein Schmuckstück, ebenso kann der ***Parc Zoologique*** mit fast 1000 Tieren besonders die Kinder erfreuen. Ein künstlicher 70 m hoher Felsen (***Grand Rocher***) wurde für Steinböcke und Mufflons zur Kolonialausstellung 1931 errichtet, die Tiere sind aber nicht mehr da.

Bois de Vincennes: Grand Rocher

Natürlich gibt es in dem riesigen Raum in und um PARIS Stellmöglichkeiten auf öffentlichen und privaten Parkplätzen, z. B. bei großen Firmen. Aber darum haben wir uns nicht bemüht. Dafür möchten wir noch weitere Campingplätze nennen, die wir inspiziert haben.

Für Familien mit Kindern, die großen Wert auf einen oder mehrere Besuche in **Disneyland** legen, finden wir den folgenden Platz ideal, weil er zum einen nur 9 km von dem Spaßpark entfernt liegt, mehrmals täglich einen preiswerten Zubringerbus dorthin anbietet und außerdem noch einen hohen Erholungswert hat. Die benachbarte Freizeitanlage ***„L'Espace Loisirs"*** bietet so ziemlich alles, was der Kurzurlauber sich wünscht:

Sandstrand am großen Badesee ***„Grand Lac“***, Picknickanlagen, Angeln, Radwege und Fahrradverleih, Spielplätze, Tischtennis, Tennis, Bogenschießen, Reiten, Minigolf, Tretboote, Surfen, Segeln, Wasserski, ein Restaurant, zwei Strandbars, Toiletten, Duschen. Es gibt zwar acht Parkplätze vor der Freizeitanlage, aber es ist zu erwarten, dass Reisemobile dort nachts vertrieben werden mit dem Hinweis, den Campingplatz zu benutzen.

(122) WOMO-Campingplatz-Tipp: Camping International de Jablines

GPS: N48° 54' 48.0" E2° 44' 03.3" Ortsteil Annet **Offen:** 26.3. - 29.10.
Ausstattung/Lage: PK 3, gut, schattig, Restaurant, V/E, Fon 0160 260937, Fax 0160 264333, eMail: welcome@camping-jablines.com; web: camping-jablines.com; 28,6 km Luftlinie nach Paris; Ticketverkauf und Zubringerbus Disneyland / RER-Station (Zone 5), ab dort 42 Min. bis Paris-Zentrum
Zufahrt: A4 zwischen AS 10 und 12 (Kreuz) auf A104 Richtung St-Thibault-d.-V., AS 8, D404, nach 6,5 km rechts auf D45, Wegweiser „Base de Loisirs de Jablines“

Nur 6 km südwestlich auf der D404 bietet in VILLEVAUDÉ-MONTJAY-LA-TOUR ein weiterer Platz seine Dienste an:

(123) WOMO-Campingplatz-Tipp: Camping Club Le Parc

GPS: N48° 54' 43.2" E2° 40' 19.8" rue Adèle Claret **Offen:** ganzjährig
Ausstattung/Lage: PK 2, schön schattig, Drei-Sterne-Platz, Restaurant, div. Sportanlagen / Le Parc, Ortsteil **Montjay-la-Tour**, 24 km Luftlinie nach Paris (Notre-Dame); Ticketverkauf und Minibus Disneyland / RER-Station (Zone 5), ab dort 42 Min. bis Paris-Zentrum; nächste RER-Station 11 km in Mitry-Claye (Zone 5); Fon 0160 262079, Fax 0160 270275, web: campingleparc.fr; eMail: info@campingleparc.fr

Zufahrt: A4 zwischen AS 10 und 12 (Kreuz) auf A104 Richtung St-Thibault-d.-V., AS 8, D404, nach 1 km links ab, Wegweiser „Camping Le Parc“

Diese Anlage hat das Preis-Leistungs-Verhältnis verbessert, Tickets für *Disneyland* werden mit bis zu 25 % Rabatt angeboten. Die Preise für den Minibus nach *Disneyland* bzw. S-Bahnstation (RER) liegen uns nicht vor. Man kann online Karten

bestellen. Wenn man zum Freizeitpark ***L'Espace Loisirs,*** Annet, will, muss man Eintritt zahlen: 6,00 € (ab 12 Jahre) bzw. 1,50 € (Kinder unter 12 Jahren).
Der Campingplatz (124) *„Parc de la Colline"* (in der Nähe in TORCY) aus unserer letzten Ausgabe ist wohl inzwischen halbwegs geschlossen bzw. steht vor der Schließung. Im Internet liest man sehr ungünstige Kritiken von 2015.
Als Ersatz haben wir – etwa 30 km südlich von Paris – einen Platz in VILLIERS-SUR-ORGE festgestellt: s. Karte Tour 10

(124) WOMO-Campingplatz-Tipp: Le Beau Village

GPS: N48° 39' 17.9" E2° 18' 15.6" 1 voie des Prés **Offen:** ganzjährig
Ausstattung/Lage: PK 2, alle üblichen Einrichtungen, Snackbar, Fon 0160 161786, campingaparis.com; 700 m zur nächsten RER-Station - Ticket nach Paris (2016) 5,05 € / Ortsrand
Zufahrt: vom bld. Périphériqe in Ivry auf A6B, Richtung Bordeaux, nach 13,7 km auf N20 weiter, nach 8,1 km auf D186/D35, im Kreisel links, noch 600 m
Buchen über die Website.

Der Vollständigkeit halber erwähnen wir noch die übrigen – von uns nicht besuchten – Campingplätze im Pariser Umland:

NESLES-LA-VALLÉE, 39 km* im NW
ST-QUENTIN-EN-YVELINES, 31 km* im SW
*) Entfernung von Paris-Mitte

Wir stellen die Übersicht der möglichen Stellplätze deshalb an den Anfang dieses Kapitels, damit Sie selbst nach Ihren Vorlieben und Plänen die Auswahl treffen können. Unsere Touren durch die Stadt PARIS haben wir ausschließlich zu Fuß mit Unterstützung durch den ***öffentlichen Personennahverkehr*** gemacht. Letzterer spielt für die Einwohner und die Touristen eine große Rolle. Deshalb hier einige grundsätzliche Informationen.
1. Métro – Untergrundbahn, verkehrt hauptsächlich innerhalb der Stadtgrenzen in kurzer Zugfolge. Symbol: ein „M" im Kreis. Man kommt damit zu allen Adressen, ohne mehr als 500 m laufen zu müssen. Verkehrszeit: 5.30 - 0.30 Uhr.
2. RER – Stadtschnellbahn (*Réseau Express Régional,* betrieben von RATP und SNCF) verbindet PARIS mit den Vororten, den *Banlieus.* Symbol: „RER" im Kreis. Auch diese Bahnen fahren in einer rasanten Taktfrequenz. Verkehrszeit 5.30 - 0.30 Uhr.

3. Busse (RATP und Optile) füllen die Lücken sowohl im Stadtgebiet als auch in den Vororten.

4. Noctilien – Nachschwärmerbusse fahren in einem eigenen, dichten Netz von 0.30 bis 5.30 Uhr von der Stadtmitte – ***Châtelet, Gare de l'Est, Gare St-Lazare, Gare Montparnasse, Gare de Lyon*** – in alle Himmelsrichtungen wie etwa *Métro* und RER und tragen vor der Nummer ein „N". Wann der nächste Bus kommt, kann per SMS Nr. 61064 oder Telefon Nr. 0892 687714 oder WAP-Handy unter www.ratp.fr abgefragt werden. Kommt ein Bus, gibt man ein Handzeichen. Es gelten nachts Sonderfahrkarten, die auch im Bus erhältlich sind.

Die Pariser Verkehrsgesellschaft RATP bietet u. a. in deutscher Sprache einen Fahrplanservice über Internet an:

www.ratp.info/informer/allemand/index.php

Man wählt sich auf dem Laptop ein und kann sich jede beliebige Strecke ausarbeiten lassen, was aber per Handy teuer ist.

Fahrpreise

Das **Standardticket „t"** kostet 2,00 €, 10 Stück (***Carnet***) 17,00 €, für Kinder 8,50 €. (Einzeltickets für Kinder gibt es wohl nicht.) Diese Tickets gelten im gesamten *Métro*-Netz, auf RER (RATP und SNCF) innerhalb von PARIS (Umsteigen nur „untertage" möglich), in den RATP-Bussen in PARIS und in den Vororten, im Verkehrsnetz *Optile*, in dem die Privatunternehmen des Bustransports im ganzen Umland zusammengeschlossen sind, sowie in der Seilbahn (*Funiculaire*) zur *Sacré-Cœur*.

PARIS und Umgebung sind in acht Tarifzonen eingeteilt. Karten erhält man an jeder Station und in den „*Tabacs*" tagsüber. Je nach Umfang und Dauer der geplanten Ausflüge können sich die speziellen Touristentickets „***Paris Visite Pass***" lohnen:

Paris Visite Pass

Stand: Ende 2016

Zonen	1 Tag	2 Tage	3 Tage	5 Tage
1 - 3	12,85 €	21,00 €	28,50 €	41,00 €
1 - 5	26,95 €	41,00 €	57,45 €	70,30 €

Kinder von 4 - 11 Jahren zahlen ca. 50 %.

Mit diesem Ticket erhält man bei vielen Sehenswürdigkeiten Rabatte bis zu 35 %

Quelle: http://reservierung.parisinfo.com/il4-angebot_i149-paris-visite-verkehrsmittel-pass.aspx?gclid=CIji6KGPI9ACFQsR0wodleMIDg

Wesentlich preiswerter ist für Langzeitbesucher die Wochen- oder Monatskarte „***Passe Navigo Découverte***" (früher „*Carte d'Orange*"), die allerdings mit einem Passfoto versehen werden muss und immer von Montag bis Sonntag gültig ist.

Wie schon gesagt, haben wir als Standort für unsere Touren durch Paris den Campingplatz am *Bois de Boulogne* gewählt. Der Shuttlebus ist in 5 - 8 Minuten an der Métrostation *Porte*

Maillot. (Für die Buslinie 244 und die *Métro* braucht man je ein „t“-Ticket.) Bei unseren Rundgängen haben wir zu zweit täglich vier bis sechs Einzeltickets aus dem Zehnerblock verbraucht. Vom ***Camping Paris-Est*** sollte man eine Karte *„Paris Visite“* oder ein entsprechendes Einzelticket kaufen, da CHAMPIGNY in der Preisstufe 3 liegt. Nach Disneyland sind wir mit dem Womo getuckert. Die Parkgebühren: 35,00 € pro Nacht. (!!)
Jetzt haben wir genug über den Nahverkehr erzählt und kommen zu unseren **Vorschlägen für die Stadtbesichtigung.** Die Weltmetropole hat **222 Museen und Sehenswürdigkeiten!** Wenn Sie Paris kunstgeschichtlich und kulturell tiefergehend erkunden wollen, so empfehlen wir den Kauf eines einschlägigen Paris-Reiseführers (s. Tipps unter „Literatur“). Hier können wir aus Platzgründen nur eine grobe Übersicht anbieten, die sich in **vier Rundgänge** aufteilt. Jede Tour ist an einem Tag zu schaffen, wenn Sie nicht ausgedehnte Museumsbesuche vorhaben. Aber das können Sie sich ganz nach eigenem Geschmack einteilen. Allein für den ***Louvre*** muss mindestens ein ganzer, für das ***Musée d'Orsay*** ein halber Tag eingeplant werden, die Besteigung des **Eiffelturms** zu Fuß dauert mindestens drei Stunden. In der ***Grande Galerie de l'Evolution*** kann man locker auch einen Tag verbringen. Die ***Sainte-Chapelle*** haben wir zwar in einer Stunde bestaunt, jedoch geht manchmal eine mehrstündige Wartezeit für die Eintrittskarte voraus. Gegen Wartezeiten gibt es zwei Mittel:
1) Eine halbe Stunde vor Öffnung an der Ticketkasse sein.
2) Die ***„Paris Museum Pass“*** für 48,00 € (2 Tage), 62,00 € (4 Tage) und 74,00 € (6 Tage), mit der man 70 Museen und Monumente (Kennzeichnung im folgenden: **CMM**) beliebig oft besuchen kann; erhältlich: Métro-Stationen, in den beteiligten Museen oder online unter **http://reservation.parisinfo.com**.
Am ersten Sonntag im Monat ist der Eintritt fast überall frei. Ruhetage sind Montag oder Dienstag.

Paris Rundgänge 1-3
Sehenswürdigkeiten Rundgänge 1, 2, 3
Metrostation (Start/Ziel)
Seine
Avenue des Champs Elysées
Jardin des Tuleries
Jardin du Carrousel
Esplanade des Invalides
Parc du champ de Mars
U.N.E.S.C.O.
Sorbonne
Île St-Louis
Cimetière du Père Lachaise
Rundgang 1
1 Pont Neuf
2 Palais de Justice / Ste-Chapelle
3 Cathédrale Notre-Dame
4 Église Saint Louis-en-Île
5 Musée de Sculpture en Plein Air
6 Musée Nat. d'Histoire Naturelle
7 Institut Musulman
8 "La Mouffe" (Rue Mouffetard)
9 Panthéon & St-Etienne-du-Mont
10 Jardin & Palais de Luxembourg
Rundgang 2
11 Louvre
12 Musée d'Orsay
13 Musée Nationale de l'Orangerie
14 Galerie Nationale Jeu de Paume
15 L'Obelisque
16 Petit Palais
17 Grand Palais
18 Palais de l'Élysée
19 Rue du Fauburg Saint-Honoré
20 St-Philippe du Roule
21 Lido de Paris
22 Arc de Triomphe
23 Crazy Horse
24 Trocadéro
25 Tour Eiffel
26 École Militaire
27 Hôtel et Dôme des Invalides
28 Église Saint-Louis-des-Invalides
29 Musée Rodin
Rundgang 3
30 Cimétiere Père Lachaise
31 Opéra Bastille
32 Colonne de Juillet
33 Hôtel Sully
34 Place des Vosges
35 Maison de Victor Hugo
36 Musée National Picasso (Hôtel Salé)
37 Centre Pompidou
38 Hôtel de Ville
39 Palais et Jardin Royal
40 Place Vendome: Hôtel Ritz, Colonne de la Grande Armée
41 Église Sainte Marie Madeleine
42 Opéra Garnier
43 Galeries Lafayette

Sainte-Chapelle

Rundgang 1 (ca. 6 km / 5 – 8 Stunden)

Das Herz von Paris

Pont Neuf – Ste-Chapelle – Conciergerie – Notre-Dame – Île de St-Louis – Grande Galerie de l'Evolution – Panthéon – Jardin du Luxembourg – St-Sulpice – Quartier Latin

Start: Métrostation St-Michel/N. D. Mit Blick auf die ***Île de la Cité*** gehen wir nach links, den *Quai des Grandes* an der *Seine* entlang, vorbei an den Bilder- und Souvenirverkäufern und überqueren den Fluss auf der berühmten Brücke ***Pont Neuf***, die konträr zu ihrem Namen die älteste Pariser Brücke (16. Jh.) ist. Auf der Insel wandern wir auf der entgegengesetzten Seite im Uhrzeigersinn weiter, am gewaltigen **Justizpalast** vorbei bis zur ***Pont au Change*** und schwenken nach rechts in den *bld. du Palais*, an dem der Eingang zu unserem ersten Highlight zu finden ist.

Pont Neuf

Sainte-Chapelle

Die hinreißende gotische Kapelle ***Sainte-Chapelle*** (*CMM*) aus dem 13. Jh. ist eine der größten Attraktionen der französischen Hauptstadt. Wir haben schon viele Kirchen auf der Welt gesehen, aber dies ist ein absoluter Höhepunkt.

Cathédrale Notre-Dame de Paris

Das einmalige Kirchlein hat zwei Etagen: Die etwas schmucklose **Unterkapelle** war für den niedrigen Adel, die prächtige **Oberkapelle** für den König und seinen Hofstaat gedacht. Hier haben sich die Fenstermaler des Mittelalters förmlich ausgetobt und über tausend Bibelszenen in bril-

Sainte Chapelle: Unterkapelle

lanten Farben dargestellt. Die benachbarte ***Conciergerie*** (CMM) – gotischer Palast, Hinrichtungsstätte und Gefängnis aus dem 14. Jh. – kann man gleich mitbesichtigen. *Offen: Mrz-Okt 9.30-18.30; Nov-Feb 9-17 Uhr; Eintritt: Kombiticket 15,00/12,00 €/0, nur Sainte-Chapelle 10,00/8,00/0 €, nur Conciergerie 8,50/6,50/0 €.*

Wir marschieren aber auf der *Île de la Cité* weiter zur weltberühmten ***Cathédrale Notre-Dame de Paris*** (CMM). Hier ist fast zu jeder Jahres- und Tageszeit Hochbetrieb. Das Wunderwerk der Gotik wurde zwischen 1163 und 1330 erschaffen, woran **Ludwig IX. „der Heilige“** und ***Maurice de Sully*** maßgeblich beteiligt waren. Die Kirche der Superlative hier detailliert zu beschreiben, würde viele Seiten füllen. Die 70 m hohen Türme können über 402 Stufen bestiegen werden, was zu einem unvergesslichen Erlebnis durch den grandiosen Ausblick über die Stadt wird. Die Schatzkammer „***Musée de Notre-Dame***“ zeigt eine große Sammlung Sakralkunst und Devotionalien. Ausgrabungen aus der Römerzeit sind in der ***Crypte Archéologique*** zu sehen. Der Eingang befindet sich im Treppenhaus zu den Garagen.

Notre-Dame von innen

*Offen: **Kirche** 8.00-18.45 Uhr, Eintritt frei; **Türme** 10.00-17.30/18.30 Uhr; Eintritt: 10,00/6,00/0 €. **Schatzkammer** mo-sa 9.30-18 Uhr, so 13.30-18.30; Eintritt: 4,00/3,00/2,00 €; **Krypta**: 10-18/18.30 Uhr; Eintritt frei.*

Hinter der Kathedrale, also an der Ostseite, führt eine Brücke auf die Nachbarinsel ***Île St-Louis***.

Hier gibt es neben der **Barockkirche *Saint-Louis-en-l'Île*** zwar keine berühmten Sehenswürdigkeiten, jedoch ist ein Bummel durch die alten Straßen mit ihren **Patrizierhäusern**, hübschen **Läden**, **Kneipen** und **Cafés** allein schon deshalb sehr reizvoll, weil man hier kaum Touristen antrifft. In der *rue St-Louis-en-l'Île* soll es das **beste Speiseeis der Stadt** bei *Raymond Berthillon* geben. Wir haben es trotz der hohen Preise ausprobiert: einfach göttlich!

Wir verlassen die beschauliche Insel nach Süden über die *Pont de Sully* und sehen halblinks vor uns das ***Institut du Monde Arabe***,

dessen Rückseite aus 35.000 Metallornamenten besteht. Von der Dachterrasse hat man eine fulminante Aussicht und kann dabei in dem libanesischen Restaurant „*Le Ziryab*“ speisen.

Nach diesem kleinen Abstecher wenden wir uns wieder der Uferpromenade an der *Seine* am *Quai Saint Bernard zu*, die das Freiluftmuseum ***Musée de Sculpture en Plein Air*** beherbergt. Hier kann man gratis etliche – zum Teil skurrile – Plastiken bestaunen.

Gegenüber liegt die Pariser Universität, es schließt sich das große ***Museum National d'Histoire Naturelle*** *an*, dessen Eingang aber noch 400 m weiter am *place Valhubert* liegt. (Gegenüber finden wir den altehrwürdigen Bahnhof ***Gare d'Austerlitz***.) Das Naturkundemuseum besteht aus sechs Teilen: ***Jardin des Plantes (1)***, den ***Galeries de Paleontologie et d'Anatomie Comparée (2)***, der ***Ménagerie (3)***, der ***Galerie de Minéralogie (4)***, den **Gewächshäusern (5)** und schließlich der ***Grande Galerie de l'Evolution (6)***.

Wenn man sich alles ansehen will, so vergeht schnell ein ganzer Tag. Wir werfen zunächst einen Blick in das **Urzeitmuseum** (2). Die Skelette gigantischer Urtiere sind bei dramatisch-bedrohlicher Musikkulisse schon furchterregend, ein paar Kleinkinder brechen in Tränen aus und verstecken sich hinter der Mama. Ein Besuch lohnt kaum, aber wer's mag?

Offen: mi-mo 10-18 Uhr; Eintritt: 9,00/7,00/0 €

Der schön angelegte **Park** (1) mit einer Vielzahl exotischer Pflanzen und z. T. äußerst seltenen Blumen ist ständig geöffnet und gratis.

Am westlichen Ende des großen Gartens finden wir endlich das, was wir eigentlich su-

chen: die ***Grande Galerie de l'Evolution (6)***. Quer durch eine große Halle mit mehreren Galerien scheint eine gewaltige Herde wilder Tiere, angeführt von einer Ur-Elefantenfamilie, geräuschvoll zu stürmen, erstarrt wie in einem angehaltenen Film. Das 1889 gegründete Naturkundemuseum wurde erst Mitte der 90-er-Jahre völlig neu konzipiert und stellt inzwischen eine der meistbesuchten Attraktionen von Paris dar.

Geöffnet: mi-mo 10-18, do bis 22 Uhr; Eintritt: 12,00/10,00/0 €

Die übrigen Abteilungen (separates Eintrittsgeld) haben wir nicht besucht, sonst wäre der Tag zu Ende gewesen.

Um zu unserem nächsten Highlight, dem ***Panthéon***, zu kommen, müssen wir ein pittoreskes Viertel nach West durchschneiden. Am Museumsausgang an der Ecke *rue Buffon / rue Geoffroy-St-Hillaire* laufen wir fast in die moslemische Moschee (***Institut Musulman***), die ein türkisches Dampfbad, den ***Hammam de la Mosquée***, und einen historischen **Teesalon** beherbergen. Wir werfen nur einen Blick hinein: Der Teesalon ist in der Mittagszeit rappelvoll, und man kann vor lauter Tabakqualm nicht die Hand vor Augen sehen. Nix wie raus!

Wir schwenken nach links in die *rue Lacépède*, wieder rechts zu der kleinen Grünanlage am *place E. Mâle*, ein Stück nach links, stiefeln eine steile Treppe (*rue Rollin*) hinauf und landen mitten in einem Flohmarkt auf dem *place de la Contrescarpe* bzw. der ***rue Mouffetard***, genannt ***„Mouffe"***. Dies ist eines der ältesten Viertel von Paris, in dem es noch Häuser aus dem Mittelalter gibt. Jetzt nähern wir uns auf *rue Descartes* und *rue Clovis* von hinten dem ***Panthéon***, vorbei an

Paris: Panthéon

der spätgotischen Kirche mit Renaissance-Einschlag ***St-Etienne-du-Mont (15. Jh.)***, die auch einen kurzen Blick ins Innere wert ist.

Nach ein paar Schritten lichtet sich der Häuserdschungel zu einem großen Platz, in dessen Mitte der gewaltige Kuppelbau des ***Panthéon*** (CMM) thront. Im Jahre 1758 von **Ludwig XV.** aufgrund eines Gelübdes ursprünglich als prachtvolle Kirche für die Schutzpatronin von PARIS, der heiligen Genoveva, geplant und bis 1789 errichtet, wurde der gigantische Bau von der postrevolutionären Nationalversammlung 1791 zum Ruhmestempel für die Großen der *Grande Nation* umgewidmet. Hier wurden siebzig Berühmtheiten beigesetzt, u. a. *Dumas, Curie, Voltaire, Rousseau, Hugo, Zola und Malraux*.

Unter der 83 m hohen Kuppel hängt im Inneren das berühmte **Foucault'sche Pendel**, das die Erdrotation beweist. Von der Kuppel, die über viele Stufen schweißtreibend erreicht werden kann, hat man einen grandiosen **Blick über das *Quartier Latin*** mit dem Gewusel in den Gassen.

Geöffnet: 10.00- 18 (Winter)/18.30 Uhr (Sommer); Eintritt: 0,50/0,50/0 €

Palais du Luxembourg

Paris: rue Soufflot, zum Jardin du Luxembourg

Die vom Ruhmestempel wegführende Prachtstraße *rue Soufflot*, benannt nach dem Panthéon-Baumeister, verläuft gradlinig zum *Place Edmond Rostand*. Hier finden wir den Haupteingang zum berühmten ***Jardin du Luxembourg***, dem beliebtesten Park der Pariser. Auf unzähligen Metallstühlen und -bänken sitzen sie hier gern während der Arbeitspausen in der Sonne und schauen den vielen Kindern zu, wie sie im Schlossteich ihre bunten Schiffchen bugsieren, die man hier auch ausleihen kann. Bei schönem Wetter eine Sitzgelegenheit zu finden, ist schwer; aber wir haben Glück und genießen – in der wärmenden Mittagssonne sitzend – die hinreißende Kulisse.

Das ***Palais du Luxembourg*** ließ **Maria von Medici**, Witwe **Heinrichs IV.**, ab 1615 von *Salomon de Brosse* mit Schmuckelementen des florentinischen Stils erbauen, weil zum einen sie an ihre toskanische Heimat erinnert wurde und ihr zum anderen der Königspalast *Louvre* zu ungemütlich war. Aber als der Bau

Paris: Tour Montparnasse

1630 endlich fertig war, schickte kurz darauf Kardinal ***Richelieu*** die aufmüpfige Königswitwe ins Exil nach Köln, um endlich Ruhe vor ihr zu haben. Ab 1800 dient der Palast als Sitz des französischen **Senats**, dessen Präsident im *Petit Luxembourg* Hof hält.

Eine Besichtigung ist nach Voranmeldung (Fon 01042 342060) möglich.

Vom Park aus sehen wir im Hintergrund den 210 m hohen ***Tour Montparnasse***, der einzige Wolkenkratzer mit 56 Etagen im Pariser Zentrum.

Aufzugfahrt: 9.30-22.30/23.30 Uhr; 15,00/12,00/9,50 €

Nicht weit vom *Jardin du Luxembourg* steht die zweitgrößte Pariser Kirche, die ***Église Saint-Sulpice*** im Viertel ***Saint-Germain-des-Pres***. Schweren Herzens verlassen wir den erholsamen Park durch den nordwestlichen Ausgang an der *rue Guynemer*, biegen rechts in die *rue de Vaugirard* ab, dann links in die *rue Férou*, bis wir vor dem mächtigen Klassizismusbau stehen. Er wurde Mitte des 17. Jh. begonnen, aber – wie so oft bei Gotteshäusern – erst nach mehr als 100 Jahren halbwegs fertig gestellt, denn der Südturm mit 78 m Höhe gilt heute noch als unvollendet. Viele Menschen strömen in die Kirche, was für diese Tageszeit (16 Uhr) ungewöhnlich ist. Die Sitzreihen sind bis auf den letzten Platz gefüllt. Des Rätsels Lösung: Ein Chor- und Orgelkonzert mit deutschen Künstlern steht unmittelbar bevor. Jetzt ist es so weit: Die mächtige Orgel dröhnt mit Bachklängen durch das riesige Kirchenschiff, das 120 x 60 m misst. Das Instrument ist eine Schöpfung von ***Aristide Cavaillé-Coll***, der die Orgeln in anderen französischen Kirchen wie *Saint-Denis, La Madeleine, Notre-Dame* und *Sainte-Clotilde* gebaut hat.

Paris: Saint-Sulpice

Nun gehen wir an der linken Seitenfront der Kirche auf der *Rue Saint-Sulpice* zur ***Carrefour de l'Odéon***, überqueren den ***bld. Saint-Germain***, halten uns rechts und bummeln durch die bunten Gassen des Studentenviertels ***Quartier Latin***, bis wir auf dem breiten ***bld. St-Michel*** landen. Ein paar Schritte in

Quartier Latin: rue de Buci

Richtung *Seine* und wir kommen gerade recht, um dem Konzert einer großen Blaskapelle auf dem ***place St-Michel*** zu lauschen. Die Abendsonne wirft schon ein rotgoldenes Licht auf die ***Cathédrale Notre-Dame*** und wir bringen, wie viele andere Touristen, unsere Kamera für ein stimmungsvolles Bild in Anschlag. Auf der rechten, also östlichen Seite des *bld. Saint-Michel*, gibt es in den Altstadtsträßchen, beginnend in der *rue de la Huchette*

bis zur *rue St-Severin* eine wahre Ansammlung von kleinen und großen Restaurants, die sich gegenseitig heftig Konkurrenz machen. Die angebotenen Menüs sind meist sehr preiswert, aber bei den Getränkepreisen muss man schon aufpassen, denn die sind auf den reißerischen Standplakaten nie aufgeführt. Der Hunger übermannt uns, und wir finden Platz in dem kleinen Restaurant *„Olympie“, rue Xavier Privas,* wo wir preiswert, gut und reichlich zu Abend essen können.

Notre Dame bei Sonnenuntergang

Unser erster PARIS-Wandertag ist beendet, und wir steigen, erfüllt von vielen grandiosen Eindrücken, ermattet in die nächste *Métro* zur *Porte Maillot*, wo uns der Shuttlebus zum Campingplatz erwartet. Gudrun ist wieder einmal am abendlichen Küchendienst vorbeigekommen. Ein Glas *guten Bordeaux'* lässt den ersten Tag in Paris gemütlich ausklingen.

Der nächste Morgen soll uns jüngere Sehenswürdigkeiten in PARIS – oder besser gesagt – 49 km im Osten der Metropole zeigen. ***Disneyland*** ist angesagt! Wir stehen ganz früh auf und fädeln uns an der *Porte Maillot* in die *Peripherique* nach Süden ein. An der ***Porte de Bercy*** wechseln wir auf die zunächst mautfreie A4 in Richtung METZ/NANCY und checken bei AS 14 aus. Selbst ein Halbblinder würde die Ausfahrt nicht verfehlen, denn alle paar Kilometer steht ein Werbeschild von ***Disneyland*** am Fahrbahnrand. Die Einfahrt zum Besucherparkplatz ist so gigantisch wie eine Zahlstelle an der Hauptautobahn. Auf dem Parkplatz sind auch Wohnmobile – für viel Geld – willkommen.

(125) WOMO-Stellplatz: Disneyland Paris

GPS: N48° 52' 33.9" E2° 47' 47.3" an D344 **max. WOMOs:** > 20
Ausstattung/Lage: 35,00 €/7.30 - 10 Uhr des nächsten Tages, Abfalleimer, WC, Getränkeautomaten, V/E, besonderer Bereich für Wohnmobile neben dem Busparkplatz, überdachte Laufbänder zum Parkeingang / außerorts
Zufahrt: A4 AS14, WW zum Hauptparkplatz folgen

Die Eintrittskarten kann man sich sowohl im Internet unter www.disneylandparis.com als auch telefonisch unter 01805-8189 (D) oder 0810-002345 (A) besorgen, um die Wartezeit vor

Disneyland: Main Street mit Märchenschloss

den Kassenschaltern zu sparen. Aber Aufpassen: Die Tickets werden für bestimmte Tage ausgestellt; deshalb den Termin offen lassen, wenn man nicht sicher ist, wann man hinkommt. Disneyland ist aufgeteilt in die Themenparks **Disneyland Park** und **Walt Disney Studios Park**. Wählt man das billigste Ticket, kann man nur einen der Parks besuchen. Für beide Parks wählt man das Hopper-Ticket. Alle Tickets gibt es für 1 - 3 Tage, die nicht hintereinander liegen müssen. Man hat dafür ein Jahr lang Zeit. Aber das entnimmt man ganz genau den Unterlagen, die mit den Tickets verschickt werden.

Eintrittspreise (€) 2016 für Disneyland (ohne Gewähr)

	Erwachsene	Kinder 3 - 11 Jahre
1-Tag-1-Park-Ticket	47,00 - 75,00	40,00 - 67,00
1-Tag-Park-Hopper-Ticket	62,00 - 90,00	58,00 - 82,00
2-Tages-Park-Hopper-Ticket	140,00	126,00
3-Tages-Park-Hopper-Ticket	174,00	159,00

Kinder unter 3 Jahren haben freien Eintritt.
Geöffnet: 9/10 - 18/19/20/23 Uhr (je nach Jahreszeit)
Tickets: www.disneylandparis.com oder Fon 01805-8189 (D) oder 0810-002345 (A). Die Preise sind je nach Saison unterschiedlich hoch.

Gegenüber dem Haupteingang liegt das **Disney Village** laut Prospekt „zum Shoppen, Bummeln, Snacken und Schlemmen", zu dem der Eintritt frei ist; für die Shows und Konzerte freilich ist ein Obolus fällig. Die Sylvester- und Halloween-Partys kosten natürlich auch Ex-

Disneyland: Märchenschloss

tra-Eintritt. Die Diskothek ***„Hurricanes“*** ist nur den Hotelgästen vorbehalten.

In den Themenparks hat jeder Ticketinhaber unbegrenzten und kostenlosen Zugang zu den verschiedenen Attraktionen, Shows und Paraden während der normalen Öffnungszeiten. Nur wer am Schießstand in *Frontierland* herumballern und an Automaten „daddeln“ will, muss zahlen. Getränke, Süßigkeiten, Snacks und Mahlzeiten sind ziemlich teuer; da die Besucher aber meist in Feiertagsstimmung sind, wird fleißig konsumiert. Eine vierköpfige Familie kann in drei Tagen locker den Gegenwert eines Ostseeurlaubs ausgeben.

Disneyland: Fantasyland

Bitte, verlangen Sie jetzt nicht, dass wir eine Bewertung dieser Vergnügungsanlage vornehmen. Wer das Superspektakel sehen und erleben will, tut es auch ohne unseren Rat.

Und weiter geht's in PARIS!

Paris: Louvre mit Glaspyramide (Haupteingang)

Rundgang 2 (ca. 7,5 km / 6 - 8 Stunden)

Das prächtige Paris (Karte s. S. 198)
Louvre – Tuileries – Place de la Concorde – Champs Élysées – Petit et Grand Palais – Rue de Faubourg St-Honoré – Etoile (Arc de Triomphe) – Eiffelturm – Invalidendom - Musée Rodin

Start: Métrostation Palais Royal / Louvre

Das weltgrößte Kunstmuseum im ***Louvre*** (CMM) haben wir uns vor vielen Jahren bereits angesehen. Es ist für jeden Paris-Besucher ein Muss, aber für die grandiosen Sammlungen sollten Sie einen ganzen Tag einplanen. Auf keinen Fall versäumen: ***Da Vincis*** „*Mona Lisa*", die **Venus von Milo**, ***Davids*** „Kaiserkrönung Napoléons I.", **Dürers** „Selbstbildnis", **Michelangelos** „Sklaven", **Vermeers** „Spitzenklöpplerin", **Delacroix'** „Freiheit auf den Barrikaden" und die vielen **Rubens**-Bilder. Wer alles gesehen hat, kennt die Kunstgeschichte der Welt!

Auch der äußere Eindruck der ehemaligen **Königsresidenz** ist sehenswert! Aus den Resten einer mittelalterlichen Festung wurde ab dem **16. Jh.** das bis heute erhaltene Schloss daraus, nachdem vorher die Könige meist an der *Loire* Hof hielten. Als Ludwig XIV. der Gigantomanie verfiel und ab 1661 in Versailles die neue Königsresidenz erschaffen ließ, drohte der Verfall des Louvre. Vier Jahre nach dem Sturm auf die Bastille wurde **1793 die Schlossanlage zum Museum** umgewidmet. ***Napoleon I.*** hortete hier Beutestücke aus den diversen Kriegen.

Paris: Louvre - Seitengebäude

Offen: mi-mo 9-18 / mi+fr bis 21.45 Uhr; Eintritt: 12,00/0 €; Napoleon-Halle 13,00 €; Kombitcket 16,00 €; Audioguides gegen Aufpreis; am 1. Sonntag im Monat (10-03) und am 14.7. ist freier Eintritt. * bis 18 Jahre und EU-Bürger bis 26 J.*

Es schließt sich hinter dem *Place et Jardin du Carrousel* mit dem ***Arc de Triomphe du Carrousel*** der älteste Pariser Park ***Jardin des Tuileries*** an, dessen schöne 700 m durchwandert werden müssen.

Arc de Triomphe du Carrousel

Paris: Musée d'Orsay

Wir machen einen Abstecher zum ***Musée d'Orsay*** *(CMM)*, indem wir direkt hinter dem *place du Carrousel* links die *Seine* auf dem *Pont Royal* überqueren. Von weitem sehen wir am *Quai Anatol France* schon die Menschenmassen, die vor der Kasse des ehemaligen Bahnhofs der ***Belle Epoque*** Schlange stehen. Im Museum bestaunen wir eine riesige und unschätzbar wertvolle Sammlung der bildenden Künste Frankreichs der Zeit **1848 bis 1914** mit dem Schwerpunkt **Impressionismus**. Für Liebhaber dieser Epoche ein Muss! Mindestens ein halber Tag geht für eine normale Besichtigung drauf. Weitere Informationen unter musee-orsay.fr/de.

Offen: di-so 9.30-18, do bis 21.45 Uhr; Eintritt 12,00/9,00/0 €; am 1. Sonntag im Monat freier Eintritt. * Jugendliche bis 18, EU-Bürger bis 25 Jahre; Online: http://reservierung.paris.com*

Paris: Ägyptischer Obelisk

Wir wechseln auf der Fußgängerbrücke *Pont Passerelle* die *Seine*-Seite und wandern weiter durch die **Tuilerien**. Am westlichen Ausgang finden wir zwei Museen: ***Musée Nationale de l'Orangerie*** (französische Maler) und ***Galerie Nationale Jeu de Paume*** (zeitgenössische Kunst). Als nächstes Pariser Highlight folgt der vom Straßenverkehr umtoste ***place de la Concorde***, in dessen Mitte der über 3000 Jahre alte *aus* dem Ramses-Palast von Luxor stammende ***Obelisk*** thront. Es war 1833 schon ein technisches Meisterwerk, das 23 m hohe und 230 t schwere Monument heranzukarren und aufzustellen. Die mit Skulpturen verzierten **Springbrunnen** stammen aus einer Kölner Werkstatt des 19. Jahrhunderts.

Paris: Avenue des Champs Élysées

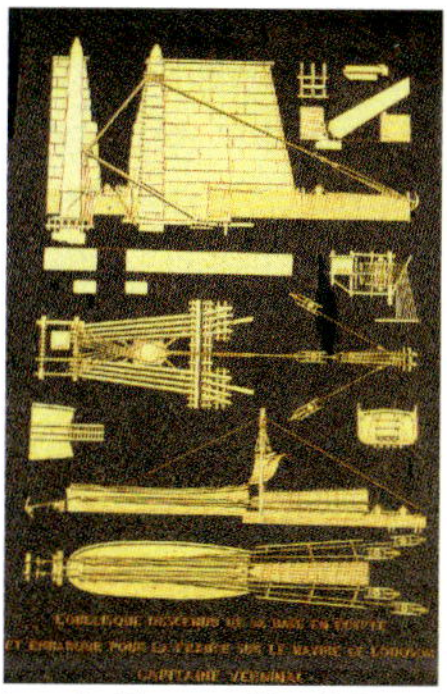

Inschrift am Obelisk

Hier fängt die weltberühmte, viel besungene ***avenue des Champs Élysées*** an. Der erste Teil der 2100 m langen Prachtstraße ist eigentlich gar nicht so prächtig, weil er durch ungepflegte Parkanlagen mit viel Hunde- und Taubenkot führt. Deshalb wenden wir uns am *place Clemenceau* nach links in die *av. Winston Churchill* und sehen hier auf der linken Seite das ***Petit Palais*** und rechts das ***Grand Palais***. Die beiden Paläste, anlässlich der Weltausstellung 1900 erbaut, enthalten die **Kunstsammlung** von PARIS. Aber wir finden keinen Einlass, denn es wird kräftig renoviert und umgebaut. Im Hintergrund leuchtet die goldene Kuppel des **Invalidendoms**.

Wir schlendern also wieder zur ***Champs Élysées*** zurück, überqueren dieselbe und steuern auf der *av. de Marigny* den ***Palais de l'Élysée***, den Amtssitz des **französischen Staatspräsidenten** an. Natürlich ist eine Besichtigung des Inneren nicht

Paris: Petit Palais

möglich, selbst das Äußere sollte man unter den Argusaugen der Wachleute nicht allzu lange anstarren, wenn man sich nicht als Terrorist verdächtig machen will. Angenehmere Seiten des Pariser Lebens zeigt uns die hier

links abzweigende ***rue du Faubourg Saint-Honoré***. In diesem

eleganten Viertel drängen sich sündhaft teure **Modegeschäfte, Kunstgalerien und Lederwarenhändler**. Auch zahlreiche Topdesigner wie *Lanvin, Laroche, Chloé, Cardin, Versace, Lacroix* und *Fendi* sind hier beheimatet. Einkäufe in diesem Quartier können Ihr Konto leicht in die Miesen bringen...

An der hässlichen Kirche *St-Philippe du Roule* schwenken wir wieder nach links in Richtung Prachtstraße, auf der wir dann eine ganze Weile entlang bummeln, bis wir am ***Lido de Paris*** halt machen. Tagsüber kann man sich für kleines Geld Videofilme der Abendshows ansehen, aber eine Live-Supershow um 21.30 Uhr oder 23.30 Uhr kostet für zwei Personen 180 EUR (am Wochenende mehr), inklusive einer Flasche Schampus. Wer ganz groß ausgehen will, der ist bei der *Soirée Champs-Élysées* (Menü und Champagner) mit 300 EUR dabei.

Wir haben es nicht ausprobiert und sind weiter marschiert bis zum ***place Charles de Gaulle*** oder ***Etoile*** (Stern), wie die Pariser ihn nennen. Auf diesen riesigen Kreisel münden tatsächlich 14 Straßen. Der Autoverkehr ist gewaltig und unglaublich laut. Zu dem in der Mitte platzierten ***Arc de Triomphe*** (CMM) sollte man nur durch den Tunnel gehen, der zwischen der *av. de Friedland* und *av. Hoche* beginnt. Eine Besteigung des 50 m hohen Monuments ist täglich möglich. Die Aussicht auf die Stadt ist einmalig!

Offen: 10-22.30/23.00 Uhr; Eintritt: 12/9/0 €; an jedem 1. Sonntag (11-03) frei. *aus EU bis 26 J.*

Wenn wir nach Süden blicken, ist der ***Tour Eiffel*** zum Greifen nahe. Aber der Fußweg von etwa 1900 m über die *Av. d'Iéna* und *Av. des Nations Unies* zieht sich ganz schön hin; man könnte natürlich drei Stationen mit der *Métro* bis zum Doppeltheater ***Palais de Chaillot (Trocadéro)*** fahren, dann sind's nur 750 m. Links vor dem etwas strengen Bauwerk dreht und dudelt ein wunderschönes altes Karussell, aber

nur wenige Kinder finden Spaß daran.

Übrigens: Ganz in der Nähe, in der *Av. George V* (Métrostation *Alma Marceau*), finden wir das legendäre Revuetheater ***Crazy Horse***, das mit den „schönsten Mädchen der Welt". Ab 98 € sind Sie mit zwei Personen bei einer der Abendshows einschließlich einem Drink dabei. Die Preise werden von Jahr zu Jahr höher...

Endlich stehen wir am Fuß des 325 m hohen Weltwunders von 1889, dem **Eiffelturm.** Eigentlich handelte es sich in der damaligen Zeit um ein völlig unnützes Bauwerk, das nur so eine Art Meisterstück des Brückenbauers *Alexandre Gustave Eiffel* für die Weltausstellung darstellte und lange Zeit der höchste Turm der Erde war, bis er 1932 vom *Empire State Building* abgelöst wurde. Man gab dem Giganten nur 20 Jahre; nun feiert er aber schon seinen 128. Geburtstag. Mit dem relativ teuren Lift kann man bequem bis zur 3. Ebene hochfahren, die Ersteigung zu Fuß ist nur bis zur 2. Plattform möglich, ist aber auch gebührenpflichtig, s. u..

Offen: 9/9.30-23/0.45 Uhr; Lift 2./ 3. Ebene: 11,00-17,00/8,50-14,50/4,00-8,00 €; Treppe 7,00/5,00/3,00 € Kinder unter vier Jahren frei; Hundeverbot; Tickets ohne Wartezeiten: getyourguide.de/eiffelturm - ab 20,80 €

Paris: Invalidendom *(Église du Dôme des Invalides)*

Wir wandern nun durch den nach Südosten ausgerichteten ***Parc Champs de Mars***, das frühere Aufmarschgelände der Armee, orientieren uns an dessen Ende vor der ***École Militaire*** nach halblinks und gelangen durch

die *avenue de Tourville* zum ***Hôtel et Dôme des Invalides*** (Invalidendom/CMM).

Der quadratische Gebäudekomplex von 330 x 330 m Größe besteht aus mehreren Einheiten. Ursprünglich war er als **Pflege- und Altenheim für Kriegsversehrte** von König Ludwig XIV. 1671 - 1676 gebaut worden. Es lebten hier bis zu 7000 Invaliden, sogar heute werden noch etwa 100 Personen betreut. Natürlich gehörte auch eine schlichte Militärkirche dazu, die ***Église Saint-Louis-des-Invalides***. Der Innenraum ist mit zahlreichen Fahnen geschmückt. Später wurde dann nach dem Vorbild

des Petersdoms in Rom der Invalidendom ***Église du Dôme des Invalides*** an der Südseite erbaut und 1735 eingeweiht. 1840 hat man den von St-Helena überführten Sarg von ***Napoleon Bonaparte*** beigesetzt, ebenso fanden seine Brüder und einige Marschälle hier ihre letzte Ruhestätte. Ein **Armeemuseum** (CMM) – ziemlich langweilig – ist in den Ost- und Westflügeln untergebracht.

Offen: tgl. 1.4.-31.10 10-18 / 1.11.-31.3. 10-17 Uhr; Eintritt: 11,00/9,00/0 €*

An der Ostseite des Invalidendoms liegt in der *Rue de Varenne* das ***Musée Rodin*** (CMM), das wir natürlich nicht auslassen wollen, obwohl der Tag sich neigt. Hier wird – im Park und im *Hôtel Biron* – fast das gesamte Lebenswerk des größten französischen Bildhauers ***Auguste Rodin*** (1840 – 1917) ausgestellt. Die beeindruckendsten Bronzeskulpturen sind der berühmte „Denker“ und „Die Bürger von Calais“ (Foto links).

Offen: 10.00-17.45 Uhr; Eintritt: 10,00/7,00/0 €*; *EU-Bürger bis 25 J.

Der anstrengende Tag, aus dem man auch zwei machen kann, endet mit der Heimfahrt per *Métro,* Linien 13 und 1.

Am nächsten Tag wäre zum Beispiel ein Tagesausflug nach **VERSAILLES** angesagt. Mit der S-Bahn (RER C 5) ist man in 20 Minuten an der Station *Rive Gauche* am Schloss.

Wenn Sie denn mit Ihrem Fahrzeug zum Superschloss aufbrechen wollen, so nehmen Sie von der Pariser *Peripherique* an der *Porte d'Autheuil* die A13 bis zur AS 5, dann auf D182 ca. 5 km bis zum *Château.* Auf dem Besucherparkplatz vor dem Schloss sind Wohnmobile nicht erwünscht. Lediglich kompakte Campingbusse wie unserer werden toleriert; wir sind Anfang Mai hier, wie wird's im Sommer sein? Die Parkgebühren sind happig, so hoch wie in Großstadtparkhäusern. Es wird auf den 3,3 km westlich des Schlosses liegenden Campingplatz verwiesen, der ab hier gut ausgeschildert ist.

(126) WOMO-Campingplatz-Tipp: Huttopia Versailles

GPS: N48° 47' 38.5" E2° 9' 39.6" rue Berthelot **Offen:** 25.3. - 5.11.
Ausstattung/Lage: PK 4, gut, schattig, Plätze oft schräg; Laden, Gaststätte, Pool, E&V; 400 m zur RER-Station (20 Min. nach Paris); 3 km zum Schloss (Bus/Metro). Fon 0139 512361, Fax 0139 536829; eMail versailles@huttopia.com; Web: huttopia.com. Man spricht deutsch und holländisch / Ortsrand - günstig als **Basis für Paris-Besuche**
Zufahrt: Paris Périphérique Pte. d'Auteuil, A13, nach 7,4 km AS 5 (Vaucresson), nach 3 km rechts auf D182/D185, nach 3,3 km links auf D183, nach 800 m rechts auf rue Champ Langarde, immer geradeaus 1600 m

Château de Versailles

*Offen: **Schloss** di-so 9-17.30/18.30 Uhr; **Parks** tgl. ab 7/9 Uhr – 18/20.30 Uhr; **Grand et Petit Trianon** 12-17.30/18.30 Uhr; **Kutschenmuseum / Jeu de Paume** Apr-Okt an Wochenenden 9-18.30 Uhr; Eintritt: 15,00/13,00/0* € incl. Audioguide. Grand und Petit Trianon: 10,00/6,00/0* €; **alles: 18,00 €**; * EU-Bürger bis 25 Jahre und jeden 1. Sonntag im Monat; Sonderpreise für Musikveranstaltungen.*

Auf dem acht Quadratkilometer großen Areal baute Sonnenkönig **Ludwig XIV.** das größte und prunkvollste Schloss aller Zeiten. Die gigantische Anlage kostete damals den französischen Staat ein ganzes Jahresbudget, unvorstellbar – nur um zu protzen! Da der Königspalast in Paris – der Louvre – offenbar nicht mehr reichte, musste dieser klassizistische Neubau, im Jahre **1661** begonnen, fast 50 Jahre lang von 36.000 Arbeitern und 6000 Pferden errichtet werden. Beim Ticketkauf erhält man Broschüren in deutscher Sprache, weshalb es müßig wäre, das Kolossalbauwerk hier im Detail zu beschreiben. Nur das Wichtigste: Spiegelsaal (***Galerie des Glaces***), Schlafgemach Ludwig XIV. (***Chambre du Roi***), Gemächer und Schlafzimmer der Königin (***Appartements de la Reine***), der Thronsaal (***Grands Appartements***), die Barockkapelle (***Chapelle Royale***) und schließlich das erst 1770 für die Hochzeit Ludwig XVI. hinzugefügte Opernhaus (***Opéra Royal***). In dem zum Verlaufen riesigen Park lauern auch noch etliche Sehenswürdigkeiten: die großen **Wasserbecken** und **Spring-**

brunnen mit zahlreichen **Skulpturen**, die beiden Barock- bzw. Empireschlösschen ***Grand Trianon*** und ***Petit Trianon***, der **Grand Canal** und das Miniaturdorf der Königin ***L'Hameau de la Reine***.
Während unseres Besuches sind viele Teile des Schlosses in Renovierung.
Infos: chateauversailles.fr

Wir sind aber mit Paris noch nicht fertig!

<u>Rundgang 3 (7,5 km / 6 – 8 Stunden)</u>

Das historisch-romantische Paris (Karte s. S. 198)

Cimetière du Père Lachaise – Bastille – Victor Hugo – Place des Vosges – Marais – Musée Picasso – Centre Pompidou - Hôtel de Ville – Place de Vendôme – Opéra Garnier

Start: *Métro*-Station *Père Lachaise*

Den Friedhof einer Großstadt zu besuchen, erscheint auf den ersten Blick etwas merkwürdig. Aber der ***Cimetière du Père Lachaise*** ist etwas ganz besonderes, denn hier wurden zahlreiche Berühmtheiten zur letzten Ruhe gebettet, z. B. *Molière, Balzac, Oscar Wilde, Chopin, Bizet, Rossini, Maria Callas, Edith Piaf, Jim Morrison, Delacroix, David, Modigliani, Max Ernst, Yves Montand, Sarah Bernhardt, Simone Signoret.* Auf dem jüdischen Teil sind die Gräber von Pissaro, Singer, Rothschild.

Frederic Chopin

Jim Morrison

Colonne de Juillet

Beim Betreten sollte man sich einen Lageplan im Gebäude der ***Conservation*** an der *Porte du Repos, rue du Repos*, besorgen, denn der Friedhof ist mit 44 ha labyrinthisch. Die nächste Station auf dem Rundgang, die ***Bastille***, ist über die *rue de la Roquette* 1600 m entfernt, kann auch für Fußmüde per *Métro* (Linie 3 bis République, Linie 8 bis Bastille) erreicht werden. Von der als Staatsgefängnis genutzten alten Festung aus dem 14. Jh., die bekanntlich am 14. Juli 1789 von den revoltierenden Franzosen erstürmt wurde, ist nichts mehr erhalten. An ihre Stelle wurde am Vorabend des französischen Staatsfeiertages, am 13. Juli 1989, anlässlich des 200. Jahrestag der Revolution, ein supermodernes Opernhaus (***„Opéra Bastille“***) von Präsident *Mitterand* eingeweiht. Die etwa 50 m hohe Säule ***Colonne de Juillet*** erinnert auf der Mitte des *place de la Bastille* an die während der Juli-Revolution 1830 gefallenen Republikaner. Das Viertel um die Bastille herum entwickelte sich in den letzten Jahrzehnten als angesagtes Quartier für die Szene der **Modedesigner und Tanztheaterleute.**

Wir gehen ein Stück auf der *rue St-Antoine* bis zu dem Prachtbau ***Hôtel Sully*** (rechts),

von dessen Park aus ein Eingang zum ***place des Vosges*** liegt. An der südöstlichen Ecke dieses wunderschönen Platzes finden wir die ***Maison de Victor Hugo***. Das Museum kann dienstags bis sonntags von 10 - 18 Uhr bei freiem Eintritt besichtigt werden. Durch Gassen und Straßen des ***Marais***, dem Pariser Juden- und Szeneviertel mit vielen alten Stadtpalästen, Synagoge, Boutiquen, Kneipen und Museen, bummeln wir in nordwestlicher Richtung (*rue F. Bourgeois, rue Elzévir*) zum ***Musée National Picasso*** (CMM) im ***Hôtel Salé***, *rue de Thoringny*. Diese weltweit einmalige Ausstellung zeigt einen großen Teil der Werke von **Pablo Picasso**, die lustigerweise aufgrund eines Steuergesetzes zusammengetragen werden konnten: über 200 Gemälde, fast 300 Plastiken, Reliefs und Keramiken sowie mehrere Tausend weitere Arbeiten wie Entwürfe, Fotos und Zeichnungen. Ein Muss für Kunstinteressierte.

Geöffnet: wegen Renovierung bis Frühjahr 2013 oder länger geschlossen
Eintritt: Web: musee-picasso.fr; an jedem ersten Sonntag im Monat frei.

In diesem Stadtteil sind noch folgende kleinere Museen:

Bibliothèque Forney, *Rue du Figuier* – Kunsthandwerk

Musée de la Curiosité et Magie, *Rue St -Paul* – Zauberkunst

Archives National, *Rue François-Miron* – Nationalarchiv

Musée de l'Histoire de France, *Rue de F. Bourgeous* – französische Geschichte

Musée d'Art et d'Histoire du Judaïsme, *Rue du Temple* – jüdisches Museum

Musée de la Serrure-Bricard, *Rue de la Perle* – Schlossermuseum

Musée de la Chasse et de la Nature, *Rue des Archives* – Jagdmuseum

Musée de l'Histoire de Paris, *Rue de Sévigné* – Pariser Stadtmuseum

Bibliothèque Historique de la Ville de Paris, *Rue Pavée* – Stadtbibliothek

Musée Cognacq-Jay, *Rue Elzévir* – Kunstwerke des 18. Jh.

Aber wer kann schon alle 58 Museen in Paris besuchen? Jetzt wird es Zeit, dass wir zum ***Centre Pompidou*** kommen. Vom Picasso-Museum gehen wir strikt nach Westen: *Rue des 4 Fils*, links *Rue du Temple*, rechts *Rue Rambuteau*.

Centre national d'Art et de Cultur Georges Pompidou

Centre national d'Art et de Cultur Georges Pompidou (CMM), das 1977 eröffnete futuristische Kulturzentrum, ist ein Haus der Superlative und beherbergt vielerlei Ausstellungen und kulturelle Einrichtungen wie Theater, Konzerträume und Kinos. Hauptattraktion ist das ***Musée National d'Art Moderne*** und zeigt vor allem exzellente Kunstwerke des 20. Jh. in allen nur denkbaren Erscheinungsformen. Auch hier kann man leicht einen ganzen Tag und mehr verbringen. Der Außenbereich wurde – wohl als Ausgleich zu der nüchternen Gebäudefassade – durch eine Wasserfläche mit Springbrunnen und lustigen Figuren in knalligen Farben aufgelockert. An vielen Stellen gibt es Belüftungsrohre, wie man sie von großen Schiffen kennt. An dem Teich und auf dem Vorplatz verbringen zahlreiche Büroangestellte bei schönem Wetter ihre Mittagspause und schauen amüsiert den Gauklern und Spaßmachern zu.

Offen: mi-mo 11-21;Eintritt: 11-13/9-10/0 €; am 1. Sonntag im Monat frei; zu Veranstaltungen werden Sonderpreise verlangt; * EU-Bürger bis 26 Jahre*
Weitere Informationen: www.centrepompidou.fr

Auf der *rue de Renard* schlendern wir 300 m in Richtung *Seine* und stehen vor dem Pariser Rathaus ***Hôtel de Ville***. Nachdem der ursprüngliche Renaissancebau in Brand gesteckt wurde, hat man 1882 im Zuge der Renovierung einen neuen Prunkbau im Neorenaissancestil errichtet. Für eine Besichtigung, die nur einmal monatlich möglich ist, muss man sich telefonisch anmelden. Der Blick auf die imposante Frontseite des großen Gebäudes genügt uns.

Das Pariser Rathaus **Hôtel de Ville**

Mitarbeiter der umliegenden Firmen verbringen ihre Pause in der Kühle der munter plätschernden Fontänen.
An der Nordfront des Rathauses verläuft die ***rue de Rivoli***, eine Anfang des 19. Jh. entstandene Prachtstraße mit unzähligen Arkaden, deren **vornehme Geschäfte, Juweliere, Modeboutiquen und Antiquitätshändler** unseren Geldbeutel wieder einmal schrumpfen lassen können. Der Bummel macht viel Freude beim Schauen und Staunen, so dass die 1300 m bis zum *place du Palais Royal* (gegenüber dem *Louvre*) wie im Flug vergehen.
Der 1634 - 1639 von Kardinal ***Richelieu*** für sich selbst erbaute ***Palais Royal*** ging 1642 nach dessen Tod an das Königshaus über und erhielt dann erst seinen Namen. Aber von der königlichen Familie lebten hier nur wenige, und **Ludwig XIV.** schenkte nach seinem Umzug nach Versailles den Palast dem **Grafen von Orléans**, der im 18. Jh. große Umbauten vornehmen ließ. Es entstanden Restaurants, Spielcasinos und sogar Bordelle, die nach der Revolution 1830 geschlossen wurden. Besonders hübsch ist der ***Jardin du Palais Royal,*** der wie eine grüne Lunge im Innenhof des 350 m langen bebauten Bereichs – etwas schwer – zu finden ist. Heute beherbergt das Palais den ***Conseil d'Etat***, das höchste Verwaltungsgericht, und das ***Secrétariat de la Culture et de la Communication***.
An der Vorderseite des Stadtpalastes verläuft die *rue St-Honoré*, auf der wir jetzt nach Westen wandern, um auf dem

Paris place Vendôme: Colonne de la Grande Armée

vornehmen ***place Vendôme*** nach 600 m anzukommen. In der Mitte brilliert eine 1810 aus Bronze gegossene Siegessäule Napoleons von 45 m Höhe, die ***Colonne de la Grande Armée***. Von unten bis oben erzählen wendelartig erstellte Reliefs die Geschichte der vielen Schlachten des Kaisers, der sich im Gewand eines römischen Imperators auf der Säulenspitze verewigte. Der achteckige Platz ist eingerahmt von prachtvollen Häusern des 17. Jh., in deren Kolonaden extrem teure Geschäfte untergebracht sind. Wesentlichen Anteil an dem Glanz hat das sagenhafte **Luxushotel Ritz**, dessen Eingang von Portiers in Generalsuniformen bewacht wird, damit kein „gemeines Volk“ in die Nähe oder hinein kommt.

An der Nordseite führt eine kurze Straße direkt zur **alten Oper**. Vorher wäre noch ein kleiner Abstecher nach links durch die *rue des Capucines* und dem *bld. de la Madeleine* zu einer der merkwürdigsten Kirche von Paris, der ***Église Sainte Marie Madeleine*** möglich. Das 1763 von König **Ludwig XV.** ursprünglich im Barockstil erbaute Gotteshaus wurde in den

Jahrzehnten nach der Fertigstellung sehr unterschiedlichen Nutzungen, vor allem während der Revolution ab 1789, zugeführt und später in die Form eines **griechischen Tempels** gebracht. Auch hier kann man, wenn man Glück hat, den gewaltigen Klängen der großen **Cavaillé-Coll-Orgel** lauschen.

Paris: Opéra Garnier

Acht Minuten auf dem *bld. de la Madeleine* nach Nordosten und wir stehen vor der neobarocken Front der ***Opéra Garnier***. Sie sollte bei ihrer Einweihung 1875 das größte Opernhaus der Welt sein; vor allem der Bühnenraum weist gigantische Maße auf: 49 m breit, 60 m hoch und 27 m tief. Der übertrieben pompöse Zuschauerraum schwelgt in Rot und Gold, im großen, luxuriösen Foyer kann man Büsten vieler berühmten Opernkomponisten bewundern. Im ausgehenden 19. Jh. hatte man wieder viel Geld für den Prunk im zweiten Kaiserreich. Mit der Inbetriebnahme der neuen Oper an der *Bastille* wurde das Regelprogramm von der *Opéra Garnier* abgezogen, es werden nur noch Gastspiele anderer Häuser und Tanztheater aufgeführt. www.opera-de-paris.fr

Geöffnet: 10-17 Uhr Eintritt: 11,00/7,50/0 €; Führungen Fon 0825 054405

Wenn noch Zeit ist, können Sie jetzt stundenlang in den ***Galeries Lafayette***, direkt hinter dem Operhaus am *bld. Haussmann*, shoppen gehen. Hier gibt es alles, was das Herz – vor allem das weibliche – begehrt. Aber billig wird's nicht!
Es war wieder einmal ein langer Tag, wir nehmen die nächste

Métro (Linien 8 und 1) zur *Porte Maillot* und freuen uns auf einen geruhsamen Abend im Wohnmobil.

Den vergnüglicheren Teil der Weltstadt haben wir uns für den letzten Tag aufgehoben: ***Montmartre***. Heute können wir uns etwas Zeit lassen, denn es genügt, wenn wir den Rundgang gegen Mittag beginnen: Dann nehmen wir noch einen Eindruck vom nächtlichen Treiben im „Sündenbabel“ mit.

<u>Rundgang 4: (3 km / 3 - 4 Stunden)</u>

Das frivole Paris

Pigalle – Musée de l'Erotisme – Musée de la Vie Romantique – Moulin Rouge – Cimetière de Montmartre – Musée de Montmartre – place du Tertre – St-Pierre de Montmartre – Basilique Sacre Cœur – Funiculaire – place St-Pierre – place de Abbesses – bld. de Clichy

Start: Métrostation Pigalle

Vom ***place Pigalle***, am Fuße des einzigen Berges („*Butte*“) von Paris (130 m), gehen wir in die *rue Pigalle*, die nach Südwesten abzweigt. In der dritten Straße rechts kommen wir, *rue Chapal*, zu einem wenig besuchten, aber interessanten Museum, dem

Musée de la Vie Romantique. Man kann in der mondänen Villa zwei Ateliers von ***Ary Scheffer*** (1795 - 1858) und eine Ausstellung zur Schriftstellerin ***George Sand*** bewundern. In einem lauschigen Garten am Museum ist anschließend in himmlischer Ruhe Kaffee und Kuchen angesagt.

Offen: di-so 10 - 18 Uhr; Eintritt: frei. Sonderausstellungen kosten etwas.

Nach dem Museumsbesuch wenden wir uns nach rechts und gehen an der nächsten Ecke wieder nach rechts in die *rue Blanche* bis zum ***bld. de Clichy*** bzw. ***place Blanche***, an dem wir gleich zwei Stopps haben: das weltberühmte ***Moulin Rouge*** mit der roten Windmühle auf dem Dach – wir werden abends zurückkommen, wenn wir noch Geld haben – und rechter Hand das ***Musée de l'Erotisme.*** Wir gehen nicht hinein, denn die Kostproben im Eingangsbereich animieren uns nicht, 9,00 Euro auszugeben, obwohl von über 2000 Exponaten die Rede ist.

Offen: täglich von 10.00 – 2.00 Uhr; Eintritt 9,00 Euro

Statt dessen gehen wir – es herrscht ja noch Tageslicht – weiter dann rechts über die *av. Rachel* zum **Friedhof** des Künstlerdorfes, ***Cimetière de Montmartre***, auf dem viele Berühmtheiten wie ***Heinrich Heine***, ***Edgar Degas***, ***Jaques Offenbach*** und ***François Truffaut*** begraben wurden. Ein gratis zu erhaltender Lageplan führt uns zu den Grabstätten. Leider müssen wir wieder zurück zur *av. Rachel*, um ins Dorf zurückzukehren. Die bunte Einkaufsstraße ***rue Lepic*** gehen wir hinauf, überqueren die *rue de Abbesses* und folgen dem kurvigen Straßenverlauf nach oben. Erst passieren wir die Ruine der legendären ***Moulin de la Galette***, die hoch oben hinter Bäumen versteckt ist. Das schmiedeeiserne Gittertor zur hinaufführenden Treppe enthält den Namen der Mühle und ist fest verschlossen. Eine Besichtigung aus der Nähe ist nicht möglich. 100 m weiter folgt die ***Moulin Badet***, in der heute das feine Restaurant „La *Moulin de la Galette*" untergebracht ist. Diese Mühlen waren im 19. Jh. meist Mittelpunkt der ausgelassenen Künstlertanzfeste, von denen *Renoir* etliche Bilder hinterlassen hat.

Moulin de la Galette (Ruine)

Wir gehen nach links in die *rue Girardon,* um 150 m weiter nach rechts in die *rue de l'Abreuvoir*, den Schildern zum beschaulichen ***Musée de Montmartre*** zu folgen, das vor einem – man höre und staune – Weinberg liegt. An der Ecke passieren wir die originelle ***Maison Rose,*** Quartier des weltberühmten *Maurice Utrillo*. Das Museum schließlich ist in einem kleinen, familiär wirkenden Haus untergebracht, in dem ***Auguste Renoir*** wohnte und arbeitete *(„Le Bal de Moulin Rouge")*, stellt die bewegte Geschichte des Künstlerviertels, u. a. den Nachbau einer uralten Kneipe, Bilder und Zeichnungen aus. Neben dem Haus liegt ein liebevoll gepflegter Garten, bevor man zu dem Weinberg gelangt.

Offen: täglich 10-18 Uhr; Eintritt: 8,00/6,00/0 EUR.

Jetzt müssen wir uns – wohl oder übel – in den Touristentrubel mischen, indem wir zum ***place de Tertre*** nach Süden stoßen. Der eigentlich pittoreske Mittelpunkt der Künstlerdorfes ist meist hoffnungslos vollgestopft mit Touristen, die den Portraitmalern bei der Arbeit über die Schulter schauen und wie närrisch alles filmen und fotografieren. Im inneren Karree verdienen sich die Cafébesitzer eine goldene Nase, denn ihre Etablissements sind meist bis auf den letzten Platz besetzt, obwohl die Preise reiner Nepp sind, aber viele Touristen kennen den Wert nicht und zahlen.

Von hier aus kann man schon die schneeweiße Basilique *Sacre Cœur* sehen, und alle Touristen streben darauf zu, aber wir wollen der kleinen Kirche ***St-Pierre de Montmartre*** vorher noch einen Besuch abstatten. Das relativ schmucklose Gottes-

Basilique du Sacre Cœur

haus stammt nämlich aus dem 12. Jh. und gehörte zu dem Benediktinerinnenkloster, deren Äbtissin 1794 von den Revolutionären mit der Guillotine hingerichtet wurde. Die Ruhe in der kleinen Kirche ist bei dem sie umtosenden Lärm eine Wohltat.

Nun erhebt sie sich vor uns, die ***Basilique du Sacre Cœur***, das Wahrzeichen des *Montmartre*. Einen kunsthistorischen Wert hat das etwas kitschige Bauwerk wohl kaum. Es wurde 1876 von den Pariser Katholiken als Sühnekirche nach dem Krieg 1870/71 und der Niederschlagung der Pariser Kommune (1871) begonnen und erst Anfang des 20. Jh. fertig gestellt. Der Reiz liegt in der **unübertrefflichen Aussicht** über die Stadt und der **herrlichen Freitreppe**, die vom *place St-Pierre* hinaufführt. Fußlahme können statt der Treppe die Seilbahn (***Funiculaire***) mit normalen Métrotickets benutzen. Da wir aber bergab wollen, ist es ein

Vergnügen, diese Treppe, unterbrochen durch größere Absätze, auf denen sich Scharen von jungen Leuten aus aller Welt treffen und meist Musik machen, hinunter zu steigen. Am Fuß der Treppe wenden wir uns nach rechts und laufen über *rue Tardieu* und rue Y. Le Tac zum ***place des Abbesses***. Hier gibt es neben der Kirche ***St-Jean-l'Evangeliste*** viele Geschäfte und ein paar nette Bistros wie das „*Le Sancerre*". Auf der *rue des Abbesses* ist am Wochenende buntes **Markttreiben** zu beobachten, wo auch viele urige Händler oft skurrile Waren anbieten. Zu erwähnen ist noch der herrliche *Métro*-Eingang im Jugendstil. Von hier könnten wir mit der Linie 12 „nach Hause" fahren, aber wir wollen noch ein wenig bummeln. Auf der *rue d'Orsel* kommen wir wieder in den Gassenbereich mit den vielen Souvenirläden, der zum Treppenaufgang der ***Sacre Cœur*** führt. Wir gehen bergab zur *Métro*-Station *Anvers,* von der aus ein *Montmartre*-Streifzug übrigens auch gut zu beginnen ist.

Inzwischen ist es Abend geworden und wir bummeln den ***bld. Rochechouard*** und ***bld. de Clichy*** nach Westen wieder zum ***place Pigalle***. Langsam erwacht hier das Nachtleben von *Montmartre*. Türsteher unzähliger Pornoshops und Peepshows

Sacre Cœur und place de Tertre bei Nacht

versuchen, ähnlich wie auf der Reeperbahn in Hamburg, zum Teil leicht handgreiflich, Besucher anzulocken. Das Niveau erscheint uns allerdings sehr niedrig. Wenn man wirklich knisternde Erotik von Format sehen will, muss man schon tiefer in die Tasche greifen und das ***Cabaret Moulin Rouge*** besuchen, denn hier wird man zu zweit mindestens 180 €, mit Essen zwischen 300 und 360 € los. Es gibt täglich drei Shows um 19 (nur mit Menü), 21 und 23 Uhr. Oder man lässt sich mit dem Taxi zu den *Folies-Bergère, rue Richter*, zum *Lido de Paris, Champs-Elysées*, oder zum *Crazy Horse, av. Georges V,* chauffieren. Aber teuer, sehr teuer, ist dieses Vergnügen überall...

Boulevard de Clichy

Jetzt meldet sich der Magen, Restaurants sind allerdings auf der „sündigen Meile“ Mangelware; schließlich kehren wir in dem sauberen China-Imbiss *„Dragon et Phenix“* ein und essen an kleinen Tischen ein paar leckere Kleinigkeiten zu wirklich niedrigen Preisen. Der amüsante und Geldbeutel zehrende Abend geht langsam zu Ende, und wir denken an die Heimreise.

Außerhalb von PARIS, im Norden, bietet sich noch der Besuch einer der größten und schönsten Kathedralen Frankreichs an. Obwohl wir in letzter Zeit nicht viel Gutes über den Pariser Industrievorort **ST-DENIS** gehört haben, so scheint uns ein

Besuch lohnenswert. Unser Versuch, mit dem Womo hinzukommen scheitert, weil es hier nur Parkhäuser gibt, die nicht die ausreichende Einfahrthöhe haben. Und rundherum gibt es so gut wie keine Parkplätze. Die Kirche ist von Paris aus mit der *Métro* Linie 13 direkt zu erreichen. (Station: *Basilique*) Ganz in der Nähe ist das WM-Stadion von 1998 *„Stade de France"*.

Cathédrale Saint-Denis

Geöffnet: Apr-Sep 10 - 17.15/18.15; Okt-Mrz 10 - 17.15; so ab 12.00 Uhr
Eintritt: frei; Krypta: 8,50/6,50/0 € * EU-Bürger bis 25 Jahre*

Die Großkirche (UNESCO-Kulturwelterbe) hat eine lange Geschichte hinter sich. Ursprung war eine Kapelle, die im 5. Jh. zu Ehren des Heiligen Dyonisius errichtet und zur Wallfahrtsstätte mutierte. **1122** wurde sie, inzwischen zur romanischen Klosterkirche gewachsen, vom **Abt *Suger*** zur gotischen Basilika unter den Königen **Ludwig VI. und VII.** umgebaut und sollte Begräbnisstätte für die Krone werden, denn in früheren Jahrhunderten hat man schon eine ganze Reihe von Herrschern hier beerdigt. Nach den Religionskriegen verfiel die Kirche zusehends. In der Französischen Revolution wurden über 150 Gräber geplündert und die sterblichen Überreste der Königsfamilien in Massengräbern verbuddelt. Nachdem sich der Rauch der Revolution verzogen hatte, wurden die Gebeine wieder in die Basilika überführt, die in der Krypta zusammen mit 70 hervorragenden Grabfiguren zu sehen sind. Im 19. Jh. restaurierte man die Kirche von Grund auf. 1966 erlangte die bisherige Basilika den Status einer Kathedrale.

Der nächste Tag ist Abreisetag. Falls auf dem Weg nach Norden Ihre Kleinen quengelig werden sollten, so gibt es noch eine Ruhe stiftende Haltemöglichkeit: Der ***Parc Astérix***, ca. 20 km nördlich, direkt an der A1. Wir waren nicht dort, weil Disneyland uns schon hinreichend Spaß bereitet hat. Wir haben für Sie im Internet unter parcasterix.com recherchiert:
Offen: April - Oktober 9.30/10.30-18/19 Uhr je nach Saison. Eintritt (2016): 47,00/39,00/0 €; Saisonkarte: 99/89 €; Parken: 10 €; *unter 3 Jahre*

Zum Rheinland und nach Norddeutschland bleiben Sie auf der A1 nach Norden; nach Mittel- oder Süddeutschland müssen Sie 18 km Richtung PARIS zurück, um auf die A104 zu wechseln, die nach 29 km auf die A4 führt. Über REIMS kommen Sie nach SAARBRÜCKEN und wählen Ihren Weg nach Hause.
Jetzt sind wir am **Ende unserer schönen Rundreise** durch die Schlösser und Geschichte Frankreichs. Es ist kaum vorzustellen, dass Sie alles, was wir besucht und beschrieben haben, selber nachvollziehen, aber Sie haben immerhin die Möglichkeit, sich das Schönste herauszusuchen.

TIPPS von A - Z

Abwasser

Auch Grauwasser genannt, fällt beim Waschen, Duschen und Geschirrspülen an und wird mit allerlei unangenehmen Dingen versetzt: Seife, Spülmittel, Getränke- und Essensreste, Schmutz. Diese Mischung fängt irgendwann einmal an zu riechen. Den Tank sollte man von Zeit zu Zeit z. B. mit DanKlorix entkeimen.

Tipp: Man kann vorbeugen, indem man vor dem Spülen das Geschirr mit Papiertüchern grob reinigt, damit nicht die Nudeln und Knöchlein im Abwasser landen. Wenn gerade keine V/E-Station in der Nähe ist, kann dann das Abwasser leichter entsorgt werden, z. B. in einen normalen Straßengully oder an der Tankstelle.

Aber **keinesfalls** darf man auf Wegen und Plätzen das Ablaufventil einfach öffnen und laufen lassen. Wenn wir bei WOMO-Kollegen so etwas beobachten, dann sprechen wir diese freundlich an. Das hat uns zwar schon manches Mal patzige Antworten und sogar Anfeindungen eingebracht, aber immer öfter signalisiert der „Abwassersünder" Einsicht.

Adressen

für Informationen über Frankreich aus

a) Deutschland

ATOUT FRANCE
Französische Zentrale für Tourismus
Postfach 100128 – D-60001 Frankfurt/Main
Web: http://de.france.fr/; eMail: info.de@atout-france.fr
Fax 069-745556

b) Österreich

ATOUT FRANCE
Französische Zentrale für Tourismus
Prinz-Eugen-Straße 72/2.3, A-1040 Wien
Fon +43 (0) 15032892 - Fax +43 (0)15032872
Web: http://at.france.fr/de - eMail: info.at@atout-france.fr

c) Schweiz

Französisches Verkehrsbüro
ATOUT FRANCE SCHWEIZ
Rennweg 42 – Postfach 3376 – CH-8021 Zürich
Fon +41 (0) 442174600– Fax +41 (0)442174617
Web: http://ch.france.fr/de – eMail: info.ch@atout-france.fr

d) **Frankreich**

Die gesamte Tourismusorganisation in Frankreich wurde in letzter Zeit total gestrafft. Alle Informationen über die Regionen erhält man bei den jeweiligen Länder-Büros von ATOUT FRANCE - s. oben.

Hier die Tourismusbüros vor Ort in Frankreich:

Office de Tourisme (O.T.) oder Syndicat d'Initiative

F-37400 **Amboise**, quai Général-de-Gaulle, Fon +33 (0)247570928
F-49051 **Angers**, 7 place Kennedy, Fon +33(0)241 235000
F-37190 **Azay-le-Rideau**, 4, rue du Château, Fon +33 (0)247 454440
F-49150 **Baugé**, place De L'Europe, Fon +33 (0)241 891807
F-45190 **Beaugency**, place Dr-Hyvernaud, BP 44, Fon +33 (0)238 445442

F-45270 **Bellegarde**, 12 place Charles Devergnes, Fon +33 (0)238 902537
F-41000 **Blois**, 23, place du Château, Fon +33 (0)254 904141
F-45250 **Briare-le-Canal**, 1 pl. Charles-de-Gaulle, Fon +33 (0)238 312451
F-45110 **Châteauneuf-sur-Loire**, 3 place A.-Briand, Fon +33 (0)238 584479
F-37501 **Chinon**, 1 rue Rabelais, Fon +33 (0)247 931785
F-45370 **Cléry-St-André**, 111 rue du Maréchal Foch, Fon +33 (0)238 459433
F-45240 **La Ferté-Saint-Aubin**, rue des Jardins, Fon +33 (0)238 646793
F-49590 **Fontevraud-l'Abbaye**, place Saint-Michel, Fon +33 (0)241517945
F-45501 **Gien**, place Jean-Jaurés, Fon +33 (0)238 672528
F-37130 **Langeais**, 19 rue Thiers - BP 47, Fon +33 (0)247 965822
F-37600 **Loches**, place de la Marne, Fon +33 (0)247 918282
F-49570 **Montjean-sur-Loire**. 20 rue Anjou, Fon +33 (0)241 390707
F-37460 **Montrésor/Val d'Indrois**, 43 Grande Rue, Fon +33 (0)247 927071
F-49260 **Montreuil-Bellay**, place du Concorde, Fon +33 (0)241 523239
F-45290 **Nogent-sur-Vern.**, 102 av. G. Bannery, Fon +33 (0)238 976839
F-45000 **Orléans**, 2, place de l'Etape, Fon +33 (0)238 240505
F-75001 **Paris,** 25 rue des Pyramides, Fon +33 (0)149 524263
F-51100 **Reims**, 6 rue Rockefeller, Fon +33(0) 3 26 774500
F-45730 **St-Benoît-sur-Loire**, 44 rue Orleanaise, Fon +33 (0)238 357900
F-49418 **Saumur**, 8 bis, quai Carnot - CS 54032, Fon +33 (0)241 402060
F-45600 **Sully-sur-Loire**, place de Gaulle, BP 12, Fon +33 (0)238 362370
F-37000 **Tours**, 78-82 rue Bernard-Palissy, Fon +33 (0)247 703737
F-37510 **Villandry**, rue Principale, Fon +33 (0)247 501266

Botschaften und konsularische Vertretungen

Botschaft der Bundesrepublik Deutschland
124 rue Marbeau, 75116 **Paris**, Fon +33 (0)153 834500
Informationsstelle der deutschen Botschaft eMail:info@paris.diplo.de
24 Rue Marbeau, 75116 **Paris**, Fon +33 (0)153 647670
Deutsches Konsulat
28 Rue Marbeau, 75116 **Paris**, Fon +33 (0)153 834500
Deutsche Honorarkonsulate
24 Rue du Marché Commun, 44332 **Nantes** Fon +33(0)240 497491
Fax +33 (0)240 521890 - eMail nantes@hk-diplo.de
42 Rue des Capucins, 51100 **Reims**, Fon +33 (0)326 471234
Fax +33 (0)326 884256 - eMail reims@hk-diplo.de
Botschaft der Republik **Österreich** und Informationsstelle
6 Rue Fabert, 75007 **Paris**, Fon +33 (0) 140 633063 und 633090
Fax +33 (0)145 556365 - eMail paris-ob@bmeia.gv.at
Österreichisches Konsulat
17 Av. de Villars, 75007 **Paris**, Fon +33 (0)140 633090
Botschaft/Konsulat der Schweiz
142 Rue de Grenelle, 75007 **Paris**, Fon +33 (0)149 556700
Fax +33 (0)149 556767 - eMail par.vertretung@eda.admin.ch

Angeln

Ohne Erlaubnis darf man in Frankreich nirgendwo angeln. Den Angelschein *Carte de Pêche* kann man in Sportgeschäften und manchmal in Gaststätten kaufen. In Ferienorten wird auch eine Ferienlizenz *Permis de Pêche Vacances* für zwei Wochen angeboten.
Tipp: Ausführliche Infos

„Pêche en France" erhält man beim *Conseil Supérieur de la Pêche*, 134 Av. Malakoff, F-75116 Paris, Fon +33 (0)145 022020 oder bei der *Délégation Régionale du Conseil Supérieur de la Pêche*, 112 Faubourg de la Cueille, F-86000 Poitiers, Fon +33 (0)549 412988.

Ärztliche Hilfe

Adressen der Arztbereitschaft sind an den Apotheken *(Pharmacie)* ausgehängt. Den **Notarzt/Krankenwagen** (SAMU) erreicht man unter **15** – siehe auch unter „Notrufnummern". Am besten fährt man mit einer preiswerten **Auslandskrankenversicherung**, denn die deutschen Krankenkassen tun sich immer schwerer bei Kostenerstattungen. Den internationalen Krankenschein (Formular E111) gibt es – Gott sei Dank – nicht mehr. Statt dessen wurde 2005 als Anspruchsnachweis die **„Europäische Krankenversicherungskarte"** eingeführt. Diese wird von den gesetzlichen Krankenkassen neuerdings auf der Rückseite der bisher üblichen Chipkarte („Gesundheitskarte") aufgedruckt. Fehlt dieser Aufdruck auf Ihrer Karte, so sollten Sie bei Ihrer Krankenkasse rechtzeitig eine neue Karte anfordern. Sie werden dann wie ein pflichtversicherter Franzose behandelt, müssen aber – wie dort üblich – alle Kosten zunächst einmal selbst bezahlen. Jetzt kommt der Pferdefuß: Die ***Caisse Primaire d'Assurance Maladie (CPAM)*** erstattet Ihnen die verauslagten Kosten nach Abzug der Zuzahlung (30 % für Arztbehandlung, 40 % für Laboranalysen, 65 % für Medikamente), wofür Sie von Ihrer Krankenkasse eine lange Anschriftenliste samt Merkblatt mit auf den Weg bekommen. Unsere Touren betreffend gibt es die *CPAM* in *Blois, Nantes, Orléans, Paris, Reims, St-Nazaire, Tours* und *Versailles*. Hier erhalten Sie auch eine amtliche Arbeitsunfähigkeitsbescheinigung für Ihren Arbeitgeber, wenn es notwendig ist.

Tipp: Die gesetzlichen Krankenkassen in Deutschland erstatten Ihre Auslagen im Ausland aber nach wie vor, allerdings mit größeren Abzügen.

Autobahngebühren

Die meisten französischen Autobahnen sind mautpflichtig, an den Zahlstellen (Péage) kann man bar (immer seltener) oder mit Kreditkarte (Visa, Eurocard oder Mastercard) bezahlen. In diesem WOMO-Führer haben wir zu 99 % gebührenfreie Strecken empfohlen.

Tipp: Mit dem Wohnmobil kann man nicht an den Schaltern mit dem Schild „Carte Bancaire" bezahlen, da dort nur PKWs automatisch abkassiert werden und eine Höhenschranke installiert ist.

Tipp: Bevor Sie Ihre Kreditkarte in den Schlitz schieben, sollten Sie überprüfen, ob der Betrag (ungefähr) stimmt. Uns ist es schon passiert, dass wir für eine extrem kurze Strecke über 90 € gezahlt haben, weil das Ticket vom Automaten nicht lesbar war. Da wir glücklicherweise eine Quittung haben ausdrucken lassen – sie kommt nur auf Knopfdruck –, haben wir vier Wochen später nach langem Hin und Her das Geld erstattet bekommen.

Autohilfsdienste

Im Falle einer Panne kann man Helfer über die Notrufsäulen an Autobahnen und Nationalstraßen verständigen. Ansonsten ruft man die Polizei mit **17**, die dann Hilfe herbeiordert. Unmittelbar ruft man die Pannenhelfer der AIT-Assistance per Telefon mit **0800 089222** herbei.

Muss z. B. ein Fahrzeug aus dem Graben gehievt werden, so hilft auch die Feuerwehr (*Pompiers*) unter dem Notruf **18**.

Tipp: Die Mitarbeiter der Notrufdienste sprechen in der Regel kein deutsch, bestenfalls ein wenig englisch. Deshalb sollten Sie für den Fall der Fälle ein paar französische Standardsätze auf einem Spickzettel mit sich führen oder einen Sprachführer zu Rate ziehen. Unser Fahrzeug musste während der Recherche für dieses Buch bei *Chinon* aus dem Graben gezogen werden.

Der **Schutzbrief** unserer Autoversicherung hatte hierfür eine Münchener Nummer parat, von wo aus direkt ein Abschleppwagen innerhalb von 20 Minuten geschickt wurde.
Sie erhalten auch Hilfe über den ADAC-**Auslandsnotruf** München: **0049 89 22 22 22**; gilt auch für Service aus Lyon.

Baden

Auf unseren Touren durch das Tal der *Loire* haben wir nur wenige Badegelegenheiten in der Landschaft gefunden. Am Mündungsdelta und am Atlantik gibt es natürlich Badestrände, die wir kurz angerissen haben. Ausführlich werden die Strände in den WOMO-Büchern (Bände 10, 26 und 27) unseres Kollegen Jürgen Engel beschrieben. Zu den französischen Naturfreibädern am Meer, an Flüssen, Seen, Teichen und künstlich angelegten Weihern („*Plan d'Eau*") ist lobend zu erwähnen, dass hier selten – im Gegensatz zu Deutschland – Eintrittsgeld verlangt wird, selbst wenn funktionierende Sanitäranlagen angeboten werden. Das Baden in der *Loire* kann wegen Untiefen und Strömungen sehr gefährlich sein. Vereinzelt gibt es abgesperrte und gesicherte Badeflächen am Fluss, wie z. B. in *St-Denis-en-Val* (bei Orléans).

Boules/Pétanque

In ganz Frankreich ist dies ein beliebter Volkssport. In jedem Ort, und sei er noch so klein, werden Sie – meist im Zentrum – eine mehr oder minder große Anlage vorfinden, manchmal sogar überdacht. Wir selbst sind auch Petanquespieler und haben unsere Kugeln meist dabei, denn an so manchem Stellplatz gibt es eine Boulebahn. Das unterhaltsame Spiel schafft immer gute Kontakte zu unseren französischen Gastgebern.

Campingplätze

Frankreich hat wohl das dichteste Netz an Campingplätzen, man hört von 9000 - 10.000 Anlagen. In den uns bekannten Führern von Michelin, ADAC und DCC ist davon jeweils nur eine Auswahl von 1000 bis 3000 beschrieben, die von größerem touristischen Interesse sind. Auf unseren elf Touren haben wir auch einige Plätze besucht und empfohlen, obwohl der Schwerpunkt unseres Buches bei den freien Stellplätzen liegt.
Die meisten Plätze in Frankreich sind im Winter geschlossen, im Allgemeinen öffnen sie Ostern und bleiben bis September dienstbereit. Genaue Zeiten entnehmen Sie unseren Tipps oder – wenn nicht aufgeführt – dem Internet.
Tipp: Die in den Michelin-Karten durch ein schwarzes Dreieck am Ortsnamen vermerkten Plätze sind nur diejenigen, die im Michelinführer „*Camping France*" aufgeführt sind. Auf Falk-Karten sind mehr Plätze eingezeichnet.

Am preiswertesten sind die Gemeindeeinrichtungen „Camping Municipal", wo man meist mit weniger als 18,00 € pro Nacht (WOMO mit zwei Personen) auskommt, während an attraktiven Orten und in Paris bis 45,00 € verlangt werden, Zuschläge für Strom (3 – 8 €), größere Parzellen usw. nicht eingerechnet. Einige wenige Plätze berechnen deftige Reservierungsgebühren.

Tipp: Mitglieder von ADAC, AvD, Kanuclub, DCC und DFK sollten sich für ein Camping-Carnet (CCI) ausstellen lassen. Das hat den Vorteil, dass bei der Anmeldung nicht alle Pässe und Personalausweise hinterlegt werden müssen und man außerdem bei einigen Plätzen Rabatt bekommt. Mit der ACSI-Card (www.campingcard.com/de/) kann man in der Nebensaison viel Geld sparen.

Einkaufen

Es ist sinnlos, von zu Hause große Vorräte an Konserven und Getränken – Spritverbrauch erhöhend – mitzuschleppen, weil man meint, in Frankreich sei alles teurer. Dem ist absolut nicht so, denn es gibt dort auch die bekannten deutschen Discounter in fast jeder Stadt. Da die Supermärkte möglichst wenig Marktanteile verlieren wollen, herrscht ein knochenharter Wettbewerb. Von einigen Supermärkten, z. B. Leclerc, bekommt man mit der Rechnung des Einkaufs einen Gutschein für die nächste Beschaffung in derselben Kaufhauskette, wofür man aber vorher eine Kundenkarte besorgen muss. Teurer als in Deutschland sind meist Frischfleisch, Obst, Milch und Schnaps. Alle anderen Waren haben ähnliche Preise wie in Deutschland. Unsere Schweizer WOMO-Freunde empfinden natürlich alles billiger...

Einreiseformalitäten/Reisedokumente

EU-Bürger haben nach dem Schengener Abkommen Anrecht auf einen freien Zugang nach Frankreich. Wegen der Terrorgefahr werden allerdings ab und zu Sonderkontrollen durchgeführt. Lediglich der Zoll hat die Berechtigung, nicht nur an den Grenzen Fahrzeug-Checks durchzuführen. Natürlich muss man sich hier auch ausweisen können, weshalb die Mitnahme von Personalausweisen bzw. Reisepässen für die gesamte WOMO-Besatzung notwendig ist. Der oder die Fahrer müssen einen (möglichst) internationalen Führerschein vorlegen können. Für das Fahrzeug ist die amtliche Zulassung des Heimatlands notwendig, die grüne Versicherungskarte ist nicht Pflicht, vereinfacht aber die Abwicklung bei Unfällen. Unsere eidgenössischen Leser reisen meist über Deutschland ein und unterliegen in der Regel keinen Grenzkontrollen mehr. Für Ausweise und Fahrzeugpapiere gilt das gleiche wie für EU-Bürger.

Eintrittsgelder Sehenswürdigkeiten

Wir haben bei allen beschriebenen Schlössern, Museen, Monumenten und sonstigen Attraktionen die zur Zeit unserer Recherchen gültigen Preise in meist drei Kategorien – Erwachsene / ermäßigter Preis / Kinder – genannt, wobei der Begriff „Kinder“ höchst unterschiedlich interpretiert wird: in den Vergnügungsparks „unter 3 Jahren“, bei vielen Museen „bis 26 Jahren, wenn es sich um EU-Bürger handelt. Aktuelle Eintrittspreise können Sie von etlichen Objekten im Internet erfahren, z. B. unter monuments-nationaux.fr.
Tipp: Für Paris gibt es die ***„Paris Museum Pass“*** für zwei, vier oder sechs Tage zu günstigen Preisen (s. Tour 11, Seite 197).
Für die westliche Touraine wird von den Fremdenverkehrsbüros ein „PASS châteaux de la Loire“ angeboten, der für 43 Objekte lediglich Verbilligungen verspricht. Den *„Laissez-Passer“* für über 100 Objekte in ganz Frankreich gibt es leider nicht mehr.
Tipp: Rentner/innen – auf französisch Retraité(e) – können von dem reduzierten Tarif („Tarif Reduit“) nur noch selten Gebrauch machen.

Entsorgung

Für alle verantwortungsbewussten WOMO-Fahrer/innen gibt es sicherlich darüber keinen Zweifel, dass der Toilettencontainer nur an den dafür vorgesehenen Entsorgungseinrichtungen entleert wird. Das Netz der V/E-Statio-

nen in Frankreich ist wie in keinem anderen Land sehr dicht, so dass niemand die Ausrede haben kann, es wäre nichts in der Nähe gewesen.
Wir selbst benutzen keinerlei Toilettenchemie, sondern haben ein gut funktionierendes Ventilationssystem für wenig Geld eingebaut. Im allergrößten Not- und Sonderfall könnten wir deshalb unsere Fäkalien mit dem stets mitgeführten Klappspaten auf Ödland 30 – 40 cm tief vergraben, was wir aber noch nie gemacht haben.
Tipp: Sparen Sie WC-Kapazität, indem Sie unterwegs öffentliche Toiletten (Tankstellen, Supermärkte, Marktplätze, Sehenswürdigkeiten) benutzen.

Fahrradfahren

Der *Loire*-Radweg *„La Loire à Vélo“* von *Sancerre* bis zum Atlantik ist mit ca. 800 km Länge endlich fertig! Gut ausgeschilderte Strecken, die meist auf den Deichen des großen Flusses oder wenig befahrenen Landsträßchen entlangführen, weisen kaum Steigungen auf und führen durch sechs Departements und ebenso viele große Städte, nämlich Orleans, Blois, Tours, Saumur, Angers und Nantes. Es liegen viele *Loire*-Schlösser und Sehenswürdigkeiten an dieser schönen Vélopiste. 52 Millionen Euro hat der französche Staat dafür locker gemacht. Info-Website loire-radweg.org/.
Tipp: Neu herausgekommen ist das „Streckenbuch“ in Deutsch von *„La Loire à Vélo“* mit elf Detailkarten über den Streckenverlauf. Gratis erhältlich beim **Société publique régionale des Pays de la Loire**, 1, Place de la Galarne, BP 80221, 44202 Nantes Cedex 2, Fon (0033) 240 4824 20
eMail: webmaster@enpaysdelaloire.com; http://www.enpaysdelaloire.com
oder: Centre - Val de Loire **Regionales Tourismuskomitee**, 37, Avenue de Paris, 45000 Orléans, Fon (00 33) 2 38 79 95 28, Fax (00 33) 238 799510, eMail: crtcentre@centre-valdeloire.org; Website: www.valdeloire-france.com
Für WOMO-Fahrer ist die Benutzung dieser Radwanderstrecke etwas unpraktisch, denn sie können entweder nur Rundwege fahren – die gibt es aber kaum fertig ausgebaut – oder sie müssen dieselbe Distanz wieder zum geparkten WOMO zurückfahren. Etwas langweilig! Ideal wäre es, wenn einer der Fahrer mit dem Mobil vorausfährt, und die restliche Besatzung folgt ihm über die schönen Wege auf dem Drahtesel. Das klappt dann nur, wenn abwechselnd einer der Fahrer/innen auf die Radtour verzichten will. Man kann auch für die Rückfahrt öffentliche Verkehrsmittel benutzen, aber danach muss man sich vor Ort erkundigen. Es gibt an der Route sogar eigens eingerichtete Fahrrad-Bahnstationen.
Tipp: Informationen, Karten und Routenvorschläge erhält man beim französischen Radwanderbund *Fédération Française de Cyclotourisme, 12 Rue Louis-Bertrand, 94200 Ivry-sur-Seine*, Fon +33 (0)156 208888 oder bei Atout France in Deutschland.
Wer nicht ernsthaft Radtouren plant, dem empfehlen wir, Fahrräder nicht „auf Verdacht“ mitzunehmen, denn die werden meist nie benutzt, und man schraubt sie – wieder zu Hause – total verdreckt und angerostet von den Halterungen ab.

Fahrzeug

Frankreich besitzt ein dichtes Netz von Servicestationen für nahezu alle Automarken. Die meisten WOMO-Basisfahrzeuge kommen von Fiat, Peugeot und Citroën und sind im Prinzip baugleich, werden deshalb von allen Werkstätten dieser drei Marken repariert. Auch Renault-Werkstätten sind meist gut ausgerüstet dafür, wie wir selbst bei einer mittleren Motorpanne in Frankreich erlebt haben. An unserem Pössl auf Peugeot-Basis war der Gewindebolzen des Einspritzdüsenhalters bei voller Fahrt gebrochen. Eine Renault-Werkstatt schleppte das Fahrzeug ab und reparierte den Schaden innerhalb einer Stunde, und das am Sonntagnachmittag!

Tipp: Vor dem Urlaub sollte der Wagen in der Heimatwerkstatt durchgecheckt werden. Besonders wichtig: beide Batterien!
Tipp: Pannenausrüstung überprüfen: Reserverad mit richtigem Luftdruck; Abschleppstange oder -seil; zwei Warndreiecke; zwei Pannenwesten; einsatzfähiger Feuerlöscher; Reservelampen; Warnblinkleuchte; Ersatzsicherungen, auch für den Wohnteil; Verbandskasten aktuell ausgerüstet (Gummihandschuhe und Rettungsfolie); Werkzeugkoffer komplett.

Feiertage /Feste

Die gesetzlichen französischen Feiertage sind:

1. Januar	Neujahr (*Jour de l'An*)
Ostern	Sonntag und Montag (*Pâques*)
1. Mai	Tag der Arbeit (*Fête du Travail*)
8. Mai	Ende des Zweiten Weltkrieges (*Victoire* 1945)
Himmelfahrt	(*Accension*)
Pfingsten	Sonntag und Montag (*Pentecôte*)
14. Juli	Nationalfeiertag (*Fête nationale*)
15. August	Mariä Himmelfahrt (*Assomption)*
1. November	Allerheiligen (*Toussaint*)
11. November	Waffenstillstand 1918 (*Armistice*)
25. Dezember	Weihnachten (Noël)

Dazu kommen zahlreiche regionale und örtliche Festivals mit unterschiedlichen Motiven wie klassische Musik, Jazz, Ballett, Pferde, Gartenkunst, deren Aufzählung eine lange Liste ergäbe. (O.T. fragen!)

Filmen/Fotografieren

Filme und Videobänder sind Medien der Vergangenheit, denn der flächendeckende Einzug der Digitalkameras hat stattgefunden, und es kommt nur noch darauf an, dass man genügend Speicherkarten mitführt.
Tipp: Kaufen Sie Speicherkarten mit hoher Kapazität (bis zu 128 GB), damit Sie viele – auch hochwertigere – Aufnahmen speichern können.

Flora/Fauna

Durch die unterschiedlichen Wasserstände im Jahreswechsel bietet die *Loire* einen großartigen Lebensraum für etwa 220 Vogelarten, Amphibien, Wirbellose und kleine Weichtiere. Auf den Inseln, Sandbänken, in den Auen und Sümpfen herrscht im Frühjahr und Sommer reges tierisches Treiben.
Tipp: Nach geführten Ausflügen zur Vogelbeobachtung erkundigt man sich bei den örtlichen Fremdenverkehrsbüros. Veranstalter sind die Ortsvereine der LPO (*Ligue pour la Protection des Oiseaux*).

Freie Übernachtung/Stellplätze

Wie in der Einleitung bereits erwähnt, widmen die WOMO-Bücher einen Großteil des Inhalts der Beschreibung von freien Stellplätzen an attraktiven Orten. So ist es auch in diesem Band: Von den knapp 200 Übernachtungsmöglichkeiten befinden sich 150 außerhalb von Campingplätzen. Wir möchten hier über dieses Thema, was ja oft die Gemüter erhitzt, keine Diskussion führen. Es gibt WOMO-Fahrer/innen, die lieber frei stehen und andere, die den sichernden Campingplatzzaun um sich haben möchten. Punkt!

Generell ist das freie Übernachten im Reisemobil in Frankreich nicht verboten. Hunderte von Gemeinden haben eigens für uns Ver- und Entsorgungsstellen *(Aires de Services Camping-Cars)* zum Teil sehr liebevoll eingerichtet. An den meisten dieser Servicestationen ist ebenso das Übernachten möglich. Auch außerhalb dieser Anlagen ist dies im Großen und Ganzen unproblematisch. Lediglich an bestimmten, meist überlaufenen Stellen finden wir Schilder *„Camping interdit"* (Camping verboten), *„Camping et Caravaning interdit"* oder *„Camping sauvage interdit"* (wildes Camping verboten) vor, wobei sich die Frage stellt, ob hiermit auch Wohnmobile gemeint sind. Solange wir nicht Tisch, Stühle und Holzkohlengrill aufstellen und die Markise herauskurbeln, handelt es sich bei einem stehenden WOMO immer nur um den Vorgang des **Parkens und nicht um Camping**. Ganz raffinierte Schilderaufsteller platzieren zuweilen ein Halteverbotsschild mit Zeiteinschränkung, z. B. 21 – 7 Uhr. Es gibt aber auch eindeutige Verbotsschilder, z. B. „Camping-Car interdit" (Wohnmobile verboten); da muss man schon sehr abgebrüht sein, um dort zu übernachten. Letztendlich kommt es auch immer darauf an, ob ein Ordnungshüter – oder Grundstückseigner – uns mehr oder minder freundlich wegschickt. Von unseren französischen Stellplätzen wurden wir bis heute noch nie verscheucht.

Tipp: Wir WOMO-Fahrer/innen können auch sehr viel dazu beitragen, dass sich unsere „Zunft" bei den Einheimischen und deren Wortführern nicht unbeliebt macht, so dass es zu Verboten und Einschränkungen gar nicht erst kommt.

1. **Fahrzeugansammlungen** vermeiden; wenn der Platz belegt ist (s. Foto), zum nächsten weiterfahren!
2. Keinen **Müll** hinterlassen, wenn keine Behälter vorhanden sind! Kleine Papierkörbe nicht mit Riesenmülltüten vollstopfen, diese auch nicht neben vorhandene Tonnen stellen!
3. Kein **Abwasser** auf dem Platz entsorgen und schon gar keine WC-Container entleeren, wenn keine V/E-Anlage vorhanden ist!
4. Kein **Campingleben** mit Grill und großen Tischgemeinschaften demonstrieren! Im Grünen darf es bestenfalls wie Picknick aussehen.
5. Keinen **Lärm**, besonders in der Nähe von Wohnbebauung, veranstalten! Nehmen Sie sich kein Beispiel an den Franzosen, wenn sie am 14. Juli den Nationalfeiertag begehen.

Wir haben schon so manches Mal gezögert, einen besonders idyllischen Platz in unseren Reiseführer aufzunehmen, weil gerade durch dieses Buch viele Leute dort hinkommen, von denen sich einige nicht an die Spielregeln halten könnten, was eine Schließung zur Folge hätte. Liebe Leser/innen, sorgen bitte Sie mit dafür, dass die schönen Stellplätze erhalten bleiben!

Fremdenverkehrsbüros

siehe Seiten 233 - 234 unter „Adressen"

Gas

Dieses Thema ist heute nicht mehr so interessant, weil fast alle Wohnmobile mit zwei 11-kg-Flaschen ausgerüstet sind. Die reichen bei einigermaßen sparsamer Haushaltung ohne Benutzung der Heizung drei bis vier Wochen, also einen ganzen Urlaub lang. Trotzdem: Flaschen unseres Systems können mit einem passenden Füllset vom Campingfachhandel auch in Frankreich gefüllt werden. Es handelt sich um vier verschiedene Messingteile, deren Innengewindeseiten identisch sind und ohne Druckminderungsventil auf Ihre Gasflaschen passen.

In Eisenwarengeschäften oder auf großen Campingplätzen gibt es meist Adapter, so dass Sie auch französische Flaschen an Ihr System anschließen können. Aber Vorsicht! Ein französischer Regler eignet sich meist nicht für die deutschen Gasanlagen, die einen Druck von 30 bar benötigen.
Tipp: Von Vorteil sind eingebaute Gastanks oder Tankflaschen, die man einfach an vielen normalen Tankstellen mit dem Zeichen „G.P.L." (gaz de Pétrole liquéfié) füllen kann. Die Tankflaschen gibt's bei www.tankflasche.de.

Geld

Frankreich ist das Land der „Carte Bancaire"; hier wird fast alles in jeder Summe mit Plastikgeld bezahlt. Es werden alle gängigen Kreditkarten (Visa, Eurocard, Mastercard) und die deutsche Girocard oder V-Pay (früher:EC-Scheckkarte) fast überall akzeptiert. Mit Schecks zahlen noch hier und da alte Leute oder Hausfrauen, indem sie aus einem dicken französischen Scheckbuch ein Formblatt heraustrennen und es durch die Kassiererin maschinell ausfüllen lassen. Zum Bargeld: Dank des Euros gibt es für Österreicher und Deutsche keine Umstellung; Schweizer müssen sich halt wie bisher im Heimatland oder in Frankreich Devisen besorgen.
Tipp: Da die Abhebungen an den Geldautomaten von der Heimatbank mit happigen Kosten (3 - 6 € pro Vorgang) belegt werden, sollte man sich bei der Postbank eine oder mehrere SparCards zulegen; mit denen kann man zehnmal pro Jahr kostenlos im Ausland am Automaten mit dem Visa-Plus-Zeichen Geld abheben. Mit einer Kreditkarte kann das Bargeldziehen im Ausland extrem teuer werden – bis zu 10 € je Vorgang, wenn man nicht bei der richtigen Bank ist. siehe http://www.geld-abheben-im-ausland.de/

GPS (Global Positioning System)

Wir bereits vorne erwähnt, haben wir für alle Stellplätze und einige wichtige Punkte die GPS-Daten festgehalten. Bereits ab 100 € bekommt man Navigationsgeräte fürs Auto, mit denen man auch bei Nacht und Nebel jederzeit feststellen kann, wo man sich befindet und wie man einem Platz ansteuert, von dem man die Koordinaten oder die genaue Adresse vorliegen hat. GPS-Geräte sind bei allen Elektronikmärkten und Kaufhäusern zu beziehen. Man muss nur die Koordinaten – möglichst stressfrei vor dem Urlaub – direkt oder per PC über das mitgelieferte Kabel und mit der kostenlosen Software (www.easy.GPS.com) oder „MapSource" in das Gerät als „Favoriten" speichern. Es geht aber bei manchen Geräten auch ohne Software.
Vor dem Kauf muss man sich allerdings beim Fachhändler (möglichst nicht Discounter) oder Hersteller überzeugen, dass **als Ziel** neben der Adresse (Land/Ort/Straße) **auch GPS-Daten** (Grad, Minuten, Sekunden) eingegeben werden können. Sie werden sich wundern, dass selbst Fachverkäufer hier manchmal keine klare Auskunft geben können.
Wer es bequemer haben möchte, verwendet die vom WOMO-Verlag für kleines Geld angebotene „CD zum Buch" (neuerdings auch als Download) – und die Koordinaten aller Übernachtungsplätze sind vom PC auf das GPS-Gerät überspielbar. (Es gibt Navis, die erst nach Anwendung gewisser Tricks sog. Massenspeicherungen vornehmen.) Auf Tour geben Sie dann lediglich die in den Farbkästen oder in den Tourenkarten genannten Platznummern mit den beiden Kennbuchstaben „FP" ein, also zum Beispiel „FP086" als Favorit ein, und problemlos führt Sie Ihr Navi zum Stellplatz in *Donges*.

Tipp: Umrechnung von Minuten mit zwei Dezimalen in Sekunden erfolgt, indem man die Stellen hinter dem Komma mit 0,6 multipliziert. Beispiel: 3,32' = 3' 19,2" (32x0,6=19,2).
Umgekehrt rechnet man Minuten/Sekunden in Minuten mit zwei Dezimalen: Sekunden geteilt durch 60 = Minuten-Stellen hinter dem Komma. Beispiel: 3' 19,2" = 3,32' (19,2 : 60 = 0,32).

Haustiere

Für die vierbeinigen Reisegefährten (über drei Monate alt) benötigen Sie ein tierärztliches Zeugnis und den Nachweis einer Tollwutimpfung, die mindestens einen Monat, aber weniger als ein Jahr zurückliegt.

Information

siehe unter „Adressen“

Kartenmaterial

Auch wenn Sie grundsätzlich nach Ihrem Navigationsgerät fahren, empfehlen wir, immer aktuelles Kartenmaterial mitzuführen, denn erstens kann das Gerät mal streiken, und zweitens ist es oft notwendig, sich einen Überblick über Ihre Tourenplanung zu verschaffen. Wir sind immer mit den Michelin-"Local"-Karten mit Maßstab 1:150.000 bis 180.000 gut zurecht gekommen:

Nr. 306 Ardennen, Nördliche Champagne	ISBN-13: 978-2067209992
Nr. 311 Paris - Ile de France/West	ISBN-13: 978-2067210097
Nr. 312 Ile de France / Ost	ISBN-13: 978-2067210110
Nr. 316 Vendee	ISBN-13: 978-2067210219
Nr. 317 Westliches Loiretal - Anjou	ISBN-13: 978-2067210233
Nr. 318 Loire-Tal	ISBN-13: 978-2067210257
Nr. 323 Berry	ISBN-13: 978-2067210356

Regionalkarten im Maßstab 1 : 200.000 – im WOMO-Verlag erhältlich:

Nr. 517 Loiretal	ISBN-13: 978-2067209770
Nr. 518 Zentralfrankreich	ISBN-13: 978-2067211834

Wenn Sie häufiger in Frankreich touren, so lohnt es sich, den **Michelin-Straßen- und Reiseatlas** (ca. 20 EUR) für ca. 20 anzuschaffen: ISBN-13: 978-2067193024

In **Paris und Umgebung** haben uns die Michelin-*Zoom*-Karten Nr. 101 (Maßstab 1 : 53.000), Nr. 106 (Maßstab 1:100.000) und der Stadtplan von Falk (Maßstab 1: 15.000) sehr gute Dienste geleistet. Michelin bietet noch einen genaueren Plan – Nr. 055 – im Maßstab 1 : 10.000 an. Kleinere Stadtpläne gibt es gratis im Campingbüro und an den großen *Métro*-Stationen.

Klima/Reisezeit

Das Loiretal liegt ungefähr in der Mitte von Frankreich und beschert einen milden, aber bisweilen auch regnerischen Frühling, wo im Westen die Baumblüte schon Anfang April beginnt. Die besten Reisemonate sind Mai und Juni, weil zum einen die Sehenswürdigkeiten noch nicht überlaufen und zum anderen die Temperaturen sehr angenehm sind, während in der Landschaft alles grünt und blüht. In den Ferienmonaten Juli und August ist halb Frankreich auf Achse, so dass es z. B. schwer ist, auf Campingplätzen ohne Reservierung unterzukommen. Auch die beliebten Stellplätze sind dann übervoll. Eltern mit schulpflichtigen Kindern sollten daher alle Tage im Juni und ab Mitte August ausnutzen, dann ist der Trubel noch nicht oder nicht mehr so groß. September und Oktober sind wieder ideale Reisemonate; allerdings fließt der breite Strom dann nicht mehr so majestätisch, weil der Wasserstand schon sehr niedrig ist und Rinnsale um Inseln und Sandbänke plätschern. Wer Sinn fürs Ästhetische hat, findet den Anblick dieser Landschaft besonders schön und – vor allem – fotogen.

Einen Blick im Voraus auf das aktuelle französische Wetter finden Sie im Internet unter www.meteo.fr.

Konsulate und Botschaften

siehe unter „Adressen“

Kriminalität

Wie überall auf der Welt gehört in Ballungsgebieten und Touristenzentren der kleine Spitzbube dazu wie das Salz in der Suppe. In Großstädten sollten Sie Ihr Fahrzeug nie aus den Augen lassen oder wenigstens auf einem bewachten Parkplatz abstellen. Bei unseren zahlreichen Frankreichreisen ist uns bisher nichts passiert, vielleicht weil wir als Fußgänger nie mit unseren Besitztümern protzen (Schmuck, Kameras etc.) und als WOMO-Fahrer immer entsprechende Vorsichtsmaßnahmen treffen, wenn wir das Fahrzeug allein lassen oder des Nachts an einsamer Stelle stehen. Zunächst schließen wir alle Fensterrollos sowohl im Wohnbereich als auch im Fahrerhaus, damit etwaige Langfinger nicht prüfen können, ob sich Personen oder ein Hund im Fahrzeug befinden.

Wir haben in unser Reisemobil eine solide **Alarmanlage** „Thitronik" bei Weber, Gladbeck, (www.haussicherheitstechnik.de) preiswert einbauen lassen. Die Anlage ist mit der Fahrzeugelektronik des Ducato direkt verbunden, so dass alle Türen und ein Ausstellfenster überwacht werden. Sobald unser WOMO mit Fernbedienung verschlossen wird, ist der Alarm scharf gestellt.

Vorsicht: Wenn Sie sich für die Nacht eingeschlossen haben, müssen Sie **vor** dem Öffnen einer Tür oder des Kontaktfensters unbedingt die Alarmanlage entschärfen, denn sonst stören Sie Ihre Stellplatznachbarn mit infernalischem Lärm!

Der **WOMO-Knackerschreck,** erhältlich bei unserem Verlag, leistet zusätzlich gute Dienste: Vordertüren und Lenkrad werden blockiert.

Es gibt auch noch elektronisches Hundegebell (z. B. Conrad), das mit einem Bewegungsmelder eingeschaltet wird. Wir haben es ausprobiert, aber es klingt so unecht, dass damit kein echter Ganove erschreckt wird.

Tipp: Wer als Basisfahrzeug Fiat-Ducato, Peugeot-Boxer oder Citroen-Jumper fährt, kann die rechte Sitzkonsole mit wenig Aufwand in einen Tresor für Wertgegenstände verwandeln. (Einbausätze werden im Internet von 140 bis 300 € angeboten, z. B. bei movera.com.)

Tipp: Immer in Fluchtrichtung parken! Alarmanlagen sind bewiesenermaßen (siehe WOMO-Handbuch) zumindest eine Barriere für Einbrecher, die sich dann meist aus dem Staube machen und sich ein anderes Objekt der Begierde suchen. Bargeld, nie in größeren Mengen, Giro- und Kreditkarten führen wir stets am Körper mit.

Landwirtschaft

Das *Loire*-Tal ist insgesamt eine sehr fruchtbare Gegend, und es gibt entsprechend viele landwirtschaftliche Betriebe. Auf zahlreichen Bauernhöfen und Weigütern sind Wohnmoblilfahrer ausdrücklich willkommen und können kostenlos übernachten, wenn sie im Besitz eines *„Carnet des Invitations"* sind. (Beschaffung s. unter „Wein / Weingüter"!)

Literatur

Zum *Loire*-Tal können wir als Ergänzung zu unserem Buch empfehlen:

Michelin: Der grüne Reiseführer „Schlösser an der Loire", ein übersichtliches Nachschlagewerk, das viele Detailinformationen für den Reisenden bereithält. ISBN13: 978-3834289209
Dumont Reisetaschenbuch: „Tal der Loire" - ein preiswerter Reiseführer für durchschnittliche Informationstiefe. ISBN13: 978-3770174171
Erheblich ausführlicher und professioneller hingegen unterrichtet der Dumont Kunstreiseführer: „Das Tal der Loire". ISBN13: 978-3770166145

Radwandern
Esterbauer: „Loire-Radweg - Von Nevers zum Atlantik", das praktische bikeline-Radtourenbuch (mit Spiralbindung). ISBN13: 978-3850000639
Für **Paris und Umgebung** nennen wir nur wenige Bücher von vielen:
Baedeker Reiseführer: „Paris" mit Stadtplan 1 : 15.000 – sehr ausführlich und kompetent, mit vielen Details. ISBN13: 978-3829712576
Michael-Müller-Verlag: Ralf Nestmeyer „Paris" beschreibt 13 Stadtrundgänge und die Umgebung der Weltstadt. ISBN13: 978-3899536270
Reise Know-How Verlag: Gabriele Kalmbach „Paris und Umgebung" bietet Langzeittouristen gar 18 Touren an und gibt erschöpfend Auskunft über Restaurants und Shoppings der Metropole. ISBN13: 978-3831721078

Camping
3000 ausgesuchte Plätze finden wir im jährlich erscheinenden Michelinführer „Camping France". ISBN-13: 978-2067207097

Essen und Trinken
Standardwerk für Gourmets: Der rote *Guide Michelin* (nur in französisch) Der *Guide Michelin* glänzt überdies mit exakten Stadtplänen.
ISBN-13: 978-2067206335
Michelin: Bonnes petites tables Eine gezielte Auswahl von kleinen, preiswerten Restaurants mit herausragender Qualität ISBN-13: 978-2067206410
Reise Know-How Peter W. L. Weber: Schlemmerlexikon für Gourmets - Auch wer gut französisch spricht, kennt noch lange nicht alle Begriffe aus der Welt der Feinschmecker. Dieses Büchlein hilft sehr beim Studium der Speisekarte. ISBN-13: 978-3894167134

Notrufnummern

Polizei	**17**	**Mobil: 112**
Krankenwagen/Arzt	**15**	
Feuerwehr	**18**	
Pannendienst AIT	**05 10 61 06**	
ADAC Frankreich*	**0049 89 22 22 22**	

*Über München; die alten Nummern in Frankreich gibt es nicht mehr.)

Öffnungszeiten

Supermärkte und größere Geschäfte sind wochentags meist durchgehend von 9 - 19.30 Uhr oder länger geöffnet, Bäckereien ab 7 Uhr, in ländlichen Gegenden und kleinen Orten wird in der Mittagszeit geschlossen. Postämter stehen montags bis freitags von 8 – 19 Uhr, samstags von 8 – 12 Uhr zu Diensten, Mittagszeit wie vor. Die Banken öffnen im allgemeinen von 9 – 12 und von 14 – 17 Uhr, samstags fast nie.
Geldautomaten (*Distributeurs*) sind meist rund um die Uhr dienstbereit, es werden neben den französischen *cartes bancaires* die Girocard, fast alle Sparcards und Kreditkarten akzeptiert. (s. auch unter „Geld")
Die Öffnungszeiten von Sehenswürdigkeiten sind äußerst unterschiedlich, weshalb wir auch diese bei den einzelnen Objekten vermerkt haben. Ruhetag ist entweder montags oder dienstags.

Porto

Auf Postkarten und Standardbriefe ins europäische Ausland klebt man zur Zeit eine 1-Euro-Marke. Briefmarken gibt es meist auch in Tabak-, Zeitschriften- und Souvenierläden, wo Ansichtskarten angeboten werden. Die Portokosten sind in den letzten Jahren regelmäßig gestiegen. Also muss man sich immer erkundigen, was zurzeit erforderlich ist.

Preise

siehe unter „Einkaufen".

Restaurants

Hierüber könnten wir eigens ein Buch schreiben, denn die Vielfalt in Frankreich ist gigantisch. Aber wir müssen hier einmal mit dem Ammenmärchen aufräumen, dass das Essen in den französischen Restaurants grundsätzlich teurer als in Deutschland ist. Wir kennen welche, in denen man abends für ganze 9,80 € ein wohlschmeckendes dreigängiges Menü erhält. Im *„Le Jule Verne"* auf der zweiten Ebene des Eiffelturms kann man für das Menü locker 120,00 € ausgeben, aber bei überwältigender Aussicht.
Mittags bieten kleinere Restaurants und ländliche Gaststätten (*Brasseries*) ein preiswertes und schmackhaftes Tellergericht (*Plat du Jour)* an.
In *Bistrots* und *Cafés* gibt es meist auch Kleinigkeiten zu essen. Die *Brasseries* – wörtlich „Brauereien" – servieren ohne große Wartezeit einfache, meist rustikale Gerichte. In den *Crêperies* gibt es unzählige Varianten von Pfannkuchen; die gesalzenen nennt man *Galettes de Sarrasin*, die süßen nennt man *Crêpes*. (Restaurantführer siehe unter „Literatur")
Wer abends zum Speisen ins Restaurant gehen will, sollte möglichst vorher telefonisch reservieren lassen, auch in der Nebensaison. Das gehört einfach zum guten Ton. Wenn man das Etablissement betritt, muss man warten, bis der Kellner oder der Chef einen Tisch zuweist. Es ist eine Todsünde in Frankreich, sich einfach an einem freien Tisch niederzulassen, wie es in Deutschland vielerorts üblich ist.
Seit längerem ist das Bedienungsgeld in den Preisen eingeschlossen (*„Service compris"*). Wenn man gut bedient wird, lässt man üblicherweise ein Trinkgeld (*Pourboire*) von 5 - 10 % der Rechnungssumme auf dem Zahltellerchen liegen. Auf eine glatte Summe aufzurunden, ist in Frankreich nicht üblich. Wer trotz guten Services kein Trinkgeld gibt, wird meist bei Folgebesuchen etwas „zögerlicher" bewirtet.

Sehenswürdigkeiten

Das Wichtigste wird in den Beschreibungen der einzelnen Objekte gesagt. Bei Besichtigung von Sakralbauten sollten Sie – vor allem die Damen –

halbwegs züchtige Kleidung tragen; nackte Schultern gehören mit einem Tuch bedeckt. Sehr kurze Männershorts werden in Mönchsklostern gar nicht gern gesehen.
Tipp: Wenn man nicht allzu viel kostbare Urlaubszeit vergeuden will, sollte man immer kurz vor der Öffnung vor Ort sein. Der Andrang beginnt meist gegen 10 Uhr, wenn die Touristen im Hotel das Frühstück hinter sich haben und die Busse anrollen.
Die Highlights unter den Sehenswürdigkeiten sind vor allem in der Hauptsaison total überlaufen. Man kann auch im Internet Tickets vorbestellen, ausdrucken und und bezahlen, so dass man der Warteschlange entgeht. In Paris kann man sogar gegen einen hohen Aufpreis die Monumente durch Sondereingänge betreten.
Tipp: In Kathedralen o. ä. sind Blitzfotos unsinnig und Stative oft verboten. Legen Sie Ihre Kamera auf die letzte Kirchenbank und lassen Sie die Automatik wirken. Da wegen der meist schlechten Lichtverhältnisse häufig lange Belichtungszeiten benötigt werden, kontrollieren Sie die Aufnahme sofort.

Sprache

Wer kein Wort französisch spricht oder versteht, hat es im Land der *Jeanne d'Arc* etwas schwerer. Die gebildeten Franzosen haben zwar an der Schule auch Fremdsprachen gelernt, sind aber meist unwillig oder zu bequem, ihre Kenntnisse für Touristen auf der Straße herauszukramen, oder haben Angst, sich zu blamieren. Bei Gewerbetreibenden hingegen nimmt die Bereitschaft zu, ihre Kunden wenigstens auf Englisch, seltener auf Deutsch, bedienen zu können. In anderen Reiseführern wird oft eine Auswahl von Redewendungen und Vokabeln abgedruckt, aber das ist wegen der fehlenden Ausspracheregeln ein sinnloses Unterfangen.
Tipp: Am besten beschaffen Sie sich einen kleinen Sprachführer und lernen die wichtigsten Redewendungen auswendig oder schreiben sich diese auf einen Spickzettel. Wichtig ist dabei die Aussprache, denn französisch wird bekanntlich völlig anders artikuliert als geschrieben. Ein Lexikon in Buchform oder digital leistet meist gute Dienste. Für Smartphones gibt heute zahlreiche Apps, die recht und schlecht – sogar akustisch – übersetzen können. Da die Systeme bei weitem noch nicht ausgereift sind, kann man bei Franzosen auch Heiterkeit auslösen, wenn man das Übersetzte einfach nachplappert. Aber umgekehrt geht es genau so.

Straßenverhältnisse

Auf unseren Touren geht es manchmal auch über schmale Straßen zum Ziel. Wenn uns Einschränkungen bekannt waren, haben wir diese auch genannt, z. B. für Fahrzeuge über 3,5 t zulässiges Gesamtgewicht (ZGG). Auf Höhenbegrenzungen haben wir nur in Einzelfällen hingewiesen, weil es zum „Handwerk" der WOMO-Fahrer/innen gehört, auf Höhenschilder selbst zu achten. Baustellen sind sehr oft recht primitiv eingerichtet und manchmal trotz Sperrschilder passierbar. Wir folgen dann immer den Einheimischen! Umleitungen sind höchst selten korrekt und vollständig ausgeschildert. Wir haben es häufig erlebt, dass vor der Baustelle einfach ein Verbotsschild und Richtungspfeile nach rechts und/oder links stehen. Dann muss man halt einmal Pfadfinder sein. Aber: Das Navi wird's schon richten!

Straßenverkehr

Im Prinzip gelten die gleichen Verkehrsregeln wie in Deutschland; hier einige Unterschiede:

Tempolimits

80 km/h auf dem Bld. Peripherique in Paris (Einfahrende haben Vorfahrt!)

90 km/h (bei Regen 80 km/h) auf Landstraßen ohne Mittelstreifen
110 km/h (bei Regen 100 km/h) auf Schnellstraßen mit Mittelstreifen
130 km/h (bei Regen 110 km/h) auf Autobahnen
Geschwindigkeitsüberschreitungen werden neuerdings mit saftigen Bußgeldern belegt. (Ein Franzose hat uns einmal gesagt, dass die Polizei Überschreitungen bis 6 % toleriert; aber darauf kann man sich nicht verlassen.)
Radarfallen gibt es in Frankreich immer häufiger; sie sehen auch nicht immer gleich aus, blitzen von hinten und/oder von vorne, aus 1 m oder aus 3 m Höhe. Meistens warne große, weiße Schilder vor einem Blitzer, aber nicht immer! Am Besten ist es, das vorgeschriebene Tempo einzuhalten.
Tipp: Ihr Navi zeigt im allgemeinen die echte Fahrgeschwindigkeit an, denn fast alle Tachos gehen deutlich vor, weil die technisch erforderlichen Plus- und Minustoleranzen zusammengelegt werden.
Tipp: Bußgelder über 40 können gemäß einem Abkommen in Deutschland und Österreich von den heimatlichen Behörden eingetrieben werden.

Parken

In Parkverbotszonen sind die Straßenbordsteine gelb lackiert, stehen Sie in einer blauen Zone mit einem P-Schild und Zusatz „Payant“, müssen Sie einen Parkschein am Automaten (*Horodateur*) ziehen. Aber achten Sie auf die gebührenpflichtigen Zeiten, denn in der Mittagszeit ist das Parken vielerorts gratis. Befindet sich auf dem P-Schild unten rechts ein kleines Quadrat, können Sie mit einer Parkscheibe 1 ½ Stunde oder länger – je nach Aushang – kostenlos stehen.

Alkohol

Die Toleranzgrenze liegt in Frankreich bei 0,5 Promille; Kontrollen werden gern am Rande von Volksfestern und Märkten aufgebaut.

Abschleppen

Auf Autobahnen und Schnellstraßen dürfen nur lizenzierte Firmen Ihr Fahrzeug abschleppen. Der Unternehmer muss in 30 Minuten am Pannenort sein und Ihr Fahrzeug auf dem nächsten Parkplatz oder in seiner Werkstatt wieder flott machen, wenn nicht gerade ein Unfall dies verhindert. Dauert die Reparatur länger, muss der Helfer Ihnen ein Quartier verschaffen.

Tanken

Es gibt folgende Treibstoffsorten:
Super plus (*sans plomb 98*), Super (*sans plomb 95*), Diesel (*diesel* oder *gazole*) und Autogas (*G.P.L. = gaz de pétrole liquéfié)*. Die Kraftstoffpreise sind im Durchschnitt ähnlich wie in Deutschland, nur gibt es erhebliche Unterschiede der einzelnen Anbieter.
Tipp: An den Autobahnen und an verschlafenen Provinztankstellen sind die Preise am höchsten, an Supermärkten wie *Auchan, Leclerc, Super-U, Les Trois Musquetaires* und *Cora* gibt es in der Regel Discountpreise, die deutlich günstiger liegen, manchmal bis zu 25 ct/Liter!

Telefon

Das Telefonieren geht in Frankreich fast wie bei uns. Nach Deutschland wählt man 0049, nach Österreich 0043, in die Schweiz 0041 vor. Vom Heimatland klinkt man sich mit 0033 ins französische Netz ein und lässt nach der Vorwahl die Null der Anschlussnummer weg. Innerhalb des Landes allerdings wählt man immer die Null mit, auch wenn man sich in dem anzurufenden Ort befindet. Münztelefone sind so gut wie ausgestorben; es gibt Telefonkarten *(Télécarte)* bei der Post, beim Zeitschriften- und Tabakhändler mit 50 und 120 Einheiten.
Tipp: In den wenigen französischen Telefonzellen kann man sich zurückrufen lassen. Sie sparen damit die bis zu zehnfachen Gebühren, wenn Sie kurz die Telefonnummer der Zelle – steht innen auf einem unauffälligen

Kleber – durchrufen und Ihr Partner Sie mit einer Billigvorwahl zurückruft. Beim **Mobiltelefonieren** aus Frankreich kann man nicht mehr viel Geld los werden. Wenn Sie die Grenze überschritten haben, wählt sich Ihr Handy in eines der französischen Netze ein. Diverse EU-Verordnungen haben die Kosten nach oben „gedeckelt". Seit 2015 entfallen die sogenannten Roaming-Gebühren ganz und Sie zahlen Inlandstarife, je nach Anbieter.
Tipp: Gespräche mit Ihrem deutschen Handy innerhalb Frankreichs kosten das gleiche wie solche ins EU-Ausland.

Unfall/Versicherung

Wenn es denn in Frankreich "gescheppert" hat, wird die Polizei zur Unfallaufnahme in der Regel nur dann kommen, wenn ein Personenschaden vorliegt. Für einen Sachschaden sollte man unbedingt das Formular „Europäischer Unfallbericht" dabei haben, Gratisdownload bei www.kfz-auskunft.de/info/unfallbericht.html oder ADAC.
Tipp: Wir empfehlen, immer in ausgedrucktes Formular auf den WOMO-Reisen mitzuführen.
Trotz der Aufregung bei und nach einem Unfall sollte man einen klaren Kopf behalten und alle erforderlichen Daten des Unfallgegners wie Kennzeichen, genaue Anschrift, Versicherung und Police-Nr., Führerschein mit Gültigkeitsdatum schriftlich festhalten und unterschreiben lassen. Fotos machen! Vorsichtshalber die Angaben der Klebeplakette an der Windschutzscheibe mit den Papieren vergleichen! Es kommt leider häufiger vor, als man denkt, dass Autos nicht versichert sind oder der Fahrzeuglenker keine Fahrerlaubnis besitzt. Wir haben da schon "Lehrgeld" bezahlt: Obwohl wir das Formular ausgefüllt, einen Zeugen mit Anschrift genannt und alle Dokumente eingesehen haben, stellte sich nach langem Hin Her heraus, dass das gegnerische Fahrzeug gar nicht versichert war. Unsere Rechtsanwältin in Bordeaux teilte uns mit, dass eine Verfolgung des Schadenverursachers sich nicht lohne, weil es nur um ca. 200 € ging.
Tipp: Der Zentralruf der Autoversicherer (GDV) ermittelt in Deutschland unter der kostenfreien Rufnummer **(0800) 25 026 00** die zuständige Versicherung des Unfallverursachers. Anrufer aus dem Ausland erreichen den Zentralruf unter +49 (40) 300 330 300.

Wandern

Große Wandertouren haben wir in diesem Buch nicht beschrieben, denn im Tal der Loire „wandert" man am meisten durch die schönen Schlösser. Durch das gesamte Gebiet führen viele Fernwanderwege, abgekürzt mit „GR" (*Sentiers de Grande Randonnée*), Kennzeichnung rot-weiß:
GR 3 – durch die Wälder des Loiretals von Orléans bis Chinon
GR 3c – von Gien nach Chambord
GR 32 – durch das Waldgebiet von Orléans
GR 35 – durch das Loir-Tal
GR 46 - durch das Indre-Tal
Wanderkarten von IGN im Maßstab 1 : 25.000 gibt es in französischen und deutschen Buchhandlungen.
Tipp: Informationsmaterial ist erhältlich bei der *Fédération Française de la Randonnée Pédestre* (FFRP), 64 rue Dessous des Berges, F-75013 Paris, Fon +33(0)144 899393, Fax +33(0)140 358567;ffrandonnee.fr (in französisch), eMail info@ffrandonnee.fr. Bestellen können Sie die *„topo-guides" unter:* https://boutique.ffrandonnee.fr/topoguides für 12 - 15 € (+ Versand).
Réf.333 „Le long des Châteaux de la Loire" (*Bonny-sur-Loire* bis *Angers*)
Réf.4304 „Gorges de la Loire sauvage" (Berge im Gerbier de Jonc)
Réf.420 „Autour des gorges de la Loire" (Schluchten Roanne - Fleurs)
Trotz gründlicher Internetrecherche haben wir deutschsprachige Wanderführer nicht gefunden.

Weinberge bei Dampierre

Wein / Weingüter

Fast am ganzen Flusslauf entlang – von *Pouilly* bis *Nantes* – wird Rebensaft angebaut. Es sind keine Weine von Weltrang, aber ein weißer ***Sancerre*** oder ein roter ***Chinon*** sind nicht billig und werden auch bei uns sehr gerne getrunken. Im Gegensatz zu den Massenproduktionen aus Südfrankreich gib es hier noch viele kleine bis mittelgroße Anbaugebiete, die in *Appellations d'Origine Controllée (AOC)* eingeteilt wurden. Nicht unerhebliche Mengen Weißwein wandelt man in ***Samur*** und ***Vouvray*** zu Sekt (*Crémant de Loire*) um, neben dem echten Champagner ein französischer Exportschlager. Auch Dessertweine von der *Loire* finden in zunehmendem Maße ihre Abnehmer. In einer großen Region südlich und nordöstlich von *Nantes* wächst der leicht moussierende ***Muscadet*** heran, den die Bretonen gern zu ihrem Meeresgetier trinken. Die Vielfalt des *Loire*-Weins erkennt man an den vielen zugelassenen AOC-Bezeichnungen:

Anjou, Anjou-Gamay,
Bourgueil, Cabernet d'Anjou,
Cabernet de Saumur, Saumur, Saumur-Champigny,
Cheverny, Chinon,
Coteaux-du-Giennois, Coteaux-du-Loir,
Coteaux-du-Vendômois, Coteaux-du-Layon,
Crémant de Loire, Montlouis,
Orléanais,
St-Nicolas-de-Bourgueil,
Touraine, Touraine-Amboise, Touraine-Azay-le-Rideau,
Touraine-Mesland,
Valençay und *Vouvray*.

Alle Weine werden meist jung und kühl getrunken, ob weiß, rosé oder sogar rot. Einige schwerere Rotweine, z. B. der *Bourgueil*, können auch länger zur Reifung gelagert werden.

Tipp: Ein Verzeichnis von 2000 Weingütern und Bauernhöfen mit über 9500 Stellplätzen, wo Sie sowohl Wein einkaufen als auch kostenlos in Ihrem Wohnmobil übernachten und teilweise ver- und entsorgen können, erhalten Sie im Internet unter www.france-passion.com. Das *„Carnet des Invitations"* kostet derzeit 29,00 € und gilt ein Jahr lang, vom 1. März bis Ostern des folgenden Jahres.

Zum Schluss:

IN EIGENER SACHE – ODER DER SACHE ALLER!?

Urlaub mit dem Wohnmobil ist etwas ganz besonderes. Man kann die Freiheit genießen, ist ungebunden, dennoch immer zu Hause, lebt mitten in der Natur – **wo man für sein Verhalten völlig selbst verantwortlich ist!**

Seit mehr als 30 Jahren geben wir Ihnen mit unseren Reiseführern eine Anleitung für diese Art Urlaub mit auf den Weg. Außer den umfangreich recherchierten Touren haben wir viele Tipps allgemeiner Art zusammengestellt, unter ihnen auch solche, die einem WOMO-Urlauber eigentlich selbstverständlich sein sollten. Weil wir als Wohnmobiler die Natur in ihrer ganzen Schönheit und Vielfalt hautnah erleben dürfen, haben wir auch besondere Pflichten ihr gegenüber, die wir nicht auf andere abwälzen können.

Jährlich erhalten wir viele Zuschriften, Grüße von Lesern, die mit unseren Reiseführern einen schönen Urlaub verbracht haben und sich herzlich bei uns bedanken. Wir erhalten Hinweise über Veränderungen an den beschriebenen Touren, die von uns bei der Aktualisierung der Reiseführer Berücksichtigung finden.

Aber: Wir erhalten auch Zuschriften über das Verhalten von Wohnmobilurlaubern, die sich **egoistisch, rücksichts- und verantwortungslos** der Natur und ihren Mitmenschen – nachfolgenden Urlaubern und Einheimischen – gegenüber verhalten.

In diesen Briefen geht es um die Themen Müllbeseitigung, Abwasser- und Toilettenentsorgung. Es soll immer noch Wohnmobilurlauber geben, die ihre Campingtoilette nicht benutzen, dafür lieber den nächsten Busch mit Häufchen und Toilettenpapier "schmükken", die den Abwassertank nicht als Tank benutzen, sondern das Abwasser unter das WOMO trielen lassen, die ihren Müll neben dem Wohnmobil liegenlassen und davondüsen, alles frei nach dem Motto: **„Nach mir die Sintflut!“**

Liebe Leser!

Wir möchten Sie im Namen der gesamten WOMO-Familie bitten: Helfen Sie aktiv mit, diese Schweinereien zu unterbinden! Jeder Wohnmobilurlauber trägt eine große Verantwortung, und sein Verhalten muss dieser Verantwortung gerecht werden. Bestimmt hat mancher, dem Sie auf Ihrer Tour begegnen und der sich unwürdig verhält, das gleiche Büchlein in der Hand wie Sie. Er weiß zumindest jetzt, worum es geht. Sprechen Sie ihn an und weisen Sie ihn auf sein Fehlverhalten hin.

Der nächste freut sich, wenn er den Stellplatz sauber vorfindet, denn auch er hat sich seinen Urlaub verdient!

Vor allem aber: Wir erhöhen damit die Chance, dass uns unsere über alles geliebte Wohnmobil-Freiheit noch lange erhalten bleibt.

Helfen Sie mit, den Ruf der Sippe zu retten! Verhindern Sie, dass einzelne ihn noch weiter in den Schmutz ziehen!

Wir danken Ihnen im Namen aller WOMO-Freunde –

Ihr WOMO-Verlag

Stichwortverzeichnis

D

E

F

G

H

I

J

M

N

O

P

R

S

T

U

V

W

Info-Blatt aus dem WOMO-Buch: Loire '17

(komplett ausgefüllt erhalte ich 10% Info-Honorar auf Bestellungen direkt beim Verlag)

Lokalität: Seite: Datum:
(Stellplatz, Campingplatz, Wandertour, Gaststätte, usw.)

unverändert gesperrt/geschlossen folgende Änderungen:

Lokalität: Seite: Datum:
(Stellplatz, Campingplatz, Wandertour, Gaststätte, usw.)

unverändert gesperrt/geschlossen folgende Änderungen:

Lokalität: Seite: Datum:
(Stellplatz, Campingplatz, Wandertour, Gaststätte, usw.)

unverändert gesperrt/geschlossen folgende Änderungen:

Lokalität: Seite: Datum:
(Stellplatz, Campingplatz, Wandertour, Gaststätte, usw.)

unverändert gesperrt/geschlossen folgende Änderungen:

Lokalität: Seite: Datum:
(Stellplatz, Campingplatz, Wandertour, Gaststätte, usw.)

unverändert gesperrt/geschlossen folgende Änderungen:

Lokalität: Seite: Datum:
(Stellplatz, Campingplatz, Wandertour, Gaststätte, usw.)

unverändert gesperrt/geschlossen folgende Änderungen:

Meine Adresse und Tel.-Nummer:

(nur komplett ausgefüllte, zeitnah eingesandte Infoblätter können berücksichtigt werden)

Info-Blatt aus dem WOMO-Buch: Loire '17

(komplett ausgefüllt erhalte ich 10% Info-Honorar auf Bestellungen direkt beim Verlag)

Lokalität: Seite: Datum:
(Stellplatz, Campingplatz, Wandertour, Gaststätte, usw.)

unverändert gesperrt/geschlossen folgende Änderungen:

Lokalität: Seite: Datum:
(Stellplatz, Campingplatz, Wandertour, Gaststätte, usw.)

unverändert gesperrt/geschlossen folgende Änderungen:

Lokalität: Seite: Datum:
(Stellplatz, Campingplatz, Wandertour, Gaststätte, usw.)

unverändert gesperrt/geschlossen folgende Änderungen:

Lokalität: Seite: Datum:
(Stellplatz, Campingplatz, Wandertour, Gaststätte, usw.)

unverändert gesperrt/geschlossen folgende Änderungen:

Lokalität: Seite: Datum:
(Stellplatz, Campingplatz, Wandertour, Gaststätte, usw.)

unverändert gesperrt/geschlossen folgende Änderungen:

Lokalität: Seite: Datum:
(Stellplatz, Campingplatz, Wandertour, Gaststätte, usw.)

unverändert gesperrt/geschlossen folgende Änderungen:

Meine sonstigen Tipps und Verbesserungswünsche:

Wir bestellen zur sofortigen Lieferung: (Alle Preise in € [D], Preisänderungen vorbehalten)

- ❑ Wohnmobil Handbuch .... 19,90 €
- ❑ Wohnmobil Kochbuch .... 12,90 €
- ❑ Albanien .... 19,90 €
- ❑ Allgäu .... 17,90 €
- ❑ Auvergne .... 19,90 €
- ❑ Baltikum .... 20,90 €
- ❑ Bayern (Nordost) .... 19,90 €
- ❑ Bayern (Südost) .... 19,90 €
- ❑ Belgien & Luxemburg .... 19,90 €
- ❑ Bretagne .... 18,90 €
- ❑ Burgund .... 17,90 €
- ❑ Dänemark .... 19,90 €
- ❑ Elsass .... 19,90 €
- ❑ England (Süden) .... 19,90 €
- ❑ Finnland .... 19,90 €
- ❑ Franz. Atlantikküste (Nord) .... 19,90 €
- ❑ Franz. Atlantikküste (Süd) .... 17,90 €
- ❑ Franz. Jura .... 19,90 €
- ❑ Griechenland .... 19,90 €
- ❑ Hessen (Norden + Osten) .... 19,90 €
- ❑ Hessen (Mitte + Süden) .... 19,90 €
- ❑ Hunsrück/Mosel/Eifel .... 19,90 €
- ❑ Irland .... 19,90 €
- ❑ Korsika .... 18,90 €
- ❑ Kroatien/Montenegro .... 19,90 €
- ❑ Latium/Rom/Abruzzen .... 18,90 €
- ❑ Ligurien .... 17,90 €
- ❑ Loire-Tal/Paris .... 17,90 €
- ❑ Languedoc/Roussillon .... 19,90 €
- ❑ Marokko .... 19,90 €
- ❑ Mecklenburg-Vorpommern (Ost) .... 18,90 €
- ❑ Mecklenburg-Vorpommern (West) 18,90 €
- ❑ Namibia .... 19,90 €
- ❑ Neuseeland .... 24,90 €
- ❑ Niederlande .... 19,90 €
- ❑ Nord-Frankreich .... 18,90 €
- ❑ Normandie .... 19,90 €
- ❑ Norwegen (Nord) .... 19,90 €
- ❑ Norwegen (Süd) .... 19,90 €
- ❑ Österreich (Ost) .... 19,90 €
- ❑ Österreich (West) .... 18,90 €
- ❑ Ostfriesland .... 20,90 €
- ❑ Peloponnes .... 18,90 €
- ❑ Pfalz .... 19,90 €
- ❑ Piemont/Aosta-Tal .... 19,90 €
- ❑ Polen (Nord/Masuren) .... 19,90 €
- ❑ Polen (Süd/Schlesien) .... 17,90 €
- ❑ Portugal .... 19,90 €
- ❑ Provence & Côte d'Azur (Ost) .... 19,90 €
- ❑ Provence & Côte d'Azur (West) .... 19,90 €
- ❑ Rumänien .... 19,90 €
- ❑ Pyrenäen .... 17,90 €
- ❑ Sachsen .... 19,90 €
- ❑ Sardinien .... 19,90 €
- ❑ Schleswig-Holstein .... 19,90 €
- ❑ Schottland .... 18,90 €
- ❑ Schwarzwald .... 17,90 €
- ❑ Schweden (Nord) .... 18,90 €
- ❑ Schweden (Süd) .... 19,90 €
- ❑ Schweiz (Ost) .... 19,90 €
- ❑ Schweiz (West) .... 19,90 €
- ❑ Sizilien .... 18,90 €
- ❑ Slowenien .... 18,90 €
- ❑ Spanien (Nord/Atlantik) .... 19,90 €
- ❑ Spanien (Ost/Katalonien) .... 18,90 €
- ❑ Spanien (Süd/Andalusien) .... 18,90 €
- ❑ Südafrika (Krüger NP) .... 24,90 €
- ❑ Süditalien (Osthälfte) .... 19,90 €
- ❑ Süditalien (Westhälfte) .... 19,90 €
- ❑ Süd-Tirol .... 18,90 €
- ❑ Thüringen .... 19,90 €
- ❑ Toskana & Elba .... 20,90 €
- ❑ Trentino/Gardasee .... 18,90 €
- ❑ Tschechien .... 18,90 €
- ❑ Tunesien .... 17,90 €
- ❑ Türkei (West) .... 18,90 €
- ❑ Türkei (Mitte-Kappadokien) .... 17,90 €
- ❑ Umbrien & Marken mit Adria .... 18,90 €
- ❑ Ungarn .... 17,90 €
- ❑ Venetien/Friaul .... 19,90 €
- ❑ Wales .... 18,90 €